IT 트렌드 2025

새로 쓰는 AI의 미래와 세계 비즈니스 모델의 모든 것

IT 트렌드

김지현 지음

2025

CRETA

차례

프롤로그 AI를 도구로 삼아 인간의 가치를 찾자 8

PART 1.   2025 IT 키워드 10

IT 트렌드 2024 다시 보기   15
- 'AI' 모든 것을 삼켜버리다   16
- '클라우드와 디지털 트랜스포메이션' 고도화, 가속화, 다양화   18
- '메타버스와 웹3' 화려하게 사그라지다   20

AI가 이끄는 2025년   23
- '생성형 AI' 앱으로 스며들다   24
- 'LAM' PC와 스마트폰으로 침투하다   32
- '임바디드 AI' 로봇은 상상이 아닌 현실이다   40
- '차세대 디바이스' 세 번째 인터넷 사용자 경험을 주도하다   53
- 'AI 데이터센터' 미래의 부가가치를 위한 투자   60
- 'AI 솔루션' 새로운 비즈니스의 기회   66
- '데이터' AI의 품질을 결정하다   72
- '디지털 트랜스포메이션' 벌써 10년, AIX로의 대전환   77
- '오감을 느끼는 AI' 시청각을 넘어 오감으로   82
- '딥페이크' AI로 인한 사회적 고민   95

PART 2. AI 기술의 확장과 경쟁

LLM의 다변화, LMM의 확장, LAM의 대두 107
- 'sLLM 차별화' 취사선택하는 버티컬 LLM으로의 발전 108
- 'LMM 전략' 눈과 귀가 달린 AI로 진화하다 112
- 'LAM 혁신' 다변화를 넘어 확장으로, 진화를 넘어 초진화로 116

AI 시장을 둘러싼 경쟁 구도 121
- 'AI 전쟁' 오픈AI, 구글, 애플, 마이크로소프트 122
- '애플 인텔리전스' AI 생태계를 조성하는 애플 128
- 'AI 칩셋' 사활을 거는 빅테크 기업 132

온디바이스 AI 시대가 온다 137
- 'AI의 초지능화' 클라우드를 벗어나 스마트폰 속으로 138
- 'AI 스마트폰' 변환, 압축, 확장의 생성형 AI 142
- 'AI 에이전트' AI를 삼키다 149

산업용 로봇과 일상 속 휴머노이드 로봇 154
- '산업용 로봇' AI와 로봇 기술의 융합 155
- '휴머노이드 로봇' 로봇의 생명은 챗GPT? 156
- '로봇과 노동시장' 인간에게 내려진 도전 과제 158

PART 3. 신산업혁명과 기업의 혁신

신산업혁명의 마중물, 생성형 AI ... 165
- '신산업혁명' 세 번째 세상 속 기술의 특이점 ... 166
- '클라우드' 초거대 AI를 품고 날다 ... 172
- 'AI 인프라' 점점 커지는 역할과 중요성 ... 177

AI 기반의 생태계와 기술의 다변화 ... 183
- 'AI 플랫폼'/웹, 모바일에 이어 세상을 뒤흔들다 ... 184
- '메타버스와 NFT' AI와의 시너지는 언제쯤일까 ... 188
- '양자 컴퓨터' 더욱 고도화될 AI ... 191

기업의 AIX를 통한 사업 혁신 ... 205
- '기업 디지털 트랜스포메이션' 지난 5년 돌아보기 ... 206
- '기업 AIX 전략' 생성형 AI로 만들다 ... 210
- 'RPA와 AI 팀원' AI의 업무 효율화 ... 215

PART 4. AI 혁명, 정부와 개인의 대처

도구와 플랫폼을 바꾼 인터넷 서비스 ... 225
- '원 프롬프트, 멀티 액션' 시간 낭비 없는 인터넷 환경 ... 226
- '검색창에서 대화창으로' 검색과 결과의 영역을 넓히다 ... 228
- '사람 대신 AI' API와 자동화 서비스 ... 232

AI의 양면성, 두려움과 희망의 경계 ... 236
- 'AI 디스토피아' AI의 장단점과 사회적 책임 ... 237

- 'AI 유토피아' 올바르게 사용할 때 비로소 혁신이다   244
- 'AI의 본질' 새 시대의 새로운 법   246

AI 시대, 개인의 대처와 정부의 역할   250
- 'AI와 일터' 인간의 일을 돕는 AI   251
- 'AI와 노동시장' AI의 고도화와 일자리 위협   257
- 'AI와 교육' 함께 커가는 시대, 목적이 아닌 수단으로   262
- 'K-IT' 대한민국만 할 수 있는 서비스와 정부의 역할   265

부록 AI 트렌드 2025, 묻고 답하다

❶ AI는 쿠팡을 어떻게 바꿀까?   272
❷ AI폰은 어떤 가치를 제공하나?   275
❸ 엔비디아는 계속 승승장구할까?   279
❹ 삼성전자는 AI에 어떻게 대응하고 있나?   283
❺ 메타의 AI 전략은 무엇일까?   286
❻ AI는 검색 서비스를 무너뜨릴까?   292
❼ 오픈AI는 제2의 구글이 될까?   297
❽ 한국의 토종기업은 AI 산업에서 살아남을까?   300
❾ AI는 우리 일자리를 빼앗을까?   304
❿ 기업은 AI를 어떻게 활용해야 할까?   308
⓫ 내 일상은 AI로 인해 어떻게 바뀔까?   312
⓬ 공기 같은 존재가 된 IT, 클라우드 마비가 가져올 사회 이슈는 무엇일까?   318

2025 IT 인사이트 찾아보기   322

프롤로그

AI를 도구로 삼아 인간의 가치를 찾자

2024년의 IT 산업은 2023년의 챗GPT와 10년 전의 모바일 열풍처럼 빠른 속도로 기술과 경쟁 구도, 시장에 변화가 있었다. 하지만 빛이 있으면 어둠이 있듯이 고속 성장에는 거품이 끼기 마련이다. 실제 2024년 7월부터는 과도한 AI에 대한 투자와 관심에 경종을 울리는 AI 버블론에 대한 경계의 목소리도 커졌다. 또 AI에 대한 개인의 관심도 조금씩 수그러들면서 마치 2020년의 NFT, 2021년의 메타버스처럼 바람 빠진 풍선이 되는 것 아닌가 하는 의구심도 일었다. 하지만 AI에 뛰어든 기업과 투자 금액, AI를 사용하려는 기업의 수, 실제 업무나 일상에 AI를 사용하는 사용자의 규모를 볼 때 거품이라 치부할 수는 없다. 2025년의 AI와 IT 시장은 어떤 변화가 있을까? 기술이 지배하는 이 시대에 기술의 변화를 읽을 수 있어야 기업과 개인이 이 기술에 어떻게 대응해 혁신할 것인지 이해할 수 있다.

  2025년 AI는 수익을 검증해야 하는 한 해가 될 것이다. 지난 2년간 투자한 기술이 실제 시장에서 수익 가치를 증명해야 한다. 그렇기에 AI 모델이나 인프라에 관한 관심은 줄어들고 사업 현장에서 기술을 응용해 비용을 절감하거나 새로운 가치를 만드는 솔루션이 부상할 것이다. 또한 우리가 사용하는 모바일 앱, 인터넷 서비스, 각종 소프트웨어에 AI를 접목한 시도도 거세질 것이다. 또 하나 주목할 사항은 기술 간의 융합이다. 한물간 것으로 평가받는 메타버스와 블록체인 등의 기술이 AI와 결합한 시도들이 본격화될 것이다. PC, 스마트폰에 이은 세 번째 인터넷 디바이스로 MR, 태블릿, 스마트워치에 이은 새로운 웨어러블 디바이스와 전기차, 로봇 등의 성장세가 기대된다. 더불어 이 하드웨어에 AI가 결합한 움직임도 시도될 것이다.

  그렇게 2025년의 IT는 AI가 더 많은 영역에 스며들 것이다. 본격적인 AI의 시대가 개막되는 셈이다. 우리는 다가올 미래를 어떻게 준비하고 대비해야 할까? 우선은 AI를 이해해야 한다. AI 기술의 작동 원리와 이 기술이 가져다줄 영향과 가치를 인식하고 실제 일상과 업무에 잘 활용할 수 있는 스킬을 습득해야 한다.

그것이 바로 AI 리터러시다. 기술을 활용할 수 있게 된 이후에는 그 기술과 멀어질 수도 있어야 한다. 기술은 도구일 뿐 목적이 아니다. 기술을 지배해야 하지 지배당해서는 안 된다. AI 없이도 일하고, 생활할 수 있는 지혜가 필요하다. AI가 줄 수 없는 것, 해결하지 못하는 것을 이해할 수 있어야 AI 너머의 더 큰 인사이트를 얻을 수 있다. 그것이 AI와 밀고 당기며 공존하는 지혜이자 AI 디톡스다.

이후 그 기술을 혼자가 아니라 함께 사용할 수 있는 문화를 만들어야 한다. 이 훌륭한 도구가 나만의 전유물이 아니라 주변 동료와 우리 아이들이 유익하게 활용할 수 있도록 독려해야 한다. 자칫 우리 사회, 기업, 아이들이 일상에, 업무에, 교육에서 AI를 도외시하거나 제대로 활용하지 못해 겪게 될 AI 소외, 잘못된 오용과 남용, 악용을 막아야 한다. 한마디로 AI 리더십이 필요하다.

지난 2022년부터 《IT 트렌드 2023》, 《IT 트렌드 2024》를 출간했고, 이번에 세 번째로 2025년의 IT 트렌드를 전망하는 《IT 트렌드 2025》를 출간한다. 기술이 우리 일상과 사회, 산업에 끼치는 영향과 파급력은 해가 갈수록 커지고 있다. 그런 만큼 기술을 이해하고 변화상을 전망할 수 있어야 기술을 활용해 우리의 편익과 혁신을 도모할 수 있다. 그런 사명감이 이어져 이 책이 탄생했고 내년에도 내후년에도 이어질 것이다.

AI와 씨름하며 책 출간 준비를 하느라 주말과 새벽을 희생하며 시간을 같이 보내주지 못했음에도 늘 든든하게 지지해 준 지원, 범준에게 고마움을 전한다. 또 집필 과정에서 편협된 생각에 빠지는 것을 막아주고, 생각나지 않는 적정 단어를 추천하고, 검색 시간을 단축하고, 문장을 마무리하고 정리할 때 도움을 준 챗GPT, 퍼플렉시티와 클로드에도 감사의 마음을 전한다. 이 AI 도구는 단순한 기술을 넘어 든든한 협력자로서 이 책의 완성에 중요한 역할을 했음을 인정하며, 인간과 AI의 상생적 협력이 만들어 낸 결실에 대해 깊은 감사와 경외를 표한다.

마지막으로 이 책이 독자들에게 유익한 영감이 되기를 바란다.

2024년 가을
김지현

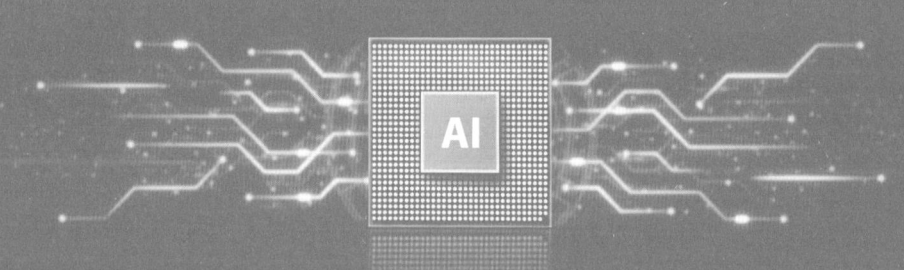

PART 1

2025 IT 키워드 10

트렌드는 불연속성이 아닌 연속성을 띤다. 어제의 유행이 모여 오늘의 트렌드가 되고 내일의 패러다임으로 바뀌듯이, 트렌드는 갑자기 형성되지 않는다. 그렇기에 작년 상황을 되돌아보고 어떤 트렌드가 사그라들고 합치고 모여 새로운 트렌드가 형성됐는지 진단해야 한다. 또한 오늘의 어떤 유행이 내일의 트렌드로 바뀔 수 있을지 전망하고, 내일의 패러다임이 어떠한 형태가 될지 예측해야 한다. 작년을 다시 돌아보고 내일의 트렌드를 전망하는 데 참고하자.

IT TREND 2025

IT 트렌드 2024 다시 보기

2024년에는 주요 IT 트렌드로 크게 메타버스와 AI, 블록체인과 웹3를 꼽았고 주목해서 봐야 할 키워드로 소셜미디어, 업무 깊숙이 들어오는 생성형 AI, 21세기 원유 데이터, 공장에서 일상으로의 로봇, 글로벌화의 핀테크, 아바타 생태계, 돌파구를 찾는 OTT, 춘추전국의 이커머스, 재도약하는 디지털 트랜스포메이션DT, digital transformation, 미래의 기술 양자 컴퓨팅 등을 들었다. 2024년의 전체 트렌드와 키워드를 종합해서 돌아보면 2025년을 제대로 내다보고 분석할 수 있다.

◐ 'AI'
모든 것을 삼켜버리다

2024년은 2023년에 이어 AI가 모든 이슈의 중심에 섰다. 전년보다 AI의 파고는 더 높고 거세졌으며 영향력도 더욱 커졌다. 기술은 더욱 다변화, 고도화되고 활용하는 영역은 확장됐으며, 우리 사회와 산업 전반에 더 큰 영향을 끼쳤다. 오픈AI의 전유물일 것이라 생각했던 LLM^{large language model}(대규모 언어 모델)은 기존의 빅테크 기업인 구글, 마이크로소프트, 아마존, 메타 더 나아가 테슬라에까지 영향력을 미치는 범위가 넓어졌다. 또한 앤스로픽, 코히어, 미스트랄 AI, 스태빌리티AI 등 비교적 규모가 작은 스타트업에까지 영역이 점차 커졌고, 미국을 비롯해 한국, 중국, 독일, 프랑스, 싱가포르, 인도, 아랍에미리트에 이르기까지 다양한 국가에서 만들고 있다. 게다가 LLM이 오픈소스로도 공개되고 있어서 이를 이용해 작은 LLM^{SLM, small language model}(디바이스에 구동되는 AI 모델)도 다양한 산업, 기업의 입맛에 맞게 만들어지고 있다.

LLM은 이제 언어만 이해하는 것이 아니라 오디오, 비디오, 이미지 등 다양한 멀티미디어 포맷을 인식하고 해석하면서 사용의 폭이 넓어지고 있다. LMM^{large multimodal model}(거대 멀티모달 모델)을 통해 말로 묻고, 글로 대답하는 것을 넘어 사람의 눈과 귀

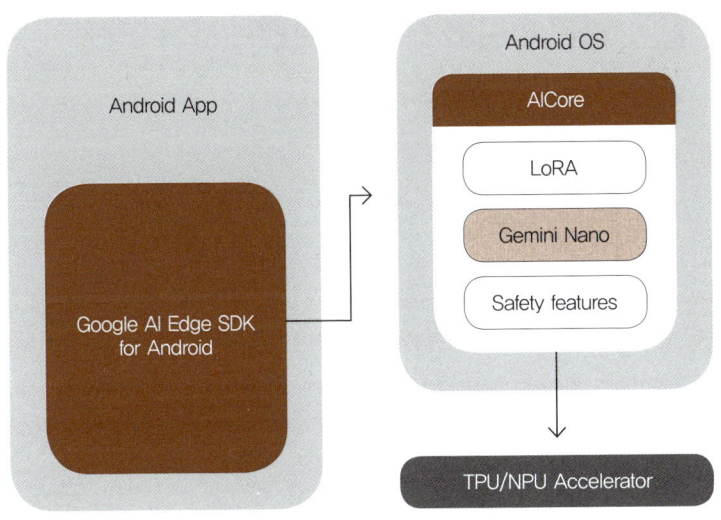

구글 제미나이의 아키텍처 (출처 : 구글)

처럼 세상을 보고 들을 뿐만 아니라 소리, 그림, 영상 등 다양하게 표현할 수 있다. 더 나아가 AI에 외부의 서비스와 기계가 연결되면서 실행 영역도 확장하고 있다. AI가 단순히 답변만 하는 것을 넘어 특정한 작업을 완결하는 것이다. AI가 자동차 제어권을 가지면서 자율주행을 할 수 있는 것처럼 직접 작동할 수 있는 대상이 늘고 있다. 그런 AI가 산업용 로봇이나 휴머노이드 로봇과 결합한다면 로봇을 자동화하고 지능화해서 작동시킬 수 있다. 2024년 AI는 더욱 고도화되고 다변화하면서 적용 영역이 점점 확장됐고, 이와 함께 다양한 분야로 영향력이 증강했다.

'클라우드와 디지털 트랜스포메이션'
고도화, 가속화, 다양화

AI의 저변 확대는 클라우드를 또다시 초고도로 성장할 발판을 만들었다. 2010년부터 매년 무려 두 자릿수 성장률을 보이며 고도로 성장한 클라우드를 1.0이라고 하자. 클라우드 1.0의 효과는 비용 절감, 유연성, 확장성 3가지였다. 특히 스타트업과 중소기업이 막대한 자금 투자 없이도 자원을 사용할 수 있어 초기 비용을 줄일 수 있었다. 이후에도 사업 발전 속도에 맞춰 클라우드를 필요한 만큼 임대할 수 있어 디지털 트랜스포메이션이 전 산업 영역으로 확대되는 과정에서 최대로 수혜를 누렸다.

2023년부터 LLM과 생성형 AI가 주목받고, 2024년에 본격적으로 도입이 확대되면서 클라우드가 또다시 도약의 기회를 맞이했다. LLM이 클라우드를 통해 서비스되면서 클라우드의 사용량과 적용 영역은 더 널리 확산 중이다. 실제 마이크로소프트는 클라우드 플랫폼 애저Azure에 GPT-n과 자사의 새로운 AI 모델 MAI를, 구글은 GCPGoogle Cloud Platform에 자체 생성형 AI 모델 제미나이Gemini, Generalized Multimodal Intelligence Network를, 아마존은 AWSAmazon Web Services에 자체 LLM 올림푸스Olympus를 탑재했다. 이 외에도 앤스로픽을 포함한 메타의 라마LLaMa, 스테이블 디퓨

전Stable Diffusion에 이르기까지 다양한 LLM을 클라우드 기반으로 서비스하고 있다. LLM이 필요한 수많은 IT 기업과 스타트업, 전통기업은 클라우드의 기반 모델FM, foundation model을 이용해야 하니 저변이 더 확대되는 것이다.

LLM의 기업 수요가 커지면 클라우드 산업도 더 큰 도약을 할 수 있다. 그렇다면 기업은 왜 LLM을 사용하려는 것일까? 바로 AI를 활용해 다방면으로 비용을 절감해 사업의 효율성을 높이기 위함이다. 더 나아가 AI 기반으로 기업의 비즈니스 모델을 전환하고 새로운 상품 기획과 개발 등 신사업 분야로 진출하려는 목적도 있다. 10년 전부터 기업이 해오던 디지털 트랜스포메이션의 연장선상에서 빅데이터와 디지털 트윈 등에 이은 새로운 기술이 등장한 것이다. 즉 AI는 디지털 트랜스포메이션이 더 고도화, 가속화, 다양화할 수 있는 기반을 마련했다.

전통기업 중 기존 사업을 효율화하기 위해 생성형 AI를 클라우드 기반으로 사용해 업무 효율성을 높이기도 하고, AI 기술을 이용해 새로운 고객에게 신규 상품을 선보여 사업 전환을 하기도 한다. 전자의 경우가 마이크로소프트 코파일럿Copilot이나 챗GPT, 뤼튼wrtn 등의 생성형 AI 기반의 서비스를 사용한다. 이미 여러 전통기업이 기획, 개발, 마케팅 등의 업무 편의와 효율성을 높일 목적으로 도입한다. 후자는 어도비 포토샵에 도입된 파이어플라이Firefly나 스포티파이의 AI DJ 등의 서비스가 대표적이다. 기존 상품을 더 혁신적으로 개선해 사용자 경험을 바꾸고, 이를 적극적으로 활용하는 과정에서 클라우드와 AI의 사용량이 늘어난다. 이미 10년간 해오던 디지털 트랜스포메이션이 AI를 업고 사업 영역을 더욱 확대하고 있다.

'메타버스와 웹3'
화려하게 사그라지다

2022년 화려하게 데뷔한 메타버스와 웹3는 생성형 AI로 인해 관심이 완전히 사그라졌다. 기술 혁신을 꾀하던 스타트업과 투자 펀드는 규모가 축소되거나 사라졌다. 마치 2016년 알파고와 함께 화려하게 등장했던 AI가 이듬해부터 대중의 관심에서 멀어진 현상과 비슷하다. 비록 메타버스와 웹3가 알파고의 전철을 밟은 것은 사실이나 이 기술은 부활할 것이다. 기술 하나하나를 들여다보면 부침이 있을 수 있지만, 각 요소가 선으로 연결되기 시작하면 새로운 면을 만들고, 나중에는 실제 시장에서 활용할 수 있는 가치를 생성하는 트렌드로 정착된다.

AI는 이미 기존의 웹이나 모바일에서 온전히 경험할 수 있지만, 메타버스는 제대로 경험하려면 MR^{mixed reality}(혼합현실) 같은 새로운 디바이스가 필요하다. 그만큼 MR의 보급이 메타버스 대중화의 필요충분조건인 셈이다. 한마디로 메타버스와 웹3는 제대로 된 타이밍을 찾지 못한 것이다. MR의 보급이 선행돼야 비로소 기술과 가치 철학이 수면 위로 떠오를 것이다. 하지만 2023년에 챗GPT가 급격히 떠오르면서 AI에 대한 기대와 그에 따른 투자로 주춤대는 실정이다. 마이크로소프트, 메타, 구글도 오픈AI 발 AI 경쟁에 참여하면서 메타버스에 대한 관심은 뒤로 미뤄두었다.

하지만 애플 비전 프로, 메타의 새로운 MR 출시와 함께 여전히 메타버스에 대한 가능성은 열려 있다. 또한 생성형 AI로 새롭게 탄생할 AI 에이전트 서비스가 메타버스에서 구현될 때 모바일이나 웹으로 사용하는 것보다 더 나은 사용자 경험을 제공하기에 2025년 하반기부터 메타버스가 다시 부상할 것으로 보인다. 즉 AI와 메타버스 두 기술이 만나 새로운 가능성이 열릴 것이다. 그 과정에서 웹과 모바일을 합한 것보다 더 큰 생태계가 메타버스에서 탄생하면 이 신세계에 어울리는 새로운 가치 철학과 경제관이 필요하다. 그때 웹3와 블록체인 기반의 탈중앙화된 화폐 시스템의 필요성이 커질 것이다.

만일 2023년 혜성처럼 등장한 챗GPT가 주목받지 않았더라면 메타버스에 대한 투자가 이어지며 2024년 트렌드로 자리 잡았을 것이다. AI에 대한 투자가 늘면서 두 마리 토끼를 쫓기 어려운 현실에 메타버스에 대한 기업의 투자와 관심은 사그라졌다. 하지만 AI가 궤도 위에 올라 어느 정도 수익화가 실현되거나 AI만으로 기대 이상의 수익이 나지 않는다면 자연스럽게 메타버스에 대한 재투자가 본격화될 것이다. 결국 타이밍의 문제일 뿐 메타버스의 부상은 정해진 미래다.

2025 IT 인사이트

메타버스에 진심인 메타

아직 메타버스에 대한 투자를 유지하고 있는 기업이 있다. 바로 메타다. 오큘러스 인수 이후 꾸준하게 새로운 MR을 출시하고 있으며 메타버스 플랫폼과 인프라에 대한 투자도 멈추지 않고 있다. 또한 LLM 열풍 속에 SAM Segment Anything Model이라는 LMM을 개발해 메타버스에서 사용할 수 있는 AI를 연구하고 개발하는 중이다. 세계적인 제조기업인 LG전자, 삼성전자와도 차세대 메타버스 기기 개발을 제휴하며 지속적으로 관심을 두고 있다(2024년 2월 10년 만에 방한한 마크 저커버그는 LG전자에 방문해 AI와 XR 협력 방안을 논의함).

AI가 이끄는 2025년

챗GPT 등장 이후 생성형 AI 서비스가 확산하는 현상은 마치 2010년대의 모바일 앱 붐을 연상시킨다. 다양한 AI 서비스가 출현하고 있으며, 기존의 서비스도 AI를 접목해 새로운 편의성과 품질을 제공한다. MS 오피스의 코파일럿, 익스피디아의 여행 추천 시스템, 어도비 포토샵의 파이어플라이처럼 기존 소프트웨어와 서비스에 AI가 탑재되어 편의성과 품질을 높이게 될 것이다. 그 과정에 기업의 디지털 트랜스포메이션은 AIX(AI transformation)로 더욱 고도화되며 이를 돕는 다양한 기업형 솔루션이 사업 기회를 맞이할 것이다. 결론적으로 AI는 2025년에 더 지능적이고 통합된 방식으로 우리의 일상과 비즈니스에 깊숙이 파고들 전망이다. 기업은 AI를 활용해 혁신적인 서비스를 제공하고, 사용자는

AI 덕분에 더 나은 경험을 누릴 수 있을 것이다. 특히 AI의 진화는 LLM에서 LMM, 나아가 LAM$^{\text{large action model}}$(대규모 행동 모델)으로 발전하면서 더욱더 많은 하드웨어에 스며들 것이다. 이제 AI를 탑재한 스마트폰, TV, 컴퓨터를 넘어 주변의 여러 기존 하드웨어와 새로운 디바이스에 AI가 탑재된 온디바이스 AI$^{\text{on-device AI}}$ 시장이 본격적으로 형성되면서 제조업의 부활을 기대해 볼 만하다.

◐ '생성형 AI' 앱으로 스며들다

챗GPT 이후 새로운 AI 서비스에 대한 기대감이 커지면서 수많은 생성형 AI가 쏟아져 나왔다. 파이^{Pi}, 캐릭터.AI$^{\text{Character.AI}}$, 토키^{Talkie}, 재피^{ZAPPY}, 감마^{Gamma}, 미드저니^{Midjourney} 등 다양한 종류의 AI 서비스가 하루가 멀다하고 출시되고 있다. 마치 2010년대 앱스토어에 모바일 앱이 넘쳐나던 때의 분위기다. 하지만 AI 서비스가 새로운 앱으로 탄생할 필요는 없다. 기존에 사용하던 서비스에 생성형 AI와 LLM 기술이 접목되어 더 나은 편의성과 품질을 제공하고 있다. AI는 어떻게 우리가 사용하던 웹 서비스와 각종 소프트웨어, 모바일 앱에 스며들까?

MS 오피스에 챗GPT가 스며들어 탄생한 코파일럿은 소프트웨어를 더욱 편리하게 사용하도록 돕는다. 엑셀 함수를 몰라도 데이터 분석과 그래프를 그릴 수 있고, 파워포인트의 다이어그램 디자인을 몰라도 PPT 문서를 구성할 수 있으며, MS 워드 문서 전체를 읽지 않아도 요약 정리할 수 있다. 윈도우 11에서도 코파일럿을 이용하면 각종 설정을 변경하고 문서를 찾을 수 있다. 마우스를 이용해 일일이 메뉴를 선택하고 화면을 클릭하지 않아도 필요한 것을 프롬프트 창(대화창)에 입력하면 자동으로 프로그램을 수행한다. 윈도우 사용법을 익히거나 매뉴얼을 뒤적거리지

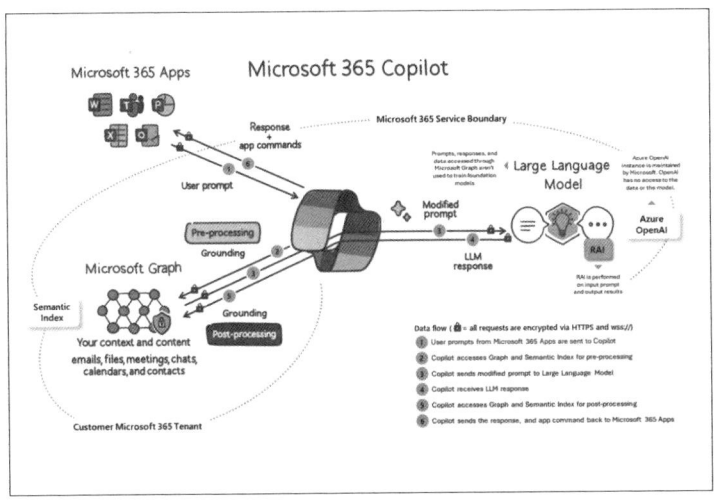

마이크로소프트 365 코파일럿의 작동 구조도 (출처 : 마이크로소프트)

않아도 필요한 기능을 사용할 수 있다.

생성형 AI는 새로운 서비스에만 적용되는 것이 아니라 기존의 앱에도 스며들고 있다. 익스피디아나 부킹닷컴 등의 여행 정보 서비스에서도 생성형 AI를 활용한 상담 창을 통해 여행 코스를 찾고 내게 맞는 여행 상품과 숙박, 교통편 등을 한 번에 예약할 수 있다. 예를 들어 제주도로 3박 4일간 맛집 여행을 간다고 해보자. 예산은 200만 원이다. 그러면 이에 맞게 호텔과 항공권 등을 새롭게 재구성하는 데 생성형 AI를 사용한다. 이미 있는 상품을 검색하는 것이 아니라 여행자의 필요에 맞게 추천하는 데

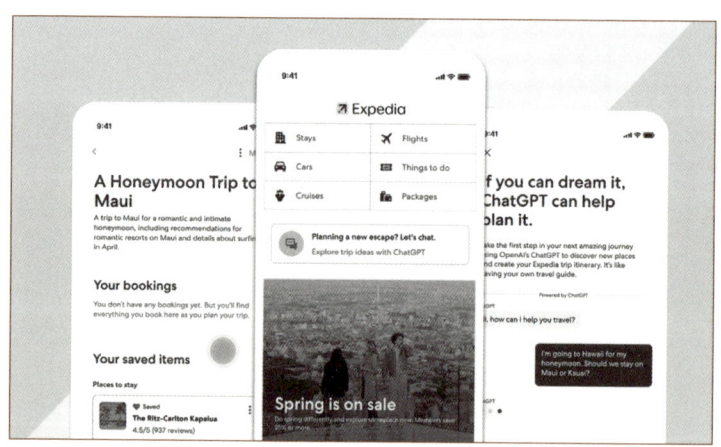

여행사 익스피디아의 앱에 적용된 챗GPT (출처 : 익스피디아)

LLM 기술이 쓰인다. 사용자는 검색어 입력창이 아니라 상담 대화창을 통해 필요한 사항을 마치 상담사와 대화하듯이 입력하면 적정한 콘텐츠와 상품 구성을 제공받을 수 있다. 그렇게 기존의 여행 앱에 AI가 스며들면서 더 나은 서비스 경험을 할 수 있다.

비단 여행 정보 서비스뿐만 아니라 야나두나 콴다 같은 영어나 수학 학습 서비스에도 생성형 AI가 적용되고 있다. 원어민 못지않은 영어 실력의 AI 상담사와 서비스 문제를 해결할 수 있고, 스마트폰 카메라로 수학 문제를 촬영하면 이를 인식해 AI가 개인 교사처럼 코칭을 해주듯 다양한 과정과 설명을 보여주며 문제 풀이에 도움을 준다.

어도비 포토샵에서 제공하는 파이어플라이는 스타일러스 펜이나 마우스가 아니라 키보드를 이용해 그림을 그릴 수 있게 돕는다. 프롬프트 창에 그림을 지시하면 자동으로 생성하는데, 그림의 특정 부분을 지정해 변경할 수 있고 이미지의 좌우나 위아래 빈 영역을 더 확대해 채우는 것도 가능하다. 덕분에 디자이너가 일일이 그리지 않고도 쉽고 빠르게 다양한 결과물을 생성할 수 있다.

줌에 적용된 회의록 요약 AI나 슬랙과 노션에 탑재된 AI도 페이지에 기록된 내용을 요약하거나 분류, 정리 같은 간단한 일과 PDF나 특정 인터넷 페이지의 문서를 분석해 표로 정리하는 등

포토샵에 탑재된 파이어플라이를 이용한 이미지 생성 (출처 : 어도비)

여러 작업을 도와준다. 덕분에 팀 회의나 협업 과정에 시간이 단축될 뿐 아니라 더욱더 빠르게 정보를 분석할 수 있다. 게다가 AI가 다양한 관점의 코멘트를 해줄 수 있어 여러 시각의 의견을 참고하는 것도 가능하다.

미국판 당근인 넥스트도어도 챗GPT를 적용했다. AI 도우미는 중고 거래로 등록될 상품 안내문을 교정하고 인종차별적 내용이나 판매 상품에 대한 잘못된 정보를 알려주기도 한다. 또 구매자가 관심을 가질만한 상세 정보나 매력적인 판매 문구를 추천한다.

음악 앱 스포티파이에서 서비스하는 AI DJ는 음악 청취 경험을 기존의 모바일 앱과 완전히 다르게 바꿔준다. 기존 음악 앱은

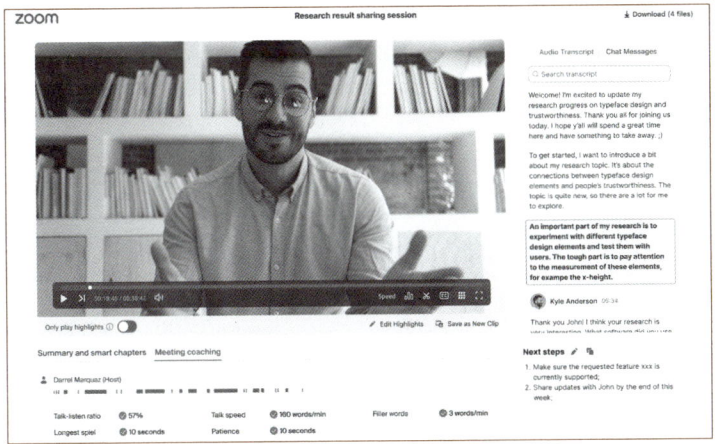

줌에 탑재된 회의 번역과 요약 기능 (출처 : 줌)

화면에 추천된 음악을 선택하거나 가수 이름이나 음악 제목 등을 검색해 듣는다. 하지만 AI DJ는 사용자의 개인 DJ가 내 상황에 맞는 음악을 들려주면서 음악이 마음에 드는지, 내게 말을 걸면서 추천한다. 기존처럼 내가 직접 나서서 능동적으로 음악을 찾아 듣는 방식이 아니라 선제적으로 음악을 들려주면서 동적으로 음악을 들을 수 있도록 한다.

그렇게 AI는 점차 우리가 사용하는 웹 서비스와 모바일 앱에 자리를 잡아간다. AI가 탑재된 앱과 그렇지 않은 앱의 사용성, 편의성, 접근성, 성능이 크게 달라지며 AI는 우리가 사용하는 모

스포티파이에서 제공하는 AI DJ (출처 : 스포티파이)

든 서비스에 스며들어 가랑비에 옷 젖는 줄도 모르게 익숙해질 것이다.

2025 IT 인사이트

삼성전자와 애플의 AI 스마트폰 전쟁

삼성전자가 출시한 세계 최초의 AI 스마트폰 갤럭시 S24에는 통화할 때 통역을 해주거나 사진 촬영 후 특정 부분을 동그라미로 선택하면 이미지 검색을 해주는 AI 기능이 탑재되어 있다. 이러한 기능을 구현하기 위해 구글 제미나이 나노와 삼성전자의 가우스 LLM을 최소화해(이를 SLM이라고 부름) 탑재했다. 이것을 온디바이스 AI라고 부르며 삼성전자의 8K OLED TV에도 4K 영상을 고화질로 변환하는 AI 기능이 탑재됐다.

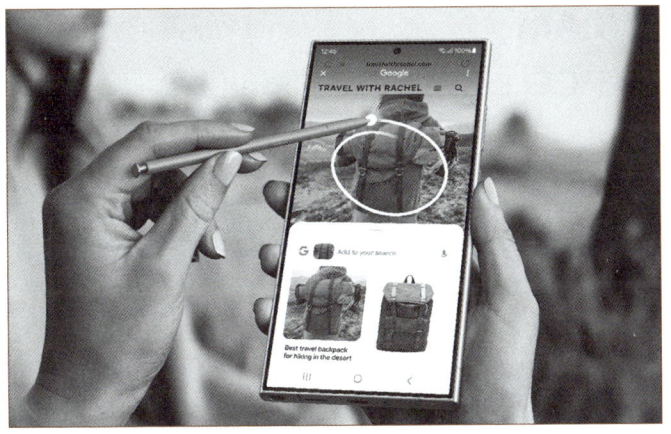

갤럭시 S24에 탑재된 AI를 활용한 이미지 검색 기능 (출처 : 삼성전자)

애플 아이폰 16부터는 시리의 성능이 개선돼 촬영한 사진을 편집하고 이모티콘을 생성하며, 메시지나 이메일을 작성할 때 도움을 준다. 또 스마트폰의 앱에서 특정한 정보를 찾을 때도 AI가 비서처럼 모든 앱의 정보를 찾고 취합해 제공한다. 기존에 사용하던 스마트폰 내의 앱과 AI에도 생성형 AI 기술이 스며들어 더 나은 편의성과 품질을 개선하는 데 기여하고 있다.

⊕ 'LAM'
PC와 스마트폰으로 침투하다

　2023년이 챗GPT로 인해 LLM이 부상했다면, 2024년은 LLM이 더욱 고도화되면서 동시에 다양한 버티컬 산업에서 사용되며 작은 LLM이라 불리는 SLM으로 분화되고 있다. 그리고 2024년 하반기부터는 인간의 언어를 넘어 우리가 보고 듣는 것까지도 포괄적으로 인식해 이미지, 영상, 소리 등의 다양한 포맷으로 데이터를 생성하는 LMM이 떠올랐다. 이는 다른 차원의 성장으로 봐야 한다(멀티모달 LLM이라고도 부른다). 더 나아가 LAM으로 AI가 인식과 이해, 생성하는 것을 넘어 실행으로까지 이어지고 있다. 2025년은 3가지 AI 기술이 더욱 다양한 영역에서 새로운 가치를 만들 것이다.

　간단한 코딩, 번역, 지식 탐색, 데이터 분석, 문제 풀이 등에 사용되던 AI가 다양한 데이터를 인식하고 여러 가지 포맷의 데이터를 생성하면서 활용처가 나날이 늘고 있다. 이미 챗GPT는 이미지를 인식하는 것을 넘어 생성까지 기본으로 제공하고 있다. 챗GPT에 이미지 생성형 AI 달리^{Dall-E}를 추가했고, 영상 생성기 소라^{Sora}까지 통합될 것이다. 생성형 AI가 만드는 데이터의 포맷이 많아지면서 반대로 다양한 포맷의 데이터까지 인식하고 이해할 수 있게 되었다. 닭이 먼저인지 달걀이 먼저인지 따지기 어려울 만큼, AI가 인식한 것이 먼저인지 생성하는 것이 먼저인지 구분할 수 없을 정도로 AI가 입출력하는 데이터의 종류는 많고 성능도 좋아지고 있다.

이 기술이 컴퓨터, 스마트폰과 결합하면서 지능적으로 기존의 컴퓨팅 기기의 사용성을 개선하고 있다. LMM은 보고 들을 수 있는 AI로, 스마트폰으로 촬영한 사진이나 영상, 더 나아가 컴퓨터로 작업 중인 화면과 소리를 인식할 수 있다. 즉 내 스마트폰이나 컴퓨터로 어떤 소프트웨어를 실행해서 무엇을 하고 있는지 알 수 있다. 또 이해하고 부가적인 정보를 안내하며 자동화 서비

윈도우 11에 탑재된 리콜 기능 (출처 : 마이크로소프트)

스를 제공한다. 무엇을 어떻게 하는지 이해한다는 것은 작동할 수도 있다는 의미다. 화면을 이해하는 기술이 LMM이고, 따라 할 수 있는 것이 LAM이다. 우리가 사용하던 컴퓨터나 스마트폰에 AI가 내장되어(디바이스에서 구동되는 AI 모델. 이를 SLM이라 한다) 사람 대신에 소프트웨어를 실행하고 앱을 넘나들며 특정한 작업을 수행할 수 있게 된 것이다.

윈도우 11은 5초마다 PC의 모든 작업을 스냅샷으로 기록하는 '리콜Recall' 기능을 2024년 5월 20일부터 선보였다. 이 데이터를 기반으로 사용자가 어떤 정보든 검색할 수 있다. 채팅 앱에서 주고받은 메시지나 웹으로 검색했던 모든 페이지, 열어본 파일 등에 대한 정보를 AI로 검색할 수 있다. LMM 덕분에 가능해진 기능이다.

2025 IT 인사이트

나를 기록한다! 윈도우 11 '리콜'

리콜은 유용할 수는 있지만 사용자의 PC 활동 내역을 기록하기 때문에 이 데이터를 해킹하면 개인의 모든 디지털 이력을 들여다볼 수 있다. 화면에 보이는 모든 것을 기록하기 때문에 카드 사용 내역부터 어떤 사이트를 방문해 무엇을 보았고, 어떤 파일과 프로그램을 열어보고 실행했는지 등을 확인할 수 있어서 개인정보 침해 위험이 매우 커졌다. 그런 이유로 5월 출시할 때는 기본값으로 활성화했는데, 6월경에는 기본값을 비활성화로 변경했다. 그리고 보안 수단을 추가해 리콜의 검색 인덱스 데이터베이스를 암호화하고 사용자가 승인해야만 접속하고 해석할 수 있게 했다. 그럼에도 리콜 기능은 사용자의 모든 컴퓨팅 사용 내역을 스크린샷으로 5초마다 캡처해 보관하기 때문에 모든 컴퓨터 작업을 훔쳐볼 수 있다. 저장 드라이브 크기는 25GB에서 150GB로 최대 3개월 분량의 데이터를 보관한다. 이렇게 스크린 캡처로 저장된 파일은 AI가 내용을 파악할 수 있어, 코파일럿을 호출해 필요한 정보를 쉽고 빠르게 찾을 수 있다. 예를 들어 지난주에 쇼핑몰에서 봤던 파란색 셔츠를 찾아달라고 하거나, 최근 1개월간 열어봤던 문서 내용 중 경쟁사의 작년 마케팅 비용에 대해 분석한 엑셀 파일을 찾아달라고 하는 등의 요청을 할 수 있다. 컴퓨터로 작업한 모든 사항을 자연어로 탐색할 수 있어 유용한 서비스임은 틀림없다. 하지만 저장된 스크린샷 이미지 파일을 복구하거나 찾으면 컴퓨터로 한 모든 작업을 살펴볼 수 있게 된다.

애플은 2023년 말에 아이폰의 제한된 메모리와 리소스에서 실행할 수 있는 경량화 LLM에 관한 연구 논문과 짧은 비디오에서 3D 아바타 애니메이션을 만드는 생성형 AI 헉스HUGS를 발표했다. 또 애플의 MLLMmultimodal large language model(멀티모달 대규모 언어 모델)인 패럿-UIFerret-UI는 스마트폰 화면을 이해하고 사용자 지시에 따라 대신 작동한다. 아이콘과 텍스트 메뉴를 인식하

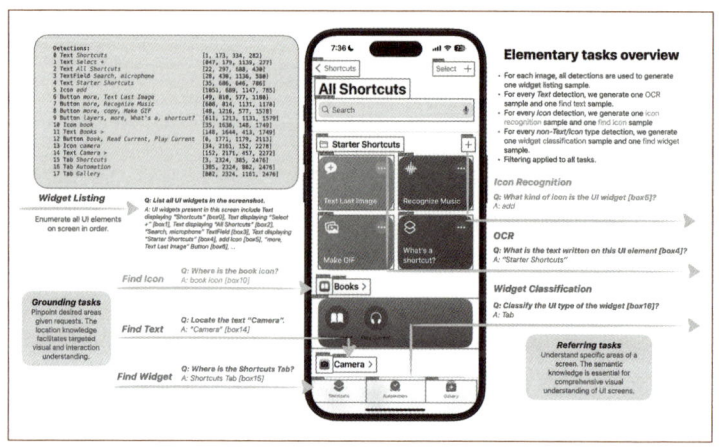

애플의 LAM인 패럿-UI (출처 : 애플)

고 사람의 명령에 담긴 의도를 이해하는 것이다. 이렇듯 LAM으로 작동하는 AI가 PC나 스마트폰에 탑재되면 키보드, 마우스, 손가락 터치를 이용해 기기를 조작하던 기존의 작동 방식에서 더 나아가 일대 혁신이 일어날 것이다.

애플은 2024년 6월 WWDC Apple WorldWide Developers Conference(애플 세계개발자회의)에서 아이폰에서 작동되는 AI 서비스를 발표했다. 아이폰으로 촬영한 사진을 편집하고 새로운 이모티콘을 생성하며, 다양한 앱에서 주고받은 데이터를 쉽게 검색할 수 있다. 예를 들어 "지난주 제주도 해변에서 촬영한 '김범준' 사진을 '강

래빗의 r1 (출처 : 래빗)

지원'에게 메시지로 보내줘"라고 명령하면 사진 앱에서 검색해 메신저 앱을 실행한 뒤 사진을 전송하는 일련의 행위가 일괄 자동으로 처리된다. 이것이 바로 LAM 기능이다.

2024년 1월 CES에서 미국 스타트업 래빗rabbit은 초소형 AI 디바이스 r1을 선보였다. 이 기기는 음성으로 명령을 내리면 클라우드의 버추얼 컴퓨터가 작동해 미리 입력한 아마존이나 우버 등의 계정 정보를 활용해 상품을 검색해서 주문하거나 택시를 호출한다. 이 역시 LAM을 탑재한 AI가 사람 대신에 스마트폰 앱을 작동해 원하는 작업을 수행하는 방식이다.

도이치텔레콤은 2024년 2월에 열린 MWC Mobile World Congress (모바일 기기 박람회)에서 앱 프리 폰을 선보였다. AI 에이전트에 명령을 내리면 앱을 다운로드하지 않고도 AI가 할 일을 대신 수행한다. 마이크로소프트도 윈도우 12에 코파일럿을 활용해 마우스를 사용하지 않아도 지시만으로 자동으로 작업할 수 있게 사용자 경험을 적극 확대할 예정이다. LAM 덕분에 차세대 기기나 소프트웨어 출시가 가능해졌다.

AI가 글을 잘 이해하고 검색, 요약 정리, 분석하는 것을 넘어 사진과 소리를 인식해 특정한 작업까지 수행하면서 AI 에이전트의 용도는 더욱 강력해지고 있다. 즉 인간의 언어를 이해하고, 보고 듣는 것을 인식하며, 다양한 작업을 수행할 수 있는 자동화된 초지능형 AI가 구현되고 있다. AI 에이전트는 영화 〈아이언맨〉의 '자비스'처럼 인류가 기계와 소프트웨어, 인터넷 서비스를 초개인화, 초자동화로 사용할 수 있다. 이를 가능케 한 기술이 바로 AI의 삼두마차인 LLM, LMM, LAM이다. 앞으로 하드웨어, 소프트웨어를 사용하는 주체는 인간이 아닌 AI일 것이다. 사람 대신에 명령을 인식해 의도에 맞게 자동으로 조작하는 AI 에이전트 시대의 개막이 머지않았다.

2025 IT 인사이트

AI 디바이스의 한계, 이대로 끝인가?

혜성처럼 등장한 새로운 인터넷 폼팩터(디바이스의 구조와 형태) 휴메인 Humane의 AI 핀AI pin과 래빗의 r1은 막상 뚜껑을 열고 보니 기대 이하의 품질과 사용성으로 사용자의 외면을 받았다. 특히 휴메인은 회사를 매각해야 할 정도로 어려워졌다. 제품에 대한 사용자의 기대가 컸던 만큼 실망도 커 후폭풍이 커졌다. 이미 사용자들은 챗GPT를 경험해 눈높이가 올라갔는데, 말도 못 알아듣고 제대로 할 수 있는 것도 없는 기기는 평가절하되는 것이 당연하다. 이는 마치 2010년대의 스마트 스피커와

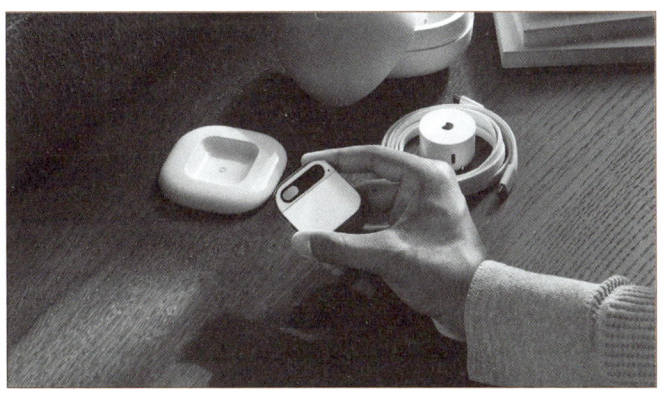

차세대 AI 디바이스 AI 핀 (출처 : 휴메인)

AI 어시스턴트(아마존의 알렉사, 구글 어시스턴트, 애플 시리 등)에 대한 실망이 제품 출시 후 수년이 지나고 판명된 것과 같다. 달라진 것은 그 판명이 불과 1개월도 안 돼서 내려졌다는 점이다. 기술과 사용자의 반응 속도가 빨라져서 작금의 1개월은 이전의 1년과 같다. 그만큼 기술 진화와 변화를 수시로 들여다보면서 시장 분석과 사업 전략을 재점검해야 할 때다.

'임바디드 AI'
로봇은 상상이 아닌 현실이다

2015년쯤 유튜브에 강아지처럼 네 개의 다리가 달린 4족 로봇과 사람처럼 두 다리가 달린 2족 로봇이 산을 안정적으로 걸어 다니는 영상이 공개되며 업계와 대중의 관심을 끌었다. 화제의 주인공은 보스턴 다이내믹스Boston Dynamics의 스팟Spot과 아틀라스Atlas. 사람들은 지형 변화가 심하고 장애물이 있는 산을 균형 있게 걸어 다니는 모습을 보고 충격과 공포를 느꼈다.

이후 팬데믹을 맞이하면서 인건비 절감 차원에서 식당에서 서빙하는 로봇이나 캠퍼스 혹은 일부 건물 내에서 배달하는 로봇을 일상에서 본다. 또한 테슬라와 현대자동차, 여러 로봇 스타트업이 사람처럼 생기고 대화도 가능한 휴머노이드 로봇을 발표하면서 격세지감을 느끼고 있다. 최근 10년간 로봇공학은 어떻게 놀랄만한 변화를 보이며 발전하게 된 것일까.

1960년대부터 산업용 로봇이 제조업 현장에 도입되기 시작했는데, 이때는 단순 반복 작업에 적용해 대량생산을 위한 목적으로 활용했다. 이후 1980년대 후반부터 로봇 센서와 제어 기술의 발전으로 조립, 용접, 도장 등 더욱 복잡한 작업을 수행하는 과정에서 자동화를 앞세워 인류를 공장 노동에서 해방시켰다. 2000년대 들어 지능형 서비스를 위한 로봇 개발이 활발해지면서 가정용 청소 로봇, 반려 로봇, 교육·의료 보조 로봇이 등장했다. 기존의 로봇이 공장에만 머물렀다면 사무실이나 가정 같은 사적인 공간으로 확대됐다는 점이 가장 큰 특징이다. 기존 로봇의 구조는 작업 특성에 맞게 최적화되어 다리가 달리거나 서서 걷는 등 인간의 신체를 모방하지는 않았다. 게다가 정해진 작업만 수행할 뿐 다양한 일을 다재다능하게 하지 못하는 한계가 있었다. 물론 인간과의 상호작용 능력도 부족했다.

로봇 산업에 특이점이 온 것은 로봇의 구조가 자연 생태계 속 동물이나 인간을 닮아가고, 수행하는 작업도 하나가 아닌 점에서다. 다양하고 새로운 것을 학습해 작업 영역이 많아지고, 작동 방식도 인간의 명령을 인지하기 시작한 2015년 이후부터 급격

보스턴 다이내믹스의 다양한 로봇 (출처 : 보스턴 다이내믹스)

히 발전했다. 4족 로봇을 선보인 보스턴 다이내믹스는 로봇 기업의 특이점을 보인 대표 사례다. 이 기업은 2013년 12월에 구글이, 2017년에 소프트뱅크 그룹이 인수했고, 2021년에 현대자동차그룹이 인수하며 새 주인이 됐다.

로봇이 동물이나 사람의 모습을 닮고 동작도 자연스러워서 세상을 놀라게 한 것은 사실이지만, 이 하나만으로 특이점이 왔다고 볼 수는 없었다. 로봇은 프로그래밍을 통해 엔지니어가 하나

하나 직접 수동으로 조작해야 하는 작동 방식이었고, 상업적 활용처가 제한적이라는 한계를 가지고 있었다.

그런데 2023년 챗GPT 열풍 속에서 한 인공지능 전문가가 챗GPT를 스팟에 탑재해 대화를 나누는 2분짜리 영상이 공개되면서 분위기가 반전됐다. AI로 인해 로봇의 사용성과 활용처가 크게 달라질 수 있다는 가능성이 나왔고 마침내 현실이 됐다. 2024년 3월 휴머노이드 로봇 개발 제조 스타트업 피규어AI^{Figure AI}가 오픈AI와 협업해 만든 AI 로봇 피규어 01^{Figure 01}의 영상을 공개했다. 이 AI 로봇은 엔지니어가 프로그래밍해서 작동하는 것이 아니라 사람과 음성 대화를 하면서 실시간으로 내린 명령에 반응해 작업을 수행한다. "테이블 위에 무엇이 보여?"라고 물으면 "사과와 컵, 접시가 담긴 식기 건조대, 테이블 앞에 서 있는 당신이 보인다"고 대답한다. "먹을 것을 달라"고 하면 사과를 집어 건네고 "왜 사과를 주었는지?" 물으면 "테이블에 있는 유일한 음식이기 때문"이라고 답한다. 또 "식기를 어디에 옮겨야 할 것 같아?"라는 질문에 "식기 건조대에 들어가야 한다"고 말한다.

피규어 01은 로봇이 직접 보고 들으면서 주변 상황을 인식하고 판단해 행동한다. 또 수행한 작업을 기억해 논리적으로 설명할 수 있으며, 말하는 동시에 행동하는 것이 가능하다. 2024년 8

챗GPT를 탑재한 휴머노이드 로봇 (출처 : 피규어AI)

월 6일에는 기존 모델보다 속도와 배터리 용량이 개선된 피규어 02가 공개됐다. 공개 영상에는 이 로봇이 BMW의 생산 라인에 투입돼 여러 작업을 수행하는 모습을 보였다. 이렇게 LLM이 로봇이라는 물리적 실체를 가지고 우리가 사는 현실계로 출현할 날이 곧 올 것이다. 테슬라는 2023년 9월에 휴머노이드 로봇 옵티머스Optimus를 공개했고 12월에는 더욱 동작이 빠르고 자연스러워진 옵티머스 2를 발표했다. 이 로봇에 테슬라의 CEO 일론 머스크가 설립한 AI 스타트업 xAI의 AGI Artificial General Intelligence(범용 인공지능)가 탑재된다면 사람과 비슷한 크기와 몸무게의 외형을 가지면서 사람보다 더 뛰어난 지능을 가진 인간형 로봇이 탄생활 것이다.

현실에서 사람처럼 눈과 귀, 입을 가지고 세상을 배우면서 학습하는 AI 로봇, 즉 임바디드 AI embodied AI 산업이 본격화되고 있다. 이러한 로봇은 인간이 작업하는 모든 작업장에서 인간보다 더 나은 지능과 체력을 가지고 작업을 수행할 것이며, 전 세계 산업 구조와 노동 시장에 근본적인 변화가 생길 것이다.

로봇이 꾸준하게 발전할 수 있었던 요인은 로봇 제어와 자율 동작을 지원한 고성능 컴퓨팅 파워와 센서, 액추에이터 기술의 고도화 덕분이다. MEMS micro-electro mechanical systems (초소형 정밀기계 기술), 광학, 압전 등 다양한 센서 기술의 발전 덕분에 로봇이 전방위의 환경을 감지하는 능력이 강화됐고 고출력 전기 모터와 서보모터 servomotor (서보기구의 조작부로서 제어신호에 의해 부하를 구동하는 장치)와 스테퍼 모터 stepper motor (입력신호의 변화 여부에 따라 일정하게 각도를 변화하거나 위치를 유지하고 정지하는 기능의 모터) 기술 덕분에 제어 성능이 정밀하게 향상됐다. 특히 평면, 구면, 관절형 등 다양한 형상의 모터 개발로 로봇 설계의 유연성이 높아져 로봇의 형태나 작업 특성에 최적화된 구동이 용이해졌다.

하지만 지난 10년의 로봇공학에 특이점이 온 가장 큰 요인은 AI 기술 혁신이다. 기계학습, 딥러닝 등 AI 알고리즘의 고도화로 로봇의 인지, 판단, 제어 능력이 비약적으로 향상했고, 특히 컴퓨터 비전과 자연어 처리, 최근의 LLM, LMM, LAM 같은 AI 기술의 변화는 로봇의 환경 이해와 인간과의 상호작용 수준을 높였다. LLM은 인간의 언어와 생각을 이해할 수 있게, LMM은 우리가 사는 현실의 사물과 현상을 보고 듣고서 인식할 수 있게, LAM은 로봇이 행동할 수 있게 해주었다. 게다가 로봇에 AI 칩과 SLM이 탑재되고, 에너지 밀도가 높아진 이차전지와 에너지 하베스팅(버려지는 에너지를 사용 가능한 전기 에너지로 변환하는 기술) 등의 혁신적 에너지 공급 기술 덕분에 보다 장시간 자율 운용을 할 수 있다. 이처럼 최근 1~2년간의 AI 기술은 로봇공학에 특이점을 가져다줬다.

2010년대 IT 기술은 딥러닝 등의 AI가 본격 등장하며 새로운 전기를 맞이하고 이를 계기로 로봇 산업 역시 혁신의 물꼬가 터졌다. 시각, 음성인식, 자연어 처리 등의 분야에 AI 기술이 접목되면서 로봇의 지능과 자율성이 크게 향상됐기 때문이다. 로봇에 탑재된 AI는 방대한 데이터 학습을 통해 환경을 인식하고 최적의 동작을 스스로 판단할 수 있다. 대표적인 것이 테슬라의 자율주행차에 AI가 탑재됐을 때다.

로봇 산업은 AI 기술의 통합으로 급격한 변화를 겪고 있다. AI

도입 이전에는 주로 제조업에서 자동화된 작업을 수행하며, 프로그래밍 지시에 따라 한정된 작업만을 실행했다면, AI의 도입 후에는 더욱 다양한 작업을 상황에 따라 유연하게 수행할 수 있도록 한다. 즉 AI 덕분에 로봇은 주변 환경을 인식하고, 복잡한 상황에 대응하며, 인간과의 상호작용을 자연스럽게 수행하는 것이다. 이 기술로 자율주행 차량, 의료, 가정 등 다양한 분야에서 로봇을 더욱 다양하게 활용하고 있다. 이처럼 AI 기술은 로봇의 가격을 낮추고 활용도를 높여 로봇 산업의 대중화를 이끈다.

기존 로봇은 단독 작업을 수행하지만 지능형 로봇은 사람과 협업할 수 있다는 점이 큰 수확이다. 로봇이 완전하게 할 수 없는 작업은 인간의 능력으로 온전히 처리하기도 한다. 덕분에 일상에서 로봇을 만날 기회가 늘고 있다. 코로나19로 2년간 비대면 서비스의 수요 증가와 인건비 절감 등으로 인해 배달 로봇, 방역 로봇, 조리 로봇 등이 늘었다. 인간 삶의 공간에 로봇이 들어오려면 안전이 가장 중요한데, 정밀 모터와 AI 덕에 안전성이 강화된 것이다.

AI는 단순한 디지털 존재에서 벗어나, 물리적 현실에서 인간과 직접 상호작용을 할 수 있는 임바디드 AI로 진화하고 있다. 이러한 진화는 인간의 노동력을 대체하고, 산업 구조를 혁신할 잠재력을 지닌다. 우리가 사는 현실 속에서의 일을 상호작용하고 학습하며 더 다양한 작업을 수행하는 인공의 지능을 갖추는 중이다.

AI 기술은 기존과 다르게 다재다능함이 특징임을 알 수 있다. 코딩, 번역, 수학, 요약, 다양한 생성 작업을 수행할 수 있는 팔방미인 같은 기술이다. 그런 AI가 현실계에서 실체를 가지고 행동하며 보고 듣고 배우면 가상에서 배우는 것보다 더 뛰어난 능력을 갖출 것이다. 단 AI가 실제 현실에서 인간처럼 다양한 작업을 수행하려면 로봇의 구조는 인간을 닮아야 한다.

인간형 로봇, 즉 휴머노이드 로봇은 AI 기술의 발전과 더불어 로봇 산업에 새로운 가능성을 열고 있다. 인간과 유사한 외형에 움직임도 비슷해 인간과의 상호작용과 협업에 최적화된 형태로 생활 공간과 환경에 자연스럽게 스며들 수 있다. 로봇이 지금보다 인간의 일상에서 더 효율적으로 활동하면 인간과의 상호작용이 더 자연스럽고 효과적으로 이루어질 것이다.

이처럼 휴머노이드 로봇은 인간의 작업 환경에 쉽게 적응할 수 있다. 인간이 작업하는 기존 공간과 구성물을 그대로 이용할 수 있다는 장점이 있고, 인간을 위해 설계된 도구, 장비, 공간 등을 활용할 수 있다. 이는 로봇의 작업 범위를 크게 넓히고, 인간과 로봇 간의 협업을 효과적으로 만든다. 예를 들어 휴머노이드 로봇을 위해 별도의 공간을 마련할 필요 없이 인간과 함께 제조 라인에서 작업하거나, 위험한 환경에서 인간을 대신해 작업을 수행할 수 있다. 더 나아가 휴머노이드 로봇은 인간의 움직임을 모방하고 학습해, 보다 자연스럽고 효율적인 동작을 구현할 수 있다. 인간의 운동 능력과 감각 기능을 로봇에 구현한다면 섬세한 작업이나 복잡한 상황에 대한 대응 능력이 크게 향상되고, 인간이 사용하던 모든 시설물과 도구를 그대로 이용할 수 있다. 인간이 작업하던 모든 공간에서 인간을 대체하거나 함께 작업할

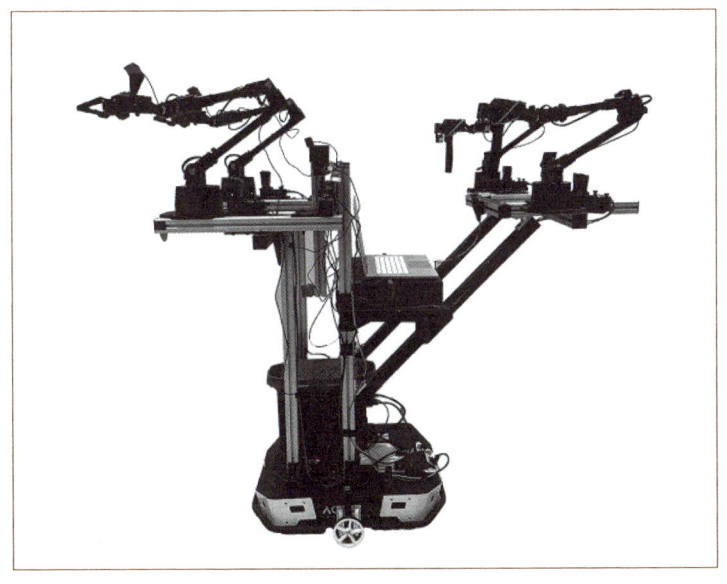

모방 학습으로 작동되는 로봇 모바일 알로하 (출처 : 스탠퍼드대학교 모바일 알로하 연구팀)

수 있기에 로봇의 활용 영역은 더욱 확대되고, 새로운 가치 창출의 기회가 제공될 수 있다.

스탠퍼드대학교 연구팀은 구글 딥마인드와 협력해 모바일 알로하Mobile ALOHA 로봇을 개발했다. 이 연구팀은 논문을 출판하기 전 논문 발표 사이트 아카이브에 연구 자료를 게재했고, 유튜브를 통해 모바일 알로하의 작동 장면을 공개했다. 영상을 보면 대형 배터리를 내장한 채 무선으로 움직이는 양팔이 달린 투박한 로봇이 옷을 개거나 청소하고, 요리를 하며 그릇을 닦는 등 사람이 하는 가사 노동을 곧잘 따라 한다. 로봇이 얼마나 다양한 일을 훌륭하게 해내는지 공상과학 영화를 보는 기분이 들 정도다.

더 놀라운 점은 이 로봇이 3만 2천 달러(대략 4천만 원) 수준으로 제작됐다는 사실이다. 심지어 누구나 공개된 논문의 정보를 기초로 재료를 구매해 로봇을 만들고, 작동하는 데 필요한 인공지능을 가져다 사용할 수 있다. 즉 4천만 원의 비용을 투자하면 사람과 유사하게 작동하는 로봇을 사용할 수 있다.

핵심은 다양한 일을 사람처럼 할 수 있도록 해주는 인공지능 소프트웨어다. 그 인공지능은 모방학습이라는 방식으로 학습한다. 로봇 뒤에서 사람이 두 팔로 로봇을 직접 작동해 학습시키는 것이다. 셔츠를 옷걸이에 걸고 단추를 잠그는 동작을 하려면 사람이 뒤에서 로봇 팔을 잡고 50여 차례 반복하면 로봇의 인공지능이 이를 학습해 그대로 따라 할 수 있다. 성공 확률은 당연히 학습을 많이 하면 할수록 늘어난다. 약 50차례 학습하면 85% 성공률을 보인다.

휴머노이드 로봇을 학습시키면 인간이 하는 수많은 잡무나 단순한 작업을 넘어 각종 작업장에서 이루어지는 인간의 노동을 대신할 수 있다. 로봇에 동력을 줘 파워를 증강하면 공장에서 인간의 신체 한계로 할 수 없는 것까지도 시킬 수 있다. 불과 3명이 모바일 알로하 로봇을 개발해 수십 개의 작업을 학습시켰다. 만일 공개된 오픈소스 기술을 이용해 전 세계의 사람들이 이 로봇에 모방학습을 시킨다면 할 수 있는 일의 종류는 수천, 수만 가지가 되고, 로봇의 인공지능은 인류 역사상 그 어떤 인간도 혼자서 하지 못했던 수많은 일을 해내는 슈퍼 로봇을 탄생시킬 것이다. 물론 이 로봇은 향후 휴머노이드 로봇으로 진화할 것이다.

테슬라의 옵티머스 로봇은 사람과 흡사한 모습이다. 2021년 테슬라 AI 데이에서 발표한 초기 휴머노이드 로봇은 실제 모습을 보여주지 못했다. 시제품을 공개한 것은 2022년인데 이때만 해도 어색한 움직임을 보이며 제대로 걷지조차 못하는 미완성 제품이었다. 외장을 완전하게 마감한 상태로 공개한 것은 2023년

5월 이후로, 비로소 옵티머스 1세대라 불릴만한 제품을 발표했다. 물건을 옮기고 요가 자세를 취하며 훨씬 자연스러워진 동작을 선보였다. 지난 2023년 12월에 발표한 옵티머스 2세대는 상반신 동작이 빨라지고 자연스러워졌으며 1세대보다 걷는 속도도 30% 빨라졌다. 목과 발 등에도 관절이 추가되면서 고개를 숙이거나 돌리는 등의 미세한 움직임이 가능해졌다. 또한 무게는 10kg 가벼워졌고 손가락 끝에 촉각센서를 장착해 정밀한 손동작이 가능해졌다. 테슬라는 이처럼 사람 모습을 한 휴머노이드 로봇의 가격을 무려 2만 달러에 판매할 계획이라고 밝혀 우리 일상에서 이 같은 로봇을 만날 날이 가까워졌다.

게다가 로봇에 모바일 알로하의 AI 등이 탑재된다면 로봇으로 할 수 있는 일은 더욱 다양해질 것이다. 자동차보다 저렴한 가격으로 다양한 장소와 상황에서 인류를 노동에서 해방할 수 있을 것으로 기대한다. 물론 그 해방이 경제적 자유가 아닌 해고로 이어질 수 있다는 사회적 문제는 여전히 남아 있다.

휴머노이드 로봇은 기술적 측면 외에도 사회적, 문화적 가치를 지닌다. 또한 예술, 엔터테인먼트, 교육 등의 분야에서도 새로운 창작 영역을 개척할 것이다. 로봇과 인간의 상호작용은 새로운 형태의 커뮤니케이션과 사회적 관계를 형성할 수 있으며, 이는 우리 사회의 다양성과 포용성을 증진하는 데 기여한다.

◐ '차세대 디바이스'
세 번째 인터넷 사용자 경험을 주도하다

샘 올트먼은 개인적으로 웨어러블 AI 디바이스 제조 스타트업 휴메인에 투자했고, 아이폰 디자이너였던 조너선 아이브와 함께 소프트뱅크의 투자를 받아 새로운 AI 디바이스를 만드는 프로젝트를 추진 중이다. CES 2024에서는 래빗이 차세대 스마트 기기 r1을 공개했고, 미국의 스타트업 리미트리스Limitless는 옷에 부착하는 펜던트 장치를, 구글 자회사 이요IYO는 귀에 꽂는 이요 원IYO ONE을 공개했다.

모두 AI를 활용한 차세대 디바이스로 기존의 PC나 스마트폰의 한계를 벗어나 새로운 편의성과 용도를 장점으로 내세우고 있다. 과연 아이폰 출시 이후 17년간 굳건하게 자리를 지키고 있는 스마트폰 다음에 올 디바이스는 출현할 수 있을까?

결론적으로 최근 주목받은 차세대 AI 디바이스 AI 핀이나 r1은 혹평 세례를 받았다. 속도가 느린 것은 참는다 하더라도 용도가 제한적이고, 오류가 너무 많아 1세대 AI 어시스턴트처럼 빛 좋은 개살구에 천덕꾸러기 신세로 전락했다.

차세대 AI 디바이스는 기본적인 가치의 기준이 명확하다. 바로 기존의 모바일 앱에서의 인터넷 서비스를 보다 빠르고 쉽게 사용하도록 하는 것이다. 예를 들어 우버나 카카오T에서 집까지 가는 택시를 부르기 위해 스마트폰 앱을 실행하고 화면에 나타난 메뉴를 누르고 검색어를 입력해서 선택하는 여러 과정을 거칠 필요 없이 AI 디바이스에 "집에 가는 택시 불러줘"라고 명령을 내리면 AI가 자동으로 수행한다. 조금 더 복잡한 작업도 자동화할 수 있다. 예를 들어 "2~3일 전 마케팅팀장이 보내준 이번 주 전사 마케팅 기획 회의 내용을 요약 정리해서 기획팀장에게 회의 초대 메일을 보내고, 마케팅팀에서 정리한 작년 4분기 마

AI를 위한 웨어러블 디바이스 이요 원 (출처 : 이요)

케팅 성과 보고서 파워포인트 파일을 첨부해서 전송해"라는 내용도 대신 수행할 수 있다.

PC나 스마트폰에서 일일이 화면을 보면서 마우스를 움직이고, 화면을 터치하며 작업해야 하는 것을 말 한마디로 끝내는 것이다. 꿈 같은 차세대 디바이스의 상용화는 최근 AI 기술의 진화 덕분에 가능성이 커져만 가는데 왜 최근 출시된 AI 디바이스는 혹평을 받는 것일까? 이유는 아직 AI 기술이 그정도로 복잡한 작업을 자동화할 수 없기 때문이다. 한마디로 시기상조인 셈이다. 챗GPT와 같은 AI는 정보를 해석하고, 문서를 요약하며, 정답까지는 아닐지라도 난해한 질문에 다양한 관점의 지식을 전달할 수 있도록 더 좋은 품질로 서비스를 제공하고 있다.

하지만 앱을 대신 실행해 자동화된 서비스를 통합 제공하거나 여러 단계로 거쳐야 할 태스크를 구분해 단계별로 수행하는 것만으로는 부족하다. 또 클라우드에 있는 거대한 LLM(기반 모델)으로 구동되는 과정에는 시간, 비용, 개인정보 이슈가 발생한다. 그래서 기기 내에서 작동하려면 AI 칩을 내장하고 SLM을 탑재해야 한다. 그만큼 비용과 기술 투자가 필요한데 아직 가성비가 수준 이하인 상황이다. 하지만 부족한 것이지 불가능한 것은 아니다. 또 사용자들은 시간과 수고를 줄여주는 AI 서비스에 대한 기대감이 크다. 그러다 보니 AI 디바이스 출시에 호응과 반응 역시 크다.

2007년 아이폰이 출시되기 이전인 2005년부터 RIM의 블랙베리, 삼성전자의 블랙잭과 미라지, PDA폰 등 다양한 종류의 스마트폰이 출시됐다. 국내에서도 삼성전자가 옴니아, 갤럭시A, LG전자가 옵티머스 등 다양한 스마트폰을 앞다퉈 출시했다. 혼란의 시기가 아이폰 출시 전후로 약 5년간 이어진 후 2010년부터 본격적인 스마트폰 시대의 막이 올랐다. 그만큼 시장의 기대는 컸지만, 기술이나 편의성이 따라주지 않았다.

1세대 아이폰만 해도 앱스토어가 없어 앱을 설치할 수 없었고, 이듬해 출시된 아이폰 3G는 짧은 배터리 사용 시간, 휴대성이 다소 떨어지는 무게감과 그립감 때문에 휴대폰으로서는 여러 단점을 지니고 있었다. 특히 당시 무선 인터넷 속도는 CDMA(3.1Mbps)로 약 100Mbps를 지원하는 지금의 LTE와 비교하면 최소 30배 이상 차이가 나기에 스마트폰에서 인터넷 서비스를 사용하기에는 속도가 너무 느렸다. 하지만 2010년 이후 갤럭시 S2 출시와 4G LTE가 보급되면서 본격적인 모바일 시대가 열렸다.

AI 디바이스 역시 아이폰처럼 춘추전국 시대의 혼란을 앞으로 최소한 3년은 겪어야 할 것이다. AI를 기본으로 탑재해 음성 명령만으로 초개인화, 초자동화된 서비스를 제공할 수 있는 차세대 디바이스에 대한 기대와 수요는 있지만, 상상을 완벽하게 구현하는 기술과 그에 맞는 폼팩터가 필요하다. 마치 보다 빠른 무선 인터넷 속도LTE와 정교한 위치 측정 센서, 다양한 앱을 설치할 수 있는 앱스토어와 고성능의 카메라 등이 보강되면서 모바일 시장이 열린 것과 같다.

AI에 안성맞춤인 폼팩터는 약 3년 정도 후(2028년)에나 나올 것으로 전망한다. 하지만 이 기간에 스마트폰이나 PC 제조사가 가만히 있을 리 없다. 갤럭시 S24나 아이폰16은 AI 칩과 SLM을 탑재해 폰 내에서 AI 서비스를 구현할 것이다. 굳이 새로운 폼팩터가 아니어도 우리가 사용하던 기존 기기에서 AI를 흡수해 새로운 디바이스의 등장을 막을 것이다. 이미 스마트폰만큼 성능과 기능, 생태계가 구축된 것도 없고 이어폰이나 스마트워치와 연동해 대화 기반의 AI 사용성을 극대화할 수 있다.

그럼에도 차세대 AI 디바이스는 스마트폰이나 PC와 차별화된 기능과 스펙, 가성비로 도전하며 경쟁을 꾀할 것이다. 스마트폰보다 더 강력한 성능, 막강한 디스플레이, 새로운 사용자 인터페이스를 제공하는 MR이 새로운 디바이스 후보일 수도, 오히려 스마트폰보다 더 경량화되고 저렴한 가격에 온전히 음성만으로 작동되는 것일 수도 있다. 어떠한 형태의 기기든 AI를 활용해 기존의 인터넷 서비스를 자유롭게 제어하고 관리할 수 있어야 한다.

그러려면 사람이 아닌 AI가 인식하고 이해할 수 있도록 기존의 인터넷 서비스가 AI에 연동돼야 하고, 기존 앱을 제어할 수 있어야 한다. 물론 그 과정에서 AI도 챗GPT처럼 사람과 대화를 나누는 것을 넘어 사용자의 의도에 맞게 태스크를 구분해 순차적으로 인터넷 서비스를 작동할 수 있어야 한다. 한마디로 AI가 초개인화, 초자동화, 초지능화된 서비스를 구현할 수 있어야 한다. 그러려면 AI와 서비스가 API로 연동될 수 있도록 랭체인LangChain 같은 기술과 자동화된 일련의 작업을 수행할 수 있게 하는 오토GPT AutoGPT, 다양한 영역에서 다기능의 서비스를 완결적으로 수행하는 AI 에이전트 등이 필요하다. 물론 LLM, LMM, LAM 등의 AI 기술도 기기의 사용성과 성능을 높이는 데 기여할 것이다.

기술이 성숙하기 시작하면 AI 디바이스의 실체도 구체적으로 자리 잡을 것이다. 옷에 부착하는 형태일지, 손가락에 끼는 반지일지, 안경과 같은 모습일지, 이어셋으로 구성될지 알 수 없다. 혹은 이미 자리 잡은 스마트워치가 대세가 될 수도 있다. 중요한 것은 PC나 스마트폰처럼 직접 인터넷에 연결한 독립된 인터넷 디바이스로, 스마트폰보다 더 경량화되고(마치 PC보다 스마트폰

IT 산업 변화에 따른 다양한 디지털 디바이스

이 작아진 것처럼) 직관적이고 편리해야 한다. 또한 스마트폰보다 더 오랜 시간 몸에 지니고 휴대할 수 있어야 한다. 사용자 경험을 제공하는 세 번째 인터넷 디바이스를 향한 제조사들의 경쟁이 앞으로 본격화될 것이다.

2025 IT 인사이트

온디바이스 AI의 정의와 장점

AI가 탑재된 디바이스를 가리키는 온디바이스 AI는 디바이스 안에서 운영되는 SLM과 이를 지원하는 AI 칩이 필요하다. 구글 제미나이 나노가 대표적이며 오픈소스 LLM을 이용해 디바이스 특성에 맞게 개발하기도 한다. 또 AI 칩은 퀄컴의 스냅드래곤8 3세대가 널리 사용되는데, 삼성전자도 유사한 칩을 개발했다. 앞으로 스마트폰이나 PC, 자동차와 MR 등 여러 기기에서 AI 칩과 SLM을 사용할 것이다. 온디바이스 AI는 클라우드의 LLM과 달리 기능이 제한적임에도 장점이 명확하다. 디바이스 내에서 작동되므로 개인정보 보호와 빠른 속도 그리고 적은 비용이라는 특징을 가진다.

'AI 데이터센터' 미래의 부가가치를 위한 투자

2023년 전 세계인이 경험한 챗GPT 이후 여러 AI 서비스가 쏟아져 나오고 있다. 마치 10여 년 전 앱스토어에 앱이 쏟아져 나오던 때와 비슷하다. 당시도 그랬지만 지금도 AI 서비스 중에 돈을 버는 곳은 없다. 정확히 말하면 투자 대비 수익이 마이너스다. 물론 2~3년 지나면 분명 화려한 백조로 거듭날 AI 서비스는 분명히 있다. 하지만 지금 AI로 돈 버는 곳은 AI 칩셋 개발사와 칩셋을 기반으로 만드는 서버, 데이터센터와 클라우드 기업뿐이다. 2010년대 모바일 시장이 막 열렸던 초기에 돈 버는 기업은 클라우드 3사(아마존, 구글, 마이크로소프트)와 스마트폰 제조사였던 것처럼 현재도 인프라를 제공하는 기업만 돈을 벌고 있다.

AI 인프라는 크게 칩셋, 서버, 클라우드, LLM 4가지로 구분할 수 있다. 칩셋은 AI 구동에 필요한 컴퓨터 리소스로 엔비디아 nVidia의 GPU와 SK하이닉스의 HBM(고대역폭 메모리), TSMC가 이 2개의 칩과 메모리를 패키징해 구성하는 AI 가속기 AI accelerator(인공지능 및 기계 학습 애플리케이션을 가속화하도록 설계된 특수 하드웨어 가속기)가 대표적이다. 전 세계적으로 이 3사가 마치 세계대전 주축군처럼 시장을 선점하며 공세를 취하고 있다. 이렇게 구성된 AI 가속기를 기반으로 CPU, 메모리, 저장장치를 하나의 시스템으로 구성한 서버를 슈퍼마이크로 컴퓨터, 델, HP, IBM 등이 생산한다. 그 서버 위에 클라우드가 작동되는 것이다.

클라우드가 서버에서 작동하기 위해서는 안정적인 전력 공급과 냉각 솔루션, 빠른 네트워크가 필요하다. 이 자원을 제공하는 것이 데이터센터 DC, data center다. AI 시대 이전에도 거대한 데이터센터는 있었지만, AI 구동을 위해서는 더 강력한 성능을 지닌 AI 데이터센터가 필요하다. AI 데이터센터에 LLM을 가동할 수 있는 클라우드를 구축하면 구동성이 더 나은 AI 서비스를 운영할 수 있다. 그렇게 챗GPT, 미드저니, 감마, 에이닷, 클로드 등의 모든 AI 서비스와 기존 앱 중에 LLM을 이용하는 서비스는 이 같은 AI 인프라를 기본적으로 사용한다. 갈수록 AI를 사용하는 서비스가 늘면서 AI 인프라의 필요성도 커지고 있어 실제 AI 데이터센터는 수요가 폭증하고 있다. 보스턴컨설팅그룹은 데이터센터 수요는 2030년까지 매년 15~20% 증가할 것으로 예상했다. 2022년 챗GPT를 구동하기 위해 들어가는 전력 소비량은 미국 전체 전력의 2.5%였는데, 2030년까지 미국 전체 가정용 전력 소비량의 무려 3분의 2에 해당하는 전력이 필요할 것으로 예상한다. 그만큼 AI 서비스가 늘어나기 때문에 더 많은 AI 인프라 확충이 필요한 셈이다.

골드러시 시절에 돈 벌던 기업은 금광을 캐던 광부가 아니라 청바지나 삽을 파는 기업이었던 것처럼 AI 역시 2025년까지는 인프라를 제공하는 기업만 돈을 벌 것으로 예측한다. 특히 칩셋과 서버, 클라우드 순서로 수익을 규모화하고 있으며, 이를 시스템으로 묶어서 제공하는 AI 데이터센터에 투자가 집중되고 있다. 수조 원 이상의 투자가 전 세계, 주요 국가에 AI 데이터 센터를 구축하는 데 쓰이고 있다.

이미 클라우드 사업을 하는 글로벌 CSP[cloud service provider]인 아마존, 마이크로소프트, 구글과 자체적인 AI 사업과 개발에 시동을 건 애플, 테슬라, 메타, 삼성전자 등도 AI 데이터센터 투자를 공격적으로 추진 중이다. 더 나아가 AI 인프라가 필요한 크고 작은 기업과 연구기관, 정부를 위해 AI 데이터센터를 개발해 임대하는 엔비디아의 투자를 받은 코어위브 등의 사업자도 속속 등장하고 있다.

2025년은 이렇게 구축된 AI 데이터센터가 본격 가동되면서 이를 이용해 부가가치를 창출하는 AI 솔루션이나 서비스가 대두될 것이다. 인프라에 투자한 기업이 꾸준히 돈을 벌려면 인프라 사용 기업이 실질적 비즈니스 가치를 만들어 내야만 한다. 네이버와 카카오톡, 구글과 페이스북의 비즈니스 모델이 성공했기에, 서비스 개발과 운영을 위해 투자한 서버와 시스템, 클라우드가 지속적으로 성장할 수 있었다.

마찬가지로 AI 인프라에 투자한 자금의 가치가 증명되고 추가

고전력과 컴퓨팅 파워가 필수인 AI 데이터센터 (출처 : 터너 건설회사)

비용을 투자하기 위해서는 막대한 AI 인프라를 활용한 새로운 비즈니스 가치를 보여야 한다. 그 가치는 AI 생성형 서비스에서 사용자에게 과금하는 유료화나 서비스 사용 과정에 판매나 광고 등을 제공하며 부과하는 수수료 등으로 만들어질 것이다. 혹은 기존의 인터넷 서비스가 보였던 비즈니스 모델이 아닌 완전히 새로운 실체의 모델로 가치가 입증될 수 있다.

2025년은 2024년에 이어 AI 인프라 투자, AI 데이터센터 구축을 위한 부동산과 AI 칩, 메모리, 서버, 시스템, 그리고 데이터센터에 공급될 전력망과 네트워크에 대한 투자도 늘 것이다. 하지만 생성형 AI를 활용한 LLM, LMM, LAM 등의 기술을 활용해 AI 인프라를 적극 이용하는 여러 산업의 혁신 사례가 연속적으로 이어지지 않으면 생성형 AI는 반짝 주목받고 사그라지는 패션에 불과할 것이다. 그런 면에서 2025년 AI 인프라 투자는 지속될 것이고 이를 이용하는 여러 AI 서비스와 활용 사례가 본격적으로 확대될 전망이다.

2025 IT 인사이트

'엔비디아 주축군' vs. '반엔비디아 연합군'

1990년대 컴퓨터 그래픽 카드의 칩셋을 만드는 부품 업체에 불과하던 엔비디아의 성장은 눈부시다. 1999년 나스닥 상장 이후 2024년 6월 종가 기준으로 무려 3400배 폭등했다. 엔비디아의 시가총액은 이제 마이크로소프트, 애플과 어깨를 나란히 하며 1위를 엎치락뒤치락할 정도에 이르렀다. 엔비디아의 성장은 2024년부터 급부상한 생성형 AI 덕분이다. 이 AI를 구동하려면 절대적일 만큼 엔비디아의 GPU가 필요하다. 또 이 GPU를 구동하기 위해서는 SK하이닉스의 HBM 같은 고성능, 고대역폭의 메모리도 필요하다. 이 2가지를 패키징한 AI 시스템은 TSMC가 생산한다. 이렇게 엔비디아-SK하이닉스-TSMC는 전략적 제휴로 동맹을 맺어 AI 인프라 시장을 장악하고 있다. 물론 이 동맹에 참여하기 위한 삼성전자, 브로드컴 등의 노력도 거세다. 실제 2024년 8월 엔비디아의 품질 검증에 삼성전자의 5세대 HBM인 HBM3E가 통과해 2024년 4분기부터 공급이 시작된다. 그 이전에는 설왕설래 소문만 무성할 뿐 DRAM의 명가이자 세계 1위 기업이던 삼성전자의 실력에 어울리지 않게 검증에 실패했는데 모처럼 호소식이 들린 것이다. 그렇게 엔비디아의 동맹에 합류하려는 노력도 치열하다. 하지만 이들의 동맹에 반엔비디아 연합군들이 2024년부터 뭉치고 있다. 새로운 AI 칩셋에 대한 표준을 만들

엔비디아 동맹과 반엔비디아 연합

려 하는 구글, 마이크로소프트, 메타를 비롯해 인텔, AMD, 브로드컴, 시스코, HP엔터프라이즈 등이다. 심지어 삼성전자도 차세대 HBM으로 이들과 연대할 움직임을 보인다. 그리고 반연합군에 참전하지 않았지만 퀄컴, ARM, IBM, 중국 기업 텐센트 등이 있다. 물론 애플도 비록 클라우드 기반모델의 경쟁 플레이어는 아니지만 여전히 엔비디아를 위협할 숨은 경쟁자 중 하나다.

'AI 솔루션'
새로운 비즈니스의 기회

생성형 AI 서비스는 2025년 다양한 영역에서 새로운 시도를 하겠지만, 기존 모바일 앱의 사용량을 위협할 만큼의 보편화는 힘들 것이다. 2010년 초 스마트폰이 보급되며 앱스토어에 모바일 앱이 쏟아져 나왔지만, PC 웹 사용 시간을 모바일 앱이 추월한 시점은 대략 2016년 말이다. 전 세계적으로 모바일과 태블릿 기기를 이용한 인터넷 사용이 컴퓨터 데스크톱을 넘어서며 틱톡, 인스타그램, 우버, 스냅챗 등 모바일 기반의 인터넷 서비스가 급성장했다.

웹에서 포털 사이트를 운영하며 국내를 대표하는 인터넷 서비스의 맏형으로 자리 잡았던 다음이 모바일에서 급부상한 카카오톡에 인수된 것도 2014년 말의 일이다. 스마트폰이 본격적으로 보급된 2010년 이후 약 5년이 훌쩍 지나서 모바일 서비스가 대중적으로 보급된 것이다. 이처럼 생성형 AI 서비스도 보편화에는 시간이 걸릴 것이다. 챗GPT 열풍과 다양한 생성형 AI 서비스의 출현, AI 인프라의 보급 이후 최소 3년 정도는 걸릴 것이고 2026년은 되어야 AI 서비스가 급부상할 것이다.

그렇다면 2025년의 떠오르는 IT 산업 주력 트렌드는 무엇일까? 바로 이런 AI 서비스가 필요로 하는 AI 솔루션이다. 1990년대 조립 PC가 국내에서 부상하기 시작하면서 용산에 방문하는 사람이 늘고 주변 식당과 컴퓨터 학원, 고장 수리 업체, 전문서적 출판사의 매출이 먼저 상승한 것과 비슷하다. 이처럼 AI 서비스가 급부상하려면 서비스 개발과 운영에 필요한 솔루션이 필요하다. AI 인프라가 하드웨어, 네트워크 등의 물리적 실체를 가진 것이라면, AI 솔루션은 소프트웨어 속성을 지닌다. 2025년은 AI 솔루션이 기업용, 일반용으로 다변화되면서 주목받을 것이다.

솔루션의 종류를 구분하면 ① AI 모델인 LLM을 개발하는 것, ② LLM 학습과 추론을 위한 데이터 변환과 관리, ③ 개발된 LLM의 사용과 운영 관련, ④ AI를 기존의 레거시 시스템과 연동하는 것과 관련한 통합 솔루션, ⑤ AI를 보다 안전하게 사용하기 위한 윤리와 규제 솔루션으로 구분할 수 있다. 항목별로 주목해야 할 상세한 솔루션은 다음과 같다.

① LLM 원천 기술의 개발과 구축

- 개발 도구development tools : AI 모델을 설계하고 프로그래밍하는 데 필요한 도구로 텐서플로TensorFlow, 파이토치PyTorch, 케라스Keras 등이 있다.
- 모델 훈련training : 대규모 데이터셋을 사용해 모델을 훈련하는 도구로 구글 클라우드 AI 플랫폼, 마이크로소프트 애저 머신러닝, 아마존 세이지메이커Amazon SageMaker 등이 있다.
- 모델 튜닝 및 최적화model tuning and optimization : 모델의 성능을 최적화하기 위한 하이퍼파라미터 튜닝 도구다. 하이퍼옵트Hyperopt, 옵투나Optuna 등이 있다.

② LLM 학습과 운영을 위한 데이터 관리

- AI 모델을 훈련시키고 운영하려면 방대한 양의 데이터가 필요하다. 데이터 준비 및 관리 솔루션은 데이터 수집, 정제, 라벨링, 저장 및 접근을 포함한 모든 단계를 지원한다.
- 데이터 수집data collection : 다양한 소스에서 데이터를 자동으로 수집한다. 웹 스크래핑 도구, IoT 센서 데이터 수집 도구

등이 있다.

- 데이터 정제data cleaning : 데이터의 정확성을 높이기 위해 중복, 오류, 누락 데이터를 제거하는 도구로 오픈리파인OpenRefine, 탈렌드Talend 등이 있다.
- 데이터 라벨링data labeling : AI 모델 훈련에 필요한 라벨이 없는 데이터를 라벨링하는 도구로 예를 들어 아마존 세이지메이커 그라운드 트루스Amazon SageMaker Ground Truth, 라벨박스Labelbox 등이 있다.
- 데이터 저장 및 관리data storage and management : 대규모 데이터를 안전하고 효율적으로 저장하고 관리하는 솔루션으로, 예를 들어 하둡Hadoop, 아파치 스파크Apache Spark, 데이터 레이크Data Lake 솔루션 등이 있다.

③ AI의 사용 과정에 필요한 운영 솔루션

- 모델 배포deployment : AI 모델을 클라우드, 엣지 디바이스, 온프레미스 등 다양한 환경에 배포하는 도구로 쿠버네티스Kubernetes, 도커Docker, 텐서플로 서빙TensorFlow serving 등이 있다.
- 모델 모니터링 및 유지 보수monitoring and maintenance : 모델의 성능을 모니터링하고 유지 보수하는 데 사용한다. 프로메테

우스Prometheus, 그라파나Grafana, ML플로우MLflow 등이 있다.

- 자동화 및 오케스트레이션automation and orchestration : AI 워크플로우를 자동화하고 관리하는 도구로 아파치 에어플로Apache Airflow, 쿠브플로우Kubeflow 등이 있다.

④ 기존의 시스템, 앱과 AI를 연동하기 위한 솔루션

- API 및 SDKAPI and SDK : AI 기능을 다른 애플리케이션과 쉽게 통합할 수 있도록 지원하는 인터페이스. 구글 클라우드 AI APIs, AWS AI Services APIs 등이 있다.
- 비즈니스 인텔리전스 및 분석 도구BI and analytics tools : AI 모델의 결과를 비즈니스 인사이트로 전환하는 도구. 태블로Tableau, 파워 BIPower BI 등이 있다.

⑤ AI 윤리 및 규제 준수 솔루션

- 프라이버시 및 보안privacy and security : 데이터 프라이버시와 보안을 보장한다. 차등정보보호differential privacy 도구, 연합학습federated learning 도구 등이 있다.
- 공정성 및 투명성fairness and transparency : AI 모델의 공정성과 투명성을 보장한다. 예를 들어 IBM AI 페어니스 360AI Fairness 360, 구글 WITWhat-If Tool 등이 있다.

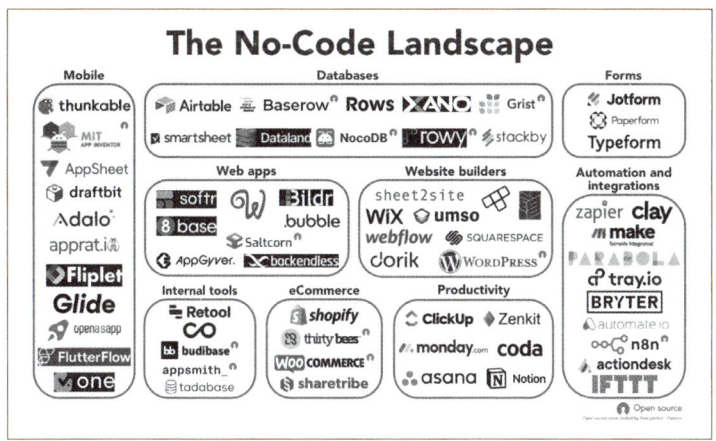

코드 관련 기업들 (출처 : Pixel perfect)

    이처럼 다양한 AI 솔루션은 생성형 AI 서비스 보편화에 필요한 기반을 제공하며, 2025년 IT 산업의 주요 트렌드로 자리 잡을 것이다. 기업은 이러한 솔루션을 활용해 AI 기반 서비스를 효율적으로 개발하고 운영해야 한다.

2025 IT 인사이트

노코드와 로코드를 주목하라

생성형 AI는 다양한 산업 영역에 변화를 주겠지만, 가장 눈에 띄고 범용적인 것으로 주목해야 할 것은 우리의 일하는 문화에 적용될 생성형 AI

서비스다. 이미 대부분의 사무직 직장인이 사용하는 윈도우와 맥OS 운영체제와 MS 오피스와 포토샵, 파이썬, 캠타샤 등의 각종 문서 작성 툴과 업무용 소프트웨어에 AI가 접목되면 사용성과 편의성이 더욱 강화될 것이다. 물론 서비스가 강력하게 잘 작동되게 도와줄 AI 솔루션도 2025년에 주목받을 것이다. 그중 가장 눈여겨봐야 할 것은 노코드^{no-code}와 로코드^{low-code}다. 노코드와 로코드 플랫폼은 프로그래밍 지식이 없는 사용자도 손쉽게 소프트웨어 애플리케이션을 개발할 수 있도록 돕는 도구다. 이러한 플랫폼은 비즈니스 프로세스 자동화, 데이터 분석, 고객 관리 등 다양한 업무에 활용될 수 있으며, AI와 결합해 더 강력한 기능을 제공한다. 특히 복잡한 코딩 없이도 AI 모델을 통합하거나 데이터 처리를 자동화하는 등 다양한 AI 기반 서비스를 구축할 수 있어 기업의 생산성을 크게 향상시키며 혁신할 것이다. 그 결과 기업은 빠르게 변화하는 시장 환경에 신속하게 대응하고, 효율적인 비용으로 고급 기술을 활용할 수 있을 것이다. 따라서 2025년에는 노코드와 로코드 솔루션이 기업의 디지털 트랜스포메이션을 주도하는 핵심 요소로 자리 잡을 것이다.

 '데이터'
AI의 품질을 결정하다

AI는 데이터로 학습한다. 양질의 데이터가 LLM을 학습하는 데 쓰이면 그만큼 AI의 품질도 좋을 수밖에 없다. AI의 성능을 결정하는 것은 좋은 LLM 엔진에 양질의 데이터, 충분한 컴퓨터 리소스 등 3가지다. 이 중 엔진인 기술력, 컴퓨터 리소스는 자본력으로 해결되지만, 데이터는 오래도록 사업을 영위하면서 수집한 것이기에 자본력을 갖췄다고 무조건 확보할 수 있는 것은 아니다. 우리가 흔히 아는 빅테크 기업이 이러한 이유로 어려움을 겪고, 실제로 세계적인 AI 기업들은 양질의 데이터를 수집하려 전방위로 노력하고 있다.

LLM을 학습하는 데 사용된 대부분의 데이터는 인터넷에 공개된 것으로 누구나 수집할 수 있다. 같은 데이터로 학습한 LLM은 결국 기술력과 자본력으로 품질이 결정된다. 시간이 흐를수록 기술력은 상향 평준화되고 컴퓨터 리소스 가격은 떨어지기에 양질의 데이터 확보가 곧 AI의 경쟁력이다. 오픈AI를 포함한 AI 기업들이 인터넷에 공개된 데이터가 아닌 공개되지 않은 양질의 데이터를 확보하기 위해 노력 중이다. 신문사나 저작권 협회를 통해 제값을 지불하고 데이터를 사기도 하면서 뛰어난 성능의 AI를 개발하는 데 집중하고 있다.

또한 같은 LLM을 사용하더라도 특수한 목적과 용도로 AI를 운용하려면 추가로 관련 데이터를 넣어줘야 한다(데이터 그라운딩). 일례로 특정 산업에 특화된 AI 서비스나 기업 내부 문서를 기반으로 AI 서비스를 운영하려면, 그와 관련한 데이터를 미리 입력해 학습시켜야 한다. 그러한 시스템을 RAG retrieval augmented generation(검색 증강 생성)라고 부른다. 기업이 차별화된 AI 전략을 구상하기 위해서는 적정 LLM right LLM이 필요하지만, 그 전에 데이터 확보가 필수다. 기업만의 데이터가 있어야 같은 LLM을 이용하더라도 경쟁력 있는 서비스를 운영할 수 있다.

더 나아가 기업만의 sLLM small LLM(작은 버티컬 영역에서 작동되는 소형 AI 모델)을 개발해 AI 사업을 전개할 때도 기업 고유의 데이터가 있어야 한다. 즉 고유의 데이터로 LLM을 학습해야 독자적 sLLM 개발이 가능하다는 이야기다. 이처럼 데이터는 AI 시대에 전기보다 더 중요한 기업의 핵심 자산이 되고 있다. 물론 구슬이 서 말이라도 꿰어야 보배인 것처럼 데이터가 넘쳐도 이를 잘 활용할 수 있는 기술과 의지가 없으면 말짱 도루묵이다.

기본적으로 데이터는 꼼꼼하게 잘 측정되어 한 곳에 잘 수집해야 하며, 그것을 잘 정제 cleaning하고 분류해야 하는데, 그 이유는 정리된 데이터만 사용이 가능하기 때문이다. 특히 LLM 학습이나 AI의 구동에 필요한 데이터는 벡터 데이터베이스 vector database라는 형태로 세분화해서 기록돼야 한다. 일반 문서 파일의 형태가 아닌 LLM이 인식할 수 있는 포맷으로 구분하고 정리해야 제대로 활용할 수 있다.

즉 데이터 수집은 AI의 성능을 결정짓는 중요한 단계다. 인터넷에 공개된 데이터 외에도 기업은 특화된 데이터를 수집해 경쟁력을 높일 수 있다. 이를 위해 데이터 파이프라인을 구축하여 데이터를 지속적으로 수집, 정제, 저장하는 것이 필요하다. 데이터 정제는 불필요한 데이터를 제거하고, 오류를 수정하며, 일관성을 유지하는 과정이다. 이후 라벨링을 통해 데이터를 구조화하고 AI가 학습할 수 있도록 준비한다. 이 과정은 특히 많은 인력과 시간이 필요한 작업으로, 전문적인 도구와 기술이 요구된다. 정제된 데이터는 효과적으로 저장되고 관리되어야 한다.

그렇게 한 곳에 잘 모아져 있도록 한 것이 데이터 레이크Data Lake, 그러한 데이터를 종류별로 분류하고 정리해 필요할 때 쉽게 찾아서 쓸 수 있게 한 것이 데이터 웨어하우스Data Warehouse다. 이 같은 2가지의 데이터 저장소를 활용해 대규모 데이터를 효율적으로 저장하고, 필요한 경우 빠르게 접근할 수 있도록 관리하는 것이 중요하다. 이를 통해 AI 모델 학습에 필요한 데이터를 적시에 제공할 수 있다. 최종적으로 정제하고 관리한 데이터는 AI 모델 학습에 활용된다. 저장된 데이터를 AI가 잘 이해할 수 있도록 변환해야 하는데 이를 벡터 데이터베이스라고 한다. 이처럼 AI 모델이 고도화되려면 AI가 잘 이해할 수 있는 형식으로 벡터 데이터베이스화가 되어 있어야 하고, 체계적으로 잘 분류하고 저장할 도서관 같은 저장소의 역할이 중요하다. 또 데이터의 활용 과정에서 지속적인 모니터링과 피드백을 통해 AI 모델의 성능을 최적화할 수 있다.

이와 같은 전 과정을 통해 기업은 AI 시대에서 경쟁력을 갖추고, 혁신적인 서비스를 제공할 수 있다. 데이터의 중요성은 AI 시대에 더욱 강조되며, 이를 효과적으로 수집, 정제, 저장, 관리, 활용하는 것이 기업의 성공을 좌우할 것이다.

2025 IT 인사이트

합성 데이터의 이용

합성 데이터는 실제 데이터를 기반으로 생성된 인공 데이터다. AI 모델 훈련, 테스트 및 검증, 데이터 증강, 연구 및 개발 등 다양한 용도로 활용되며 데이터 품질, 편향성, 적절한 사용 등 유의점이 있고, 현실성 부족, 복잡한 데이터 생성의 어려움, 비용 등의 한계가 있다. 하지만 개인정보 보호와 데이터 보안 문제를 해결하고 대규모 데이터셋을 제공하며 AI 모델의 성능을 향상하는 데 중요한 역할을 한다. AI 시대에 데이터의 중요성이 다시금 주목받고 있는 상황에서 합성 데이터는 양질의 데이터 확보가 곧 AI의 경쟁력임을 상징한다. 오픈AI를 비롯한 다수의 AI 기업이 특수한 목적과 용도로 데이터를 추가해 학습시키는 데이터 그라운딩과 기업 고유의 데이터를 사용하여 독자적인 sLLM을 개발하려는 노력이 필요하다. 데이터는 꼼꼼하게 측정, 수집, 정제, 분류돼야 하며 벡터 데이터베이스 형태로 세분화해 AI 모델 학습 및 구동에 활용될 수 있어야 한다는 점에서 AI 시대의 핵심 자산으로 부상하고 있다. 단 이런 합성 데이터만으로 AI를 훈련시키면 할루시네이션이 커진다는 문제도 제기되고 있어, 합성 데이터의 생성 이후 어떤 식으로 가공해 AI 훈련에 활용하며 양질화할 것인지에 대한 기술 연구도 중요해지고 있다.

◐ '디지털 트랜스포메이션'
벌써 10년, AIX로의 대전환

디지털 트랜스포메이션은 2010년대 초반부터 주목받기 시작했다. 특히 2012년 《하버드 비즈니스 리뷰HBR》에 게재된 글에서 시작했는데, 마크 P. 맥도널드와 앤디 로셀-존스는 디지털 기술이 프로세스를 자동화하는 수단을 넘어 비즈니스 모델 자체를 변화시키는 동인으로 작용한다고 강조했다. 이 글은 기업이 데이터 분석을 전략적으로 활용해 사업 혁신을 꾀하는 것이 중요한 경쟁 전략임을 설명했다.

2014년부터 여러 논문과 각종 리서치 기관은 디지털 트랜스포메이션의 중요성을 설파하기 시작했다. 글로벌 시장조사업체 캡제미니와 《MIT 슬론 매니지먼트 리뷰MIT Sloan Management Review》의 2013년 보고서 〈디지털 기술 수용 : 새로운 전략적 과제Embracing Digital Technology : A New Strategic Imperative〉에 따르면 디지털 기술이 비즈니스 모델 변화를 촉진한다고 강조했다. 이 보고서는 디지털 트랜스포메이션이 기업의 매출과 수익성 향상에 중요한 역할을 한다고 밝혔다. 이후 여러 IT 리서치 기관이 디지털 트랜스포메이션 시장 전망을 발표하면서 GE, 포드, 월마트, DBS 은행 등 전통기업들이 디지털 혁신 사례로 주목받기 시작했다. 이 기업들은 클라우드 기반의 유연한 IT 인프라를 구축하고, 데이터 분석을 통해 프로세스를 자동화하며 운영 효율성을 극대화했다.

이 과정에서 머신러닝 기술의 발전 덕분에 데이터 분석의 효율성과 효과성이 극대화되면서 실질적 성과 창출을 얻은 보다 많은 기업이 디지털 트랜스포메이션을 경영 전략의 중요한 수단으로 도입하기 시작했다. 거기에 2020년 팬데믹으로 인한 비대면 경제 가속화와 비용 절감의 필요성이 증대되면서 디지털 트랜스포메이션의 속도와 범위는 한층 확장됐다.

2022년 엔데믹과 2023년 생성형 AI의 등장은 디지털 트랜스포메이션에 새로운 전기를 마련하고 있다. 기업들은 비대면·원격 업무 환경의 장점과 기존 업무 수행 방식의 강점을 결합한 하이브리드 업무 프로세스를 구축하고, 디지털 기반의 업무 연속성을 확보하는 데 주력하고 있다. 여기에 생성형 AI는 단순 업무 자동화와 효율화를 넘어 제품과 서비스 혁신, 신규 비즈니스 창출에 실질적인 기여를 할 것으로 기대된다.

팬데믹 기간에 많은 기업이 비대면 고객 서비스를 강화하고 협업 툴을 전사적으로 도입했으며, 클라우드 전환도 가속화했다. 그러나 엔데믹으로의 전환은 팬데믹 기간 중 경험하고 투자한 디지털 전환의 효과를 유지하면서도 기존 사업과 운영 방식의 효율성을 회복해야 하는 새로운 과제를 부여했다. 일례로 생성형 AI는 자동 번역과 통역 그리고 실제 문서를 작성하고 코드를 생성하는 등 반복적이고 시간 소모적인 업무의 자동화를 통해 효율과 효과 모두를 챙기며 개선한다. 또 10년 넘게 클라우드에 쌓인 방대한 데이터들을 실시간으로 분석하고 인사이트를 도출해 신속하고 정확한 의사결정을 뒷받침할 수 있도록 하는 과정에서도 데이터 분석 전문가의 도움 없이 생성형 AI로 누구나 할 수 있게 된 것도 달라진 디지털 트랜스포메이션의 또다른 모습이다.

특히 생성형 AI 기술 덕분에 디지털 트랜스포메이션 적용 영역이 회사 내의 업무 생산성 향상이나 공장의 효율성 제고를 넘어 고객 경험을 개선할 수 있다는 점도 큰 변화 중 하나다. 생성형 AI는 대화 기반의 챗봇을 통해 소비자, 즉 고객이 필요한 질문이나 상담에 즉각 개인화된 서비스를 제공한다. 덕분에 회사 직원들의 업무 생산성을 향상하는 것을 넘어 외부 소비자 고객의 경험을 높이는 데 실질적 도움을 줄 수 있다. 더 나아가 생성형 AI는 사용자 니즈를 분석해 더 나은 상품 아이디어를 도출하고, 더욱 편리한 기능과 편의성을 제공하는 방안을 제시하며 제품과 서비스 개발에 소요되는 시간과 비용을 단축할 수 있다.

그렇게 생성형 AI는 지난 10년 간의 디지털 트랜스포메이션을 한 단계 더 성숙하게 전환하는 기폭제 역할을 하고 있다. 지난 10년의 디지털 트랜스포메이션이 주로 인프라의 클라우드화와 빅데이터 중심이었다면, 앞으로의 디지털 트랜스포메이션은 생성형 AI로 인해 비즈니스 모델의 디지털화와 프론트 엔드(고객 접점)의 더 나은 경험을 제시하는 것까지 확대할 것이다. 이처럼 디지털 트랜스포메이션의 여정은 끊임없이 진화하고 있다.

생성형 AI는 단순히 업무 효율성을 높이는 것을 넘어, 제품과 서비스 혁신, 고객 경험 향상, 새로운 비즈니스 모델 창출 등 기업 경쟁력의 본질을 변화시키고 있다. 이러한 변화의 물결 속에서 기업은 디지털 트랜스포메이션을 단순한 기술 도입이 아닌, 지속 가능한 혁신과 성장의 기회로 바라봐야 한다. 디지털 트랜스포메이션은 일회성 이벤트가 아니라 끊임없는 진화와 적응의 과정이며, 이를 주도하는 리더십과 조직문화가 무엇보다 중요하다.

2025 IT 인사이트

자동화에서 초지능화로의 디지털 트랜스포메이션

초기 디지털 트랜스포메이션이 정보화를, 중기에는 자동화를 목표로 했다면 AI 시대의 디지털 트랜스포메이션은 초지능화로 진화했다. 즉 기업의 디지털 트랜스포메이션 추진 방향이 정보화 시스템 구축을 통한 특정 업무 프로세스의 자동화에 머무르지 않고 내부 여러 단계의 업무 프로세스를 통합해 지능화하는 것이다. 이는 단순한 작업 자동화를 넘어 데이터를 실시간으로 분석하고 예측하여 의사결정을 지원하는 시스템으로 발전하는 것을 의미한다. AI와 머신러닝 알고리즘을 도입해 기업의 경영 활동 전반에 걸쳐 자율적이고 지능적인 운영을 가능하게 한다. 예를 들어 공급망 관리에서 AI는 수요 예측, 재고 최적화, 물류 경로 최적화를 통해 효율성을 극대화하며, 고객 서비스 분야에서는 챗봇과 AI 비서가 고객 문의를 실시간으로 처리하고 맞춤형 서비스를 제공한다. 이러한 초지능화는 기업의 경쟁력을 높이고, 더 나은 고객 경험을 제공하며, 전반적인 비즈니스 성과를 향상하는 핵심 요소로 작용한다. 따라서 기업은 초지능화를 위한 데이터 인프라 구축, AI 기술 도입, 인재 육성 등 다각적인 전략을 통해 디지털 트랜스포메이션를 추진해야 한다. 이는 기업이 미래의 불확실성에 대비하고 지속 가능한 성장을 이루기 위한 필수적인 단계다.

◑ '오감을 느끼는 AI'
시청각을 넘어 오감으로

정보나 지식의 전달보다 어려운 것이 감정과 감성의 전달이다. 그러다 보니 인공지능이 제아무리 발전해도 인간의 감정을 이해하고 감성을 지니면서 그 마음을 표현하는 것은 한계가 있다는 것이 중론이다. 하지만 인류의 기술 발전을 향한 노력과 열정은 제약이 없다. 그 어떤 생명체보다 섬세한 감각을 가진 인간은 시각, 청각, 후각, 미각, 촉각을 인식할 수 있는 선서와 AI를 통한 복합적인 해석 기술을 발전시켜 감성까지 이해하는 인공지능을 출현시킬 것으로 내다본다.

AI가 인간의 감성을 이해하려면 먼저 인간이 느끼는 오감을 인식하는 것이 중요하다. 사실 수십 년 동안 인간의 감각을 인식하는 기술을 연구하고 개발을 시도했다. 가장 쉽고 효용성이 높은 것이 시각이었기에 카메라 센서 기술을 기반으로 인간이 보는 것처럼 볼 수 있는 컴퓨터 비전 기술이 연구됐다. 시각 다음으로 많은 정보를 전달하는 감각은 청각이기에 마이크를 통해서 다양한 소리를 인식하는 기술도 이어서 발전했다. 물론 아무리 좋은 센서가 있더라도 센서를 통해 입력된 데이터를 해석하는 인공지능이 없으면 팥 없는 찐빵이나 다름없다.

한마디로 눈과 귀로 보고 들어도 이를 해석할 수 있는 뇌가 없으면 말짱 도루묵이다. 지난 수십 년간 하드웨어 센서 기술의 발전으로 더욱 선명하고 또렷하게 세상을 보고 들을 수 있는 발판이 마련됐고, 이와 별개로 인공지능 역시 그동안 쌓인 데이터를 기반으로 더욱 강화될 수 있었다.

세분화하고 분할해 사물을 인식하는 SAM (출처 : 메타)

컴퓨터 비전의 발전은 고양이와 개를 구분하는 수준을 넘어 사람의 눈과 귀를 구분하고 표정까지도 인식할 수 있을 만큼 정교하게 발달했다. 특히 생성형 AI를 가능하게 한 LLM과 시각과 청각으로까지 데이터 입출력의 범위가 확대된 LMM 기술은 컴퓨터 비전 AI의 성능과 기능을 더욱 고도화하고 있다. 메타의 SAM은 입력한 프롬프트를 기반으로 이미지 내의 특정 영역을 식별하고 인식한다. 상세하게 이미지를 분할 인식하는 것을 넘어 AI와 대화를 나누면서 이미지에 대한 상세한 해독과 분석까지도 가능하다.

또한 알리바바의 EMO^{Emote Portrait Alive}는 스테이블 디퓨전을 기반으로 개발된 비디오 생성기로, 이미지 한 장과 음성 데이터를 조합해 모나리자가 노래를 부를 수 있고, 이순신 장군이 3·1운동 독립선언서를 발표하게 할 수 있다. 자연스러운 표정과 입모양, 눈짓 등의 제스처를 취할 수 있다는 것은 반대로 사람의 표정과 눈짓 등을 통해서 감정의 상태를 인식할 수 있다는 것을 뜻한다.

게다가 고속도로를 달리는 수백 대의 자동차를 세고, 버스와 트럭 등의 차량 형태와 모델을 구분하는 것도 가능하다. 중국 AI 기업 센스타임^{Sense Time}은 전 세계에서 사람의 얼굴을 가장 잘

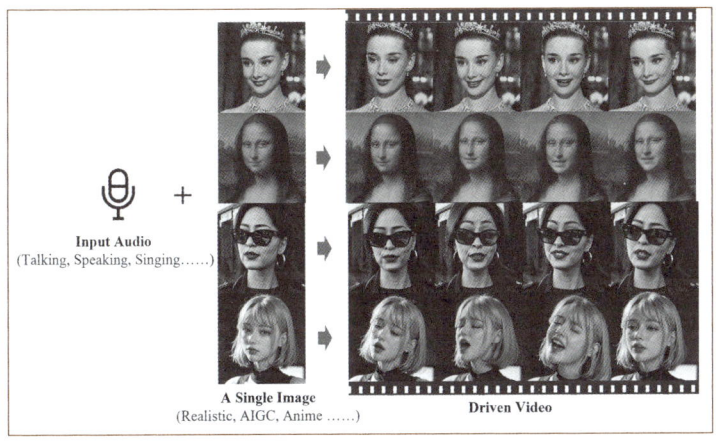

음성과 사진을 입력하면 자동으로 음성에 맞는 영상으로 제작하는 EMO (출처 : 알리바바)

인식하는 인공지능을 개발한다. 연령이나 성별 구분을 넘어 정확하게 누구인지까지 인식할 수 있다. 그렇게 AI는 카메라와 결합해 신의 눈이 된 지 오래다.

비단 시각뿐 아니라 청각도 마찬가지다. 음성 인식과 오디오 처리 기술 역시 수십 년 동안 발전을 거듭해 수초 분량의 음악을 들려주고 무슨 음악인지 검색하는 것은 물론 음성만으로 누구인지 감별할 수도 있다. 소음이 많은 파티장에서 특정인의 목소리를 구분해서 정확하게 인식하는 것은 물론, 다양한 소리에서 음악, 특정 소음, 사람의 목소리 등을 구분해서 별도로 추출하는 것까지도 가능하다.

　기술의 진보 덕분에 이제는 콜센터에서 고객의 감정 상태를 음성으로 파악해 더 적절하게 응대할 수 있다. 또 의료 분야에서 환자의 정서 상태와 마이크에 인입된 응급 상황을 모니터링하는 것까지도 가능해진 것이 음성 AI의 현주소다.

　하지만 촉각과 후각, 미각은 시청각에 비해서는 AI가 아직 인간을 따라잡지 못했다. 정보 수용량 측면에서 압도적인 양의 데이터를 축적하는 시각이나, 주변 환경에서 광범위하게 발생하는 다양한 소리를 감지하며 다양한 질적 데이터를 수집하는 청각은 AI가 학습할 수 있는 데이터가 양적, 질적으로 많았다. 그에 비해 후각과 미각, 촉각은 데이터의 측정과 수집이 열세였기에 기술 발전이 더뎠다. 그러나 센서 기술의 발전으로 인해 이 3가지의 기술도 점진적으로 발전하고 있다.

　후각은 다른 감각과 달리 사람마다 냄새의 차이나 깊이를 다르게 느껴서 정량화하기 어렵다. 후각 세포는 무려 400여 개로, 다양한 향을 구분해 인식할 만큼 복잡하고 어느 세포가 어떤 향에 반응하는지 과학적으로 밝혀지지 않았다. 1980년대부터 전자코 센서를 연구하고 개발하기 시작했지만, 냄새를 과학적으로 묘사하기 어려워 기술 발전이 더뎠다.

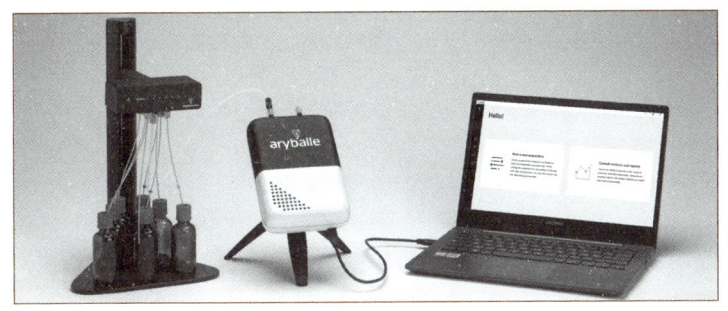

다양한 냄새를 인식하는 전자코 (출처 : 아리발레)

하지만 생화학 센서와 광학 기술의 결합과 AI를 통한 데이터 분석 덕분에 냄새 분자를 감지하고 각 분자의 조합으로 어떤 냄새가 나는지, 인간이 냄새를 맡을 때 어떻게 언어로 표현하는지 등의 데이터를 기반으로 객관적으로 냄새를 표준화하는 작업이 본격화되고 있다. 실제로 프랑스 스타트업 아리발레Aryballe는 냄새를 분석하는 정량적인 데이터를 기반으로 냄새를 정확하게 구분하는 솔루션을 개발하고 있다.

미각 역시 전자혀 연구가 꾸준하게 이어지면서 단맛, 쓴맛, 짠맛, 신맛, 감칠맛, 매운맛 등을 구분하는 것은 기본이고, 같은 맛을 느껴도 사람마다 다르게 반응하는 정도를 구분하는 것까지 발전 중이다. 하지만 후각과 마찬가지로 같은 음식을 맛봐도 사

맛을 분석하는 전자혀 (출처 : IBM)

람마다 다르게 느끼고 표현하기에 정량적으로 표준화하기가 어렵다. 예를 들어 사람마다 같은 와인을 마시고도 맛을 다르게 느끼고 표현도 다양하게 한다. 인간이 맛을 느끼는 것은 꽃봉오리 모양의 기관을 통해 혀 점막의 유두 속에 분포된 약 1만 개의 미각세포와 지지세포 덕분이다. 그렇게 섬세한 맛을 느끼기 위해서는 전자혀 센서가 그만큼 상세히 인식할 수 있어야 한다.

　대학 연구기관과 스타트업 그리고 맥주 제조업체나 푸드테크 기업들은 AI를 활용해 맛을 분석하는 연구 개발을 꾸준하게 추진하고 있다. 덕분에 떫은맛, 고소한 맛, 시큼한 맛 등의 수천, 수만 가지 맛에 대한 다양한 느낌을 정량화하는 작업이 진전돼 사

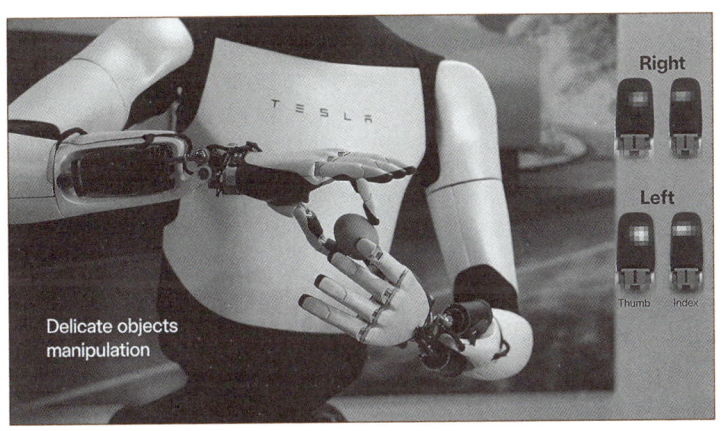

촉각 센서 덕분에 정교한 손동작이 가능한 옵티머스 (출처 : 테슬라)

람의 미각을 더 정교하게 묘사하고 닮게 됐다.

마지막으로 촉각은 인간이 느끼는 오감 중 자극을 받았을 때 가장 빠르게 반응하는 감각이다. 촉각 감각기는 우리 피부에 분포되어 있어 다양한 물체를 만질 때의 감각을 뇌로 전달한다. 덕분에 우리는 뜨거운 물건을 만지거나 날카로운 물체에 찔리면 빠르게 반응해 대비할 수 있다. 인공피부 기술 덕분에 물질의 촉감을 구별하고 인식하는 기술이 연구되면서 누르고, 쓰다듬고, 두드리는 등의 다양한 햅틱 자극을 인지하고, 물체를 만졌을 때의 자극을 더욱 정교하게 인지할 수 있다. 달걀과 빵, 푸딩, 가시나무 등의 표면을 정확하게 인식해서 잡을 수 있게 된 것은 촉각 AI 덕분이다. 스마트폰 화면을 터치할 때 햅틱 센서가 진동으로 손끝에 느낌을 전달할 수 있도록 한 것도 이 기술 덕분이다.

인간의 오감을 닮은 센서와 AI 기술의 진화는 우리가 세상을 인식하고, 사람과 어울려 상대의 감정을 헤아리고, 외부에 반응해 감정을 표현하는 것처럼, 기계와 AI도 우리의 감정을 인지하고 그에 반응해 상호작용을 할 수 있도록 할 것이다.

그런데 AI가 외부 환경을 인식하고 사람의 감정을 이해하는 것은 특정 센서를 통해 입력된 데이터를 해독하는 것만으로는 부족하다. 다양한 센서로 입력된 데이터를 통합적으로 인식해서 AI를 통해 종합적으로 분석해야 더욱더 정확한 분석이 가능하다. 우리가 상대와 대화를 하면서 상대의 감정을 이해하는 것은 음성의 어조와 고저, 내용 더 나아가 표정, 눈짓, 시선, 제스처 등 다양한 정보를 기반으로 한다. 상대의 마음을 헤아리기 위해 시각과 청각이 모두 집중되는 것이다. 때로는 촉각으로 상대와 하는 악수나 포옹을 통해서도 감정을 느끼고, 그 공간의 분위기와 먹고 마시는 음식, 주변 환경의 냄새 등 다양한 정보를 복합적으로 해석해 서로의 감정을 느끼는 것이다.

AI 역시 마찬가지다. 앞서 살펴본 수많은 인간의 오감을 닮은 센서를 통해 수집된 데이터가 AI에 종합적으로 전달되어 이를 기반으로 사람의 감정과 마음을 읽을 수 있다. 기술의 발전은 오히려 사람이 상대의 마음을 헤아리는 것보다 AI가 더 정교하게 감정을 읽을 수 있도록 한다. AI는 사람이 미처 파악할 수 없는 뇌파 신호, 피부의 온도, 땀 분비, 심전도 등의 데이터를 수집할 수 있기에 더 정확하게 감정을 읽을 수 있다.

게다가 우리는 동시에 다양한 정보를 미세하게 파악할 수 없지만 고도화된 센서 기술은 사람보다 더 정확하게 신호로 인식할 수 있다. 게다가 그 데이터를 오래도록 기록할 수 있어 시간의 흐름 속에서 다양한 감정선의 변화를 읽어낼 수 있다. 덕분에 식스센스, 즉 육감을 지닐 수도 있다. 으슥한 밤에 골목길에서 강도를 만나면 스산하고 섬뜩한 기분이 드는 것처럼 더욱 정확한 데이터를 기반으로 AI가 육감을 발휘할 수 있는 것이다. 미래의 범죄를 예측해 선제적으로 대응하는 시나리오로 화제를 모았던 영화 〈마이너리티 리포트〉 속 초능력자의 뇌 같은 역할을 인공지능이 할 수 있는 세상도 머지않았다.

오감을 넘어 육감으로 우리의 감정을 느끼는 인공지능이 완성되면 어떤 변화가 생길까? 인간의 감성을 인식하는 솔루션은 다양한 산업 영역에서 활용되어 새로운 사용자 경험과 고객 가치를 만들 것이다. 우선 의료업에 적용됨으로써 환자의 정신 건강을 진단하고 원격 의료 시 환자의 감정 상태를 실시간으로 파악해 의료진이 적절하게 조치할 수 있을 것이다. 또 학생의 감정 상태를 파악해 학습 몰입도를 높이고 학습 효과를 평가하며 맞춤 학습 콘텐츠를 제공하는 데 이용할 수 있다.

운전자 상태를 모니터링해 졸음, 피로, 스트레스를 감지해 안전 운전을 도울 수 있으며, 직원들의 감성을 분석해 긍정적인 조직문화를 조성하고 업무 성과를 향상하는 데 이용할 수도 있다. 소비자의 감정 상태에 따라 관심을 가질만한 상품이나 서비스를 추천해 마케팅 효과를 극대화하고 초개인화 광고를 하는 데 이용될 수도 있다. 사용자 감정에 반응하는 게임 캐릭터를 개발해 몰입도 높은 게임 경험을 제공할 수 있고, 음악이나 영화 등의 엔터테인먼트 콘텐츠를 추천하고 개인 맞춤으로 상호작용하는 콘텐츠 서비스를 제공하는 것도 가능하다.

하지만 가장 압도적으로 눈에 띄는 새로운 기회는 휴머노이드 로봇이나 AI 에이전트에 이 기술이 탑재되며 발생하는 새로운 차원의 경험이다. 최근 연구가 활발하게 전개 중인 휴머노이드 로봇에 챗GPT와 같은 인공지능을 탑재해 사람과 대화하고 교감

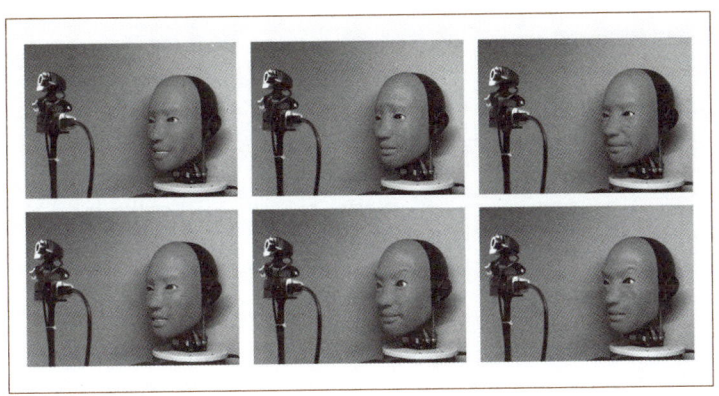

사람의 얼굴 표정을 따라하는 로봇 (출처 : 컬럼비아대학교 공과대학)

하며 작동하는 모멘텀이 마련되고 있다. 로봇이 대화를 나누면서 인간의 감정까지도 인식할 수 있다면, 더 나아가 로봇이 감성을 표현할 수 있다면 인류는 로봇과 더욱 긴밀한 교류가 가능해질 것이다. 메타버스에서 AI 에이전트가 내 감정을 읽고 최적의 인터넷 서비스와 내가 필요로 하는 정보 등을 제공할 수 있는 것도 감성을 읽는 AI 덕분에 가능해질 새로운 세상이다.

지난 30여 년의 PC와 15년가량의 스마트폰 사용은 인류의 문명을 발전시키는 것을 도와준 최첨단의 정보 기기였던 것이 사실이지만 계산기나 세탁기, 냉장고, 자동차처럼 기계 도구라는 한계에서 벗어나지 못했다. 하지만 인간의 감정까지 읽을 수 있는, 그리고 표현하고 반응할 수 있는 AI는 이들 기계와 도구를 새로운 차원으로 전환하도록 만들 것이다. 직접 명령을 내리지 않아도 우리의 감정을 그리고 마음을 읽는 AI가 대신 기기를 작동시켜 주기 때문에 초자동화, 초개인화 서비스 시대가 열릴 것이다. 2023년에 개봉한 영화 〈팟 제너레이션〉은 이러한 미래상을 보여준다. 극 중 부부는 정신 건강과 명상, 부부 상담 등을 '팟'이라는 인공지능 기계에 의존하고 도움받는다. 영화 속 이야기처럼 차차 기계와 대화를 하며 정보를 얻고 지식을 나누는 것을 넘어 감정을 교류할 수 있게 될 것이다. AI에 위로받고 정신을 치유하는 날이 곧 도래할 것이다.

2025 IT 인사이트

감정, 감성을 가질 수 없는 AI

감정은 외부 자극에 대한 즉각적인 반응으로 기쁨, 슬픔, 분노 등의 생리적, 심리적 반응을 포함한다. 감성은 이러한 감정의 지속적이고 종합적인 상태로 사람의 성격, 경험, 문화 등에 의해 형성된다. 감정이 순간적인 반응이라면, 감성은 이를 포함한 지속적인 정서 상태다. 과연 오감을 가진 AI는 인간의 감정과 감성을 가질 수 있을까? AI는 센서와 데이터 분석을 통해 인간의 감정을 인식하고 이를 기반으로 반응할 수 있다. 예를 들어 AI는 표정, 어조, 생리적 신호 등을 분석해 사용자의 현재 감정을 추론할 수 있다. 이는 감정 인식에 해당한다. 그러나 AI가 감성을 가질 수 있는지는 별개의 문제다. 감성은 경험, 문화, 개인적 역사 등에 의해 형성되는 복합적인 상태로, 이는 단순한 데이터 분석을 통해 얻을 수 없다. AI는 감정을 시뮬레이션하고 이에 반응할 수 있지만, 실제로 감정을 느끼고 감성을 갖는 것은 아니다. 프로그래밍한 알고리즘에 따라 반응할 뿐, 인간처럼 자율적으로 감정을 경험하거나 감성을 형성하지 않는다. 따라서 인간처럼 감정과 감성을 가질 수 있다고 말하기는 어렵다. 한마디로 감정을 인식하고 시뮬레이션할 수 있지만, 진정한 의미에서 감정을 느끼거나 감성을 형성하는 것은 불가능하다. 이는 감정과 감성이 단순한 데이터 분석을 넘어서는 복합적인 인간 경험이기 때문이다. AI가 인간의 감정 상태를 이해하고 이에 반응하는 능력은 발전할 수 있지만, 이는 진정으로 인간의 감정을 이해하고 느끼는 것과는 본질적으로 다르다.

'딥페이크'
AI로 인한 사회적 고민

2023년을 놀라게 했던 챗GPT는 너무나도 자연스럽고 전문가 뺨치는 글솜씨를 자랑했다. 글만 봐서는 사람이 쓴 건지, AI가 생성한 것인지 알아챌 수가 없다. 그러다 보니 소설가, 시인, 구성작가, 칼럼니스트 등 글 쓰는 사람은 일자리가 사라질까 두려움에 떨고, 보도자료나 보고서, 홍보 문구를 작성하는 사무직 직장인은 환호했다. 그런 AI 기술은 글뿐만 아니라 번역, 통역, 코딩 등 다양한 작업을 돕는 데 활용되며 업무 생산성을 높이는 도구로 각광받고 있다.

그런데 이 AI가 그림과 사진을 생성하고 동영상과 음성까지 만들면서 사회의 공포는 극에 달하고 있다. 사진을 생성하는 미드저니나 달리 3도 갈수록 화질이 좋아지고 단순히 봐서는 구분이 힘들 만큼 실제 사진 같다. 무엇보다 달리는 현재 챗GPT에 통합, 제공되며 사용성이나 접근성이 뛰어나다. 별도의 사용법을 익히지 않고도 누구나 텍스트 명령만으로 상상하는 것을 그림으로 만들 수 있다. 전문적인 프롬프트 없이도 생각나는 대로 원하는 이미지를 읊으면 사진으로 생성되는 것이다.

게다가 챗GPT에서 2월에 발표한 동영상 생성 서비스 소라는 기존의 AI가 만든 영상보다 더 사실적이다. 우리가 사는 현실의 물리법칙을 이해해 영상을 만들기 때문에 더 자연스럽다. 또한 알리바바의 EMO는 사진만으로 말하는 동영상을 만드는 생성형 AI를 발표했다. EMO는 'audio to video' 기반의 생성형 AI로 사진과 음성 파일을 입력하면 오디오 파일 내 음성에 맞춰 사진 속 인물의 입 모양과 표정을 조정해 동영상으로 만든다. 입력된 음성의 내용에 맞게 표정의 미묘한 변화를 포착해 자연스러운 결과물을 생성한다는 것이 특징이다.

2025 IT 인사이트

다양한 동영상 생성 서비스

구글은 소라에 이어 루미에르Lumiere, 미국의 런웨이runway는 젠-2 GEN-2, 메타는 에뮤 비디오Emu Video를 출시했지만, 소라로 생성하는 영상의 길이보다 짧고 사실감이 떨어지는 한계를 보이며 파급력이 약해진 추세다. 하지만 구글은 공간적 사실감과 일관성을 보여주는 특징을, 런웨이는 공식적으로 음악 저작권 기업과 파트너십을 맺어 뮤직비디오 생성 기능을 특화하는 데 주력하며 저마다의 특정 영역에 최적화된 생성 서비스로서 자리매김하고 있다. KT의 AI 보이스 스튜디오를 이용하면 특정인의 목소리를 똑 닮은 보이스를 제작할 수 있다. 물론 다양한 나라의 언어로도 음성 합성이 가능하다. 내 목소리는 물론 다른 사람의 음성을 샘플로 넣으면 그 목소리와 닮은 목소리로 합성이 가능한 셈이다. 여기에 더해 스크립트를 아나운서 같은 또렷한 발음으로 생성할 수 있다. 아나운서가 실제로 읽고 녹음하는 수고 없이도 AI로 즉시 아나운서의 목소리로 동영상을 생성할 수 있다.

시간이 흐를수록 이들 서비스의 완성도는 더욱 좋아질 것이며 다양한 영역에서의 활용 사례가 늘 것이다. 문제는 이 생성기로 인해 발생하는 사회적 문제에 대해 우리가 감당하고 제어 관리를 할 수 있는지 여부다. 생각하지도 못한 후폭풍이 이들 서비스로 인해 발생할 수 있다.

기술은 갈수록 고도화되고 있다. 사실 수년 전부터 이러한 기술은 이미 존재했다. 다만 아무나 사용할 수 없었을 뿐이다. 비용이 비싸고, 오랜 시간이 걸리며, 해당 기술을 제공하는 솔루션 기업을 찾아 여러 번 협의해 가면서 작업을 해야 했다. 하지만 이제는 달라졌다. 이런 기술들은 전 세계 누구나 사용 가능하다. 아무나 쉽게 사용해 진짜 같은 사진과 영상들을 단숨에 만들 수 있게 되었다. 그로 인해 생성될 수많은 가짜 영상(딥페이크)이 우리 사회를 혼란스럽게 할 수 있다.

이미 인스타그램과 유튜브, 틱톡에 올라오는 사진과 영상을 통해 우리는 세상 소식을 보고 듣고 있다. 그런 영상에는 사실을 호도하고 가짜로 만든 콘텐츠로 편견과 갈등을 부추기기도 한다. 그런데 쉽사리 진위를 가릴 수 없고 가짜를 진짜처럼 꾸미는 콘텐츠가 판을 쳐 질서를 어지럽히며 사회 혼란을 가중하고 있다. 누구나 사용할 수 있는 핵폭탄은 우리 지구를 멸망시킬 수 있는 것처럼, 아무나 사용할 수 있는 생성형 AI는 우리 사회를 깊은 혼돈의 도가니로 만들 수 있다.

이제 우리 사회는 특이점이 온 AI 기술이 사회에 악이 되지 않도록, 악인들이 이 기술을 남용, 오용, 악용하지 않도록 감시와 규제, 안전장치를 마련해야 한다. 고삐 풀린 망아지가 울타리를 벗어나지 않게끔 사회 안전망을 고려해야 한다.

기술의 발전은 윤리적, 사회적 질문을 제기한다. AI 로봇의 결정과 행동이 인간 사회에 미칠 영향, 기술 접근성과 경제적 불평등 문제 등을 신중하게 고려해야 한다. 즉 AI가 단순한 디지털 존재에서 벗어나, 물리적 현실에서 인간과 직접 상호작용을 할 수 있는 임바디드 AI로 진화하고 인간의 노동력을 대체하면서 우리는 그에 대비하는 윤리적, 사회적 질문을 던져야 한다.

AI 로봇의 발전은 데이터 보안, 프라이버시 침해, 노동 시장 변화 등 여러 사회적, 윤리적 문제를 야기할 수 있다. 이에 대한 사회적 대응으로, AI 윤리 규정과 정책의 수립, 교육 시스템의 강화, 고용 안정성 확보를 위한 법적 대책이 요구된다. AI 로봇은 생산성과 편의성 증대에 기여하는 한편, 일자리 대체에 대한 우려가 존재한다. 로봇공학 초기에는 단순노동 일자리 감소가 불가피할 것으로 전망했지만, 이제는 고난도의 복잡한 노동도 로봇으로 대체할 가능성이 농후하다.

AI 로봇이 무분별하게 수집한 데이터로 인한 사생활 침해와 보안 이슈, 빅브라더 문제도 해결해야 할 과제다. 해킹으로 로봇이 오작동하거나 AI에 알 수 없는 오류가 발생해 나타날 할루시네이션도 심각한 사회 안전을 해칠 걱정거리다. 더 나아가 AI 로봇이 내리는 판단의 윤리성, 책임 소재 문제도 남아 있다. 로봇의 잘못된 의사결정이 AI의 문제인지, 인간이 학습시킨 데이터의 편향성 문제인지, 기계적 오류인지 등의 판별이 어렵고 그로 인한 사회적 차별이나 사고로 이어질 수 있다. 정부와 기업은 기술혁신과 함께 사회 안전망 확충, 윤리 규범 정립에도 힘써야 한다.

또한 인간과 유사한 외형을 가진 로봇이 불러올 심리적, 사회적 영향에 대한 고민이 필요하다. 이러한 로봇들이 인간의 동료, 돌보미, 심지어 친구 역할을 할 수 있게 되면서 인간 관계와 커뮤니티 구성에 변화를 줄 것이다. 인간은 로봇과의 상호작용을 통해 새로운 형태의 관계를 경험할 것이며, 이는 인간의 사회적 상호작용에 새로운 차원을 추가할 수 있다. 또한 로봇이 인간의 역할을 대신하게 되면서 인간의 고립감이 증가할 가능성이 있으며, 인간성 재정에 대한 물음이 떠오를 수 있다.

로봇에 대한 과도한 의존이나 감정적 연결이 심리적 문제를 유발할 수 있다. 이는 특히 어린이나 노인처럼 취약한 계층에서 더욱 심각할 수 있다. 더불어 인간과 유사한 로봇의 법적, 도덕적 지위에 대한 논의도 필요하다. 로봇이 인간처럼 행동하고 감정을 표현할 수 있는 능력을 갖추면, 그들에 대한 적절한 권리와

의무의 부여 문제가 생겨날 수 있다. 로봇의 권리와 인간의 권리를 어떻게 조화롭게 관리할 것인가는 중요한 논의 주제가 될 것이다.

AI 로봇의 자율성이 높아지면서, 인간의 통제 능력과 로봇의 자유의지 간의 균형을 찾는 것도 중요한 화두다. 로봇이 스스로 학습하고 진화하는 과정에서, 인간의 가치관과 윤리 기준에서 벗어나는 행동을 보일 수 있다. 이에 대한 규제와 관리 방안 마련이 시급하다.

결국 AI 로봇은 인류에게 혜택과 위험을 동시에 가져다주는 양날의 검과 같다. 기술 발전이 가져올 사회적 변화를 면밀히 분석하고, 부작용을 최소화하기 위한 사회적 합의와 제도적 장치 마련이 필요한 시점이다. 윤리적 규범, 법적 규제, 교육, 홍보 등 다각도로 접근해 인간이 AI 로봇 기술을 주도하고 통제할 수 있는 역량을 갖춰야 한다. 이처럼 AI 로봇 시대를 맞아 우리에게 필요한 것은 기술에 대한 맹목적인 낙관론이나 비관론이 아닌, 인간 중심의 균형 잡힌 시각이다. 윤리적 기준을 견지하면서도 기술혁신의 긍정적 힘을 사회 발전의 원동력으로 활용하는 지혜가 필요하다. 인간과 로봇이 조화롭게 공존하며 더 나은 내일을 만들어 갈 수 있도록, 우리 모두 인식을 전환하고 사회적 노력 역

달리에서 앞서 설명한 기술 고도화에 관한 내용을 프롬프트로 넣고 생성한 이미지 (출처 : 챗GPT 달리)

시 뒷받침돼야 할 것이다.

　기술의 발전과 적용 과정에서는 모든 이해관계자의 참여와 포괄적인 대화가 필요하다. 기술 개발자, 정책 입안자, 산업계의 리더, 그리고 일반 대중까지 모두가 기술적 변화의 방향과 영향에 대해 논의하고, 합의에 도달해야 한다. 이는 기술이 인류의 복지와 지속 가능한 발전을 촉진하는 방향으로 진행되도록 하는 데 필수적이다.
　임바디드 AI의 등장은 인간의 역할과 기계의 역할에 대한 전통적인 이해를 변화시키고 있다. 로봇이 인간과 공존하며, 보다 높은 수준의 지능과 능력을 발휘할 수 있는 미래는 매우 흥미롭지만, 동시에 인간의 존엄성, 자율성, 노동의 가치에 대한 새로운 정의를 요구한다. AI 로봇의 활용이 확대됨에 따라 이들이 수행할 수 있는 업무의 범위는 무궁무진하다. 그러나 이 기술이 가져올 사회적 변화를 선도하고 관리하기 위해서는 전략적인 접근과 정책이 필요하다.

기술의 발전은 언제나 새로운 기회와 도전을 가져왔다. 임바디드 AI의 경우, 특히 인간의 일상생활과 밀접하게 관련되어 있어 이 기술의 확장에 관한 고민과 준비는 더욱 심도 있게 이루어져야 한다. 사회적 합의를 통해 기술 발전의 방향을 정하는 과정에서는 다양한 시나리오를 고려하고, 장기적인 관점에서 인간의 복지와 사회의 지속 가능성을 우선시하는 방향으로 결정을 내려야 한다.

최종적으로 임바디드 AI의 발전은 인간의 삶을 풍요롭게 하고, 산업과 경제를 혁신하는 데 크게 기여할 수 있다. 사회적 합의를 통해 기술의 순기능은 극대화하고 역기능은 최소화하는 지혜가 필요한 시점이다.

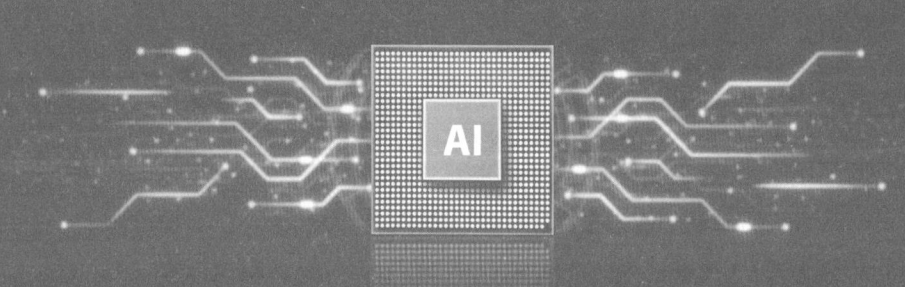

PART 2

AI 기술의 확장과 경쟁

최근 IT 산업의 분위기는 1995년과 2010년대를 닮았다. 1995년 애플의 매킨토시와 IBM의 호환 PC가 경쟁하고, 웹의 물결이 이어지며 아마존, 야후, 네이버, 다음 등의 스타트업이 등장해 패권 경쟁에 돌입하던 때와 비슷한 양상이다. 이는 2010년대 애플의 아이폰과 삼성전자의 구글 안드로이드를 탑재한 갤럭시가 경쟁하고, 그후 우버와 인스타그램, 카카오톡, 배달의민족 등이 등장하며 치열한 경쟁을 하던 때를 떠올리게 한다. 2025년은 30년 전 PC 시절, 15년 전 웹과 스마트폰의 모바일 시장처럼 기득권을 가진 빅테크 기업과 새로운 스타트업 간의 패권 경쟁이 본격적으로 펼쳐질 것이다.

IT TREND 2025

LLM의 다변화, LMM의 확장, LAM의 대두

2025년의 기술 트렌드는 2024년에 이어 AI가 득세할 것이고, 적어도 이 한 해는 AI가 모든 기술의 중심에 있을 것이다. AI의 영향력은 갈수록 커지고 있어 2010년대 세계적인 모바일 혁명을 떠올리게 한다. 아니 AI 혁명은 모바일보다 더 빠르고 더 많은 영역에서 변화를 만들고 있다. 그 모든 변화의 핵심이 바로 LLM이라는 AI 모델 덕분이다. 2023년 우리를 놀라게 한 GPT-4는 LLM의 끝이 아니라 시작이었다. 2024년부터 AI 모델은 더욱 고도화되고 다변화되고 있으며, 차원이 다른 AI 모델이 쏟아져 나오고 있다. AI 기반의 사업 혁신을 위해서는 이 모든 것을 가능하게 한 기술에 대한 깊은 이해가 필수다.

'sLLM 차별화'
취사선택하는 버티컬 LLM으로의 발전

2023년 챗GPT로 놀란 세계는 원천 기술에 주목했다. 그것은 GPT-3.5라고 부르는 AI 모델의 성능을 결정하는 LLM이었다. 타의 추종을 불허하는 압도적 성능으로 GPT-4와 GPT-4 터보, GPT-4o 등으로 계속 업그레이드하면서 챗GPT 개발사 오픈AI의 LLM은 유일무이한 AI로 등극했다. 그 뒤를 든든하게 지원하는 마이크로소프트 덕분에 빠른 속도로 고도성장할 수 있었다.

하지만 IT 산업의 새로운 핵인 LLM을 특정 기업이 독점하게 놔둘 정도로 시장은 호락호락하지 않다. LLM 스타트업 앤스로픽, 코히어, 미스트랄 AI 등이 오픈AI와 경쟁하고 있으며, 빅테크 기업도 적극 공세에 나서고 있다. 구글의 제미나이, 아마존 타이탄Titan, 메타 라마 LLM이 오픈소스로 공개돼 있어 AI를 공략하고 있다. 심지어 오픈AI와 전략적 제휴를 맺어온 마이크로소프트조차 자체 LLM 마이MAI 시리즈를 개발하고 있으며, 애플도 자체 AI인 에이작스Ajax를 시리에 탑재하고 독자적인 데이터센터에서 자체 AI 칩셋을 기반으로 LLM을 운영하고 있다.

AI 기술의 집약체인 LLM이 미국에서만 개발될 리 만무하다. 외부에 잘 알려지지 않았으나 미국에 이어 두 번째로 많은 LLM

을 개발하는 곳이 중국이며, 그 외에도 독일, 프랑스, 인도, 한국 등 전 세계 여러 국가 간의 경쟁으로 번지고 있다. 그 과정에서 우리가 주목해야 하는 것은 LLM은 더 이상 한 기업, 한 국가의 전유물이 아니라는 점이다.

LMM이 다변화하면서 경쟁이 치열해지고 성능은 더욱 좋아지고 있으며, 다양한 산업 영역에서 AI의 활용이 더욱 세분되고 있다. 다양한 대안이 마련되고 특정 섹터에 최적화된 LLM이 운영되면서 구축과 운영에 상당한 비용이 들어가는 초거대 언어 모델이 아닌 작은 언어 모델, 즉 sLLM에 대한 관심과 투자도 급증하고 있다.

다시 한번 AI 산업의 기반을 짚어보자. 다양한 작업을 수행하는 초거대 언어 모델은 클라우드 기반에서 운영되며, 거대한 컴퓨팅 인프라가 뒷받침해야 가동될 수 있다. 그러한 AI를 가리켜 FM(기반 모델)이라고 부르고, 이 시장을 오픈AI가 마이크로소프트와 함께 지배적 사업자로 군림하고 있다. 그 뒤를 앤스로픽과 미스트랄 AI 등의 FM 스타트업과 아마존 등의 거대 기업이 쫓고 있다. LLM이 거대한 AI만 있는 것은 아니다. 메타는 오픈소스로 LLM을 공개하고 있으며, 이렇게 공개된 LLM을 가져다 특화된 영역에서 작은 LLM을 구축하는 경우 sLLM도 있다. 또한 웹과 모바일에서 지배적 사업자인 구글처럼 자체 서비스들을 AI화하는 데 LLM을 활용할 수 있다. 그럴 경우에는 오픈AI의 FM처럼 거대한 규모일 필요는 없다. 자사 서비스에 최적화된 정도의 AI면 충분하다. 그렇게 삼성전자, LG전자, 애플, 카카오, SK텔레콤 등은 자사 서비스를 위한 LLM을 개발하고 있다. 단 구글은 클라우드 사업을 하고 있어 자체 서비스 개선을 위한 LLM을 GCP에서 외부에 제공하고 있다. 또 구글의 서비스 규모가 워낙 방대해 제미나이 LLM은 제미나이 울트라, 제미나이 프로, 제미나이 나노로 구분된다. 제미나이 울트라는 가장 강력한 성능으로 복잡한 작업에 적합하고, 프로는 여러 가지 작업으로 확장되기 적합한 유연성을 갖추고 있으며, 나노는 디바이스에 탑재되는 효율적인 모델이다. 이렇게 LLM은 다양한 용도에 적합하게 다변화하고 있다.

기업은 LLM을 도입해 비즈니스 문제를 해결하고 사업 혁신을 꾀하는 과정에서 기계적으로 특정 LLM을 취사선택해서는 안 된다. 다양한 LLM을 벤치마킹하고, 특정 LLM 중심으로 AI를 운영하는 것과 대비해 독자적인 sLLM 구축이 주는 장단점을 구분해야 한다. 장기적 관점에서 종속성, 비용, 보안 등을 고려한 AI 운영 전략을 구상하는 과정에서 여러 LLM 중 최적을 선택하는 LLM 오케스트레이션과 같은 솔루션의 역할도 중요해질 것이다.

즉 사용자의 프롬프트에 따라 최적의 LLM을 골라서 답변을 제공하는 기술 수요가 커짐에 따라 비용 절감과 더 나은 서비스 운영을 위해 반드시 갖춰야 할 기술이 될 것이다. 윈도우나 안드로이드, iOS를 직접 만들지 않아도 작동하는 소프트웨어와 앱을 본연의 목적에 맞게 개발하는 것이 중요하듯이 LLM을 만드는 것보다는 어떤 LLM을 선택해 활용하는지에 대한 기술이 경쟁을 차별화하는 쟁점이다.

2025 IT 인사이트

애플의 3가지 AI와 AI^{Apple Intelligence} 전략

애플의 AI 서비스는 아이맥, 맥북, 아이패드, 아이폰 등의 디바이스에서 작동하는 온디바이스 AI가 핵심이다. 시리를 통해 프롬프트를 입력하면 적절한 3가지 AI가 선택되어 작동한다. 첫째는 애플이 만들어 디바이스에 탑재한 SLM, 둘째는 애플의 AI 데이터 센터에서 운영되는 LLM으로 작동되는 FM, 마지막이 오픈AI가 제공하는 챗GPT다. 애플이 AI 서비스 운영 과정에서 가장 강조하는 것은 개인정보 보호다. 디바이스 내 저장된 개인 데이터와 사용자의 프롬프트를 안전하게 암호화해 사용한다는 점을 가장 중요시한다. 또한 챗GPT 이외에도 메타, 구글 등의 LLM 서비스도 연결해 서비스를 제공할 계획이다. 한마디로 애플의 AI 전략은 시리를 통해 모든 AI 서비스에 접근할 수 있도록 하는 것이다. 마치 구글이나 네이버 검색이 인터넷의 시작이듯이 시리를 통해 AI의 시작을 장악하는 것이 애플의 목적이다.

◉ 'LMM 전략'
눈과 귀가 달린 AI로 진화하다

LLM은 다른 차원으로 도약하고 있다. 기존 LLM이 언어를 이해하는 것이라면, LMM은 눈과 귀가 달려 보고 들을 수 있는 AI로 진화했다. 사진과 영상, 소리를 보고 들으며 학습할 수 있고, 생성물도 글에서만 머무는 것이 아닌 이미지와 비디오, 사운드 등으로 확대되고 있다. 달리나 스테이블 디퓨전, 구글 이마젠Imagen 등은 이미지를 생성하고, 구글의 페나키Phenaki와 이마젠 비디오Imagen Video는 영상을, 딥마인드의 웨이브넷WaveNet과 마이크로소프트의 발리VALL-E는 음성을 생성하는 데 최적화된 도구다. 알리바바의 EMO LMM은 이미지 1개와 오디오 음원 1개를 결합해 모나리자 초상화가 대화하고 노래 부르는 영상을 생성할 수 있다. 그렇게 AI가 인식하고 이해하고 표현할 수 있는 데이터의 포맷이 더욱 광범위해지고 있다.

메타가 개발하는 SAM LMM은 이미지를 세부적으로 분할해서 인식한다. 기존의 AI가 고양이와 개를 구분했다면, SAM은 고양이의 눈, 눈썹, 귀, 다리 등을 구분해 정확하게 인식한다. 그렇게 우리가 사는 세상을 더욱 정교하게 인식하면 AI는 글로만 세상을 배우는 것이 아니라 스마트폰 카메라와 우리 삶 속의 수많은 IP카메라 등을 통해 수집한 광범위한 데이터로 세상을 학습한다. 만일 LMM이 스마트폰을 넘어 메타버스 세상을 여는 메타의 퀘스트나 애플의 비전 프로 같은 MR 디바이스에 탑재된다면 영화에서만 보던 AI 에이전트가 현실이 될 것이다.

챗GPT에 탑재된 GPT-4o는 기존의 GPT-4와 비교해 LMM이 한 단계 도약한 것이 확연히 느껴진다. 이 모델은 듣고 보고 말하는 3가지 동작이 동시다발적으로 이루어진다. 챗GPT에 눈과 귀가 달린 셈이다. 스마트폰 카메라로 촬영되는 영상을 인식해 설명해 주고, 수학 문제를 보여주면 풀이법을 알려준다. 또 그림을 보여주면 해석하며, 컴퓨터 화면에 나타난 프로그래밍 코드를 읽고 에러를 정정하고 안내한다. 문자로 프롬프트를 입력해서 작업 명령을 내리는 것이 아니라 화면과 상황을 맞게 해석해 서비스를 제공하는 것이다.

이런 LMM을 탑재한 안경을 쓰면 공장이나 화재가 난 건물, 방범과 보안 등의 특수한 공간에서 작업을 하는 사람들이 더 안전하고 정확하게 일을 할 수 있을 것이다. 물론 일반 사용자도 메타버스에서 AI의 도움을 받아 3차원의 복잡한 입체 공간 속에서 편리하게 서비스를 사용하게 된다. 나아가 현실 세계의 다양한 물체와 기기, 공간과 객체에 대한 정보를 LMM 기반의 AI가 인식하고 해석해 사용자에게 정보를 더욱더 입체적으로 제공하게 될 것이다.

그렇게 LMM은 우리가 컴퓨터, 스마트폰에서 사용하던 기존의 소프트웨어와 인터넷 서비스를 넘어 새로운 컴퓨팅 경험을 제공하는 기반 기술로 도약할 것이다. 기업의 경영진이라면 새로운 차원으로 도약 중인 LMM이라는 AI 기술이 우리 사업에 어떤 변화와 혁신을 꾀하는 발판이 될지 진단하고 미래를 준비할 수 있어야 한다. 즉 기업의 고질적 비즈니스 문제를 해결하는 데 어떻게 활용할지 고민해야 한다. 더 나아가 업무 생산성을 높이려는 방안으로 이 기술이 직원의 업무에 어떤 도움이 될 수 있는지, 고객에게 더 나은 서비스를 제공하는 데 활용할 수 있는지 등을 고려해야 한다. 그렇게 기업 경영진은 LLM, LMM 등의 기술을 기업, 구성원, 고객 관점에서 어떻게 활용 가능한지에 대한 판단을 해야 하고 그것이 AI 사업 전략의 시작이다.

2025 IT 인사이트

음성 다음의 인터페이스

LMM이 발달하면서 AI는 이제 보고 말할 수 있다. 덕분에 프롬프트를 글 외에 화면과 소리까지 포함해 입력할 수 있다. 이에 따라 스마트폰이나 컴퓨터 등을 사용할 때 AI가 사람이 작업 중인 화면을 늘 지켜보고 있어 도움받을 수 있을 것이다. 이때 AI에 필요로 하는 것을 요청할 때 가장 빠르고 편한 인터페이스는 타이핑을 통한 입력보다는 말로 하는 것이다. 음성으로 AI를 불러 필요한 서비스를 요청하고 명령하면 결과가 바로 화면에 보인다. 기존의 스마트 스피커와 다른 점은 AI가 앵무새처럼 말로만 대화하는 것이 아니라, 화면을 파악하고 액션을 취할 수 있기에 더 복합적인 대화를 할 수 있다. 기존 AI 어시스턴트는 한두 개의 명령을 음성으로 내린 후에 작업이 이루어지지만, LMM 기반의 UI는 보다 입체적으로 운영된다. 하나의 프롬프트로 다양한 결과를 요청하고 받을 수 있다(원 프롬프트 멀티 액션). 예를 들어 "지금 작성하는 메일에 지난주 마케팅팀에서 받은 2025년 마케팅 플랜 보고서와 작년 말 결산 보고하며 정리한 2024년의 회사 마케팅 결과 보고서 엑셀 파일 두 개를 첨부하고, 해당 문서에서 2025년 마케팅 예산 총액과 작년 마케팅 최종 비용 총액을 요약해서 메일 내용에 넣어"라는 프롬프트로 다양한 내용을 즉각 반영할 수 있다. 그만큼 AI는 컴퓨터나 스마트폰 등에 딱 달라붙어 사람의 작업을 도와 여러 가지 복합적인 업무를 처리할 수 있을 것이다. AI의 사용은 글보다는 말로 하는 것이 더 편하고 유용할 것이며 AI의 시대에 말과 액션의 인터페이스가 더욱 확대될 전망이다.

⊕ 'LAM 혁신'
다변화를 넘어 확장으로, 진화를 넘어 초진화로

    2024년 중반부터 AI는 LAM으로 진화 중이다. 즉 AI가 어떤 액션을 취하는 것까지도 제어할 수 있는 영역이 커지는 것을 말하는데, 기존 모델과는 또 다른 영역으로 확장하는 셈이다. 애플은 패럿-UI LAM을 연구 중인데 이는 스마트폰 화면을 이해해 사용자 지시에 따라 대신 작동해 준다. 또한 오픈AI도 챗GPT를 이용해 PC 등을 사람 대신 작동시킬 새로운 기술을 연구하고 있다.

    마이크로소프트가 윈도우에 코파일럿을 탑재해 마우스로 조작하는 것을 넘어 음성이나 글자 명령으로 필요한 것을 요청하는 것과 비슷하다. 윈도우 코파일럿 프롬프트 창에 "최근 일주일간 작업했던 파워포인트 문서 중 분기별 예산 명세와 푸른색 막대 차트가 포함된 파일을 찾아줘" 혹은 "다크모드로 바꿔줘" 등을 명령하면 마우스로 메뉴를 여러 번 선택하지 않아도 필요한 것을 한 번에 실행할 수 있다.

    LAM은 PC나 스마트폰을 넘어 새로운 디바이스에 탑재되기도 한다. 휴메인의 AI 핀이나 래빗의 r1, 도이치텔레콤의 앱 프리 폰은 LAM으로 사람의 명령을 인식해 인터넷 서비스나 소프트웨어를 작동해 작업을 수행한다. 사실 우리에게 익숙한 광경이다. 2015년경 아마존의 알렉사와 구글 AI 어시스턴트를 필두로 국내에도 2010년대 후반 SK텔레콤, 네이버, 카카오 등도 AI 어시스턴트를 앞다투어 출시했다.

스마트 스피커 기반으로 작동하는 1세대 AI 서비스는 음성 명령 기반이었다. 또한 스마트폰이나 컴퓨터에도 애플 시리와 삼성전자의 빅스비를 탑재해 간단한 조작을 하기도 했다. 하지만 당시의 AI는 LLM, LAM처럼 성능이나 기능이 유연하지 못했고, 할 수 있는 것이 매우 적었다. 하지만 지금의 LAM은 단순히 기기를 대신 조작하는 차원을 넘어 기기 없이도 클라우드의 버추얼 컴퓨터에 연결해 특정 인터넷 서비스를 사람 대신 작동시킬 수도 있다.

이를 위해 LAM이 인터넷 서비스에 접근할 수 있도록 허용돼야 하거나, 운영체제와 밀접하게 결합해 LAM이 운영체제 위에서 작동하는 각종 소프트웨어와 앱을 대신 구동할 수 있어야 한다. 더 나아가 웹 브라우저와 결합하면 연결 인터넷 서비스를 대신 작동하는 일도 가능할 것이다.

AI는 LAM을 통해 특정한 작업을 직접 수행하는 자동화 로봇으로 진화하고 있다. 그만큼 AI가 할 수 있는 작업의 종류와 영역이 더욱 확장될 수 있다. 때문에 LLM으로 시작된 AI 기술을 사업 혁신에 활용하는 데 있어 현재의 기술이 아닌 앞으로의 기술을 내다볼 수 있어야 한다. LLM의 다변화, LMM으로의 도약, LAM으로의 확장 이 3가지를 염두에 둔 AI 전략 수립이 필요하다. 즉 AI 기술이 다변화되면서 성능이 갈수록 좋아지고 있는 LLM 중 어떤 LLM을 회사에 도입할 것인지 혹은 기업만의 자체 sLLM을 구축 개발하는 것이 나을지, 아니면 여러 LLM을 상황에 따라 골라가며 사용하는 유연한 시스템으로 AI 모델을 운영할지 등을 정해야 한다. 또 LMM이라는 새로운 AI 모델을 기업별 상황에 맞게 활용이 가능할 것인지 여부를 판단할 수 있어야 한다.

제조업체라면 디바이스에 카메라나 마이크 등을 장착해 이 LMM으로 상품의 편의성을 더 높일 수 있을지 판단해야 한다. 사진이나 영상, 소리 등의 데이터를 많이 수집하고 관련된 사업을 하는 기업이라면 LMM 기반으로 기업 내 축적된 멀티미디어 데이터에 대한 새로운 사업 기회나 기존 사업의 효용 가치를 더욱 상승시킬 방안을 모색할 수 있어야 한다. LAM은 기업의 비즈니스 도메인을 더 확대할 수 있는지, 공장이 있는 기업이라면 공장 내 산업용 로봇의 작동 프로세스를 개선하는 데 이용할 수 있는지 등에 대해 입체적으로 판단하고 파악해야 한다.

또 기기의 제어권을 어떤 AI에 얼마큼 열어줄 것인가, AI를 기

AI 모델의 진화 과정

기에 어떻게 탑재할 것인가 등의 답을 찾아야 하고, 인터넷 서비스 역시 AI를 어떻게 적용해 사용자에게 더 나은 경험과 새로운 가치를 제공할 수 있을지 고민해야 한다. 더 나아가 LAM과 연결해 서비스를 보다 지능형으로 조작할 수 있도록 허용할지 여부를 결정하는 일도 중요한 과제다.

2025 IT 인사이트

LAM을 장악한 기업은 어디일까?

LAM은 이 기술을 가진 기업이 어디인지 중요한 게 아니라 다양한 서비스를 품고 있는, 즉 생태계를 갖춘 기업이 해법의 키를 쥘 것이다. 예를 들어 스마트폰 보급의 핵심은 운영체제나 디바이스의 성능이 아니라 그 스마트폰으로 할 수 있는 서비스, 즉 앱이 많아야 한다. 생태계를 구축해야 모바일 시장을 장악할 수 있다. LAM 역시 접근 가능한 서비스가 많아야 이 기술의 효용 가치가 높아진다. 그러려면 이미 생태계를 갖춘 기업이 LAM을 사용할 때 진가가 발휘될 것이다. 첫째는 운영체제를 가진 기업이 조건을 갖추고 있다. PC 시장에서 윈도우와 맥OS를 가진 마이크로소프트와 애플이 바로 그런 기업이다. 운영체제에 LAM을 결합해 말과 글로 조작하면 소프트웨어의 사용성이 더욱 지능화될 수 있다. 둘째, 스마트폰에서 앱스토어를 운영하는 애플과 구글이다. 수많은 앱 서비스사가 두 기업이 제공하는 SDK, API로 앱을 만들고 서비스를 연결한다. 그런 만큼 모바일 앱 사용성은 높아질 수밖에 없다. 셋째, 여전히 인터넷 서비스의 상당 부분을 점유한 브라우저를 운영하는 기업이다. 구글과 마이크로소프트 애플은 각각 크롬, 엣지, 사파리 브라우저를 서비스한다. 이 브라우저에서 수많은 웹 서비스가 가동되는데, LAM이 연결되면 편의성이 더욱 극대화될 수 있다. 마지막은 오픈AI다. 이미 챗GPT 안에 GPTs를 품어 AI 생태계를 만든 오픈AI는 LAM을 연동할 때 챗봇 서비스를 더 편리하게 사용할 수 있다. 결론적으로 애플, 구글, 마이크로소프트, 오픈AI가 향후 LAM 기반으로 새로운 인터넷 사용 경험을 주도할 것으로 보인다.

AI 시장을 둘러싼 경쟁 구도

　3년 차를 맞이하는 2025년의 AI 시장은 경쟁 구도가 어느 정도 자리 잡고 사업 성과를 증명해야 하는 시기가 될 것이다. 2023년에는 오픈AI가 독보적인 '넘사벽'의 AI 기술을 보여주었다면, 2024년은 앤스로픽과 미스트랄 AI, 구글의 제미나이 등이 또 다른 품질과 기능을 보여주며 뒤를 바짝 쫓고 있다.

　또한 메타의 오픈소스 LLM을 기반으로 전문성을 지닌 용도별 AI가 개발되는 현상을 지켜보니 지구 역사상 생물이 폭발적으로 다양해진 캄브리아기가 떠오른다. 캄브리아기 대폭발 시대에 짧은 지질학적 시간 동안 다세포 생물의 다양성이 급격히 증가하며 다양하고 새로운 생물들이 등장했다. 그처럼 AI 시장도 새로운 기업이 탄생하고 LLM 이외에도 AI 인프라와 다양한 부가 기술이 선보이면서 새로운 생태계가 형성되는 분위기다. 더 치열한 경쟁과 새로운 IT 시장의 지형 변화가 예상된다.

◐ 'AI 전쟁'
오픈AI, 구글, 애플, 마이크로소프트

2023년 11월 오픈AI는 개발자 콘퍼런스(오픈AI 데브데이)를 열고 GPT-4 터보와 함께 GPT 스토어를 발표했다. 후발주자로 따라오던 구글을 멀찌감치 따돌리고 해자·moat를 쌓으며 당분간은 넘기 힘든 기술력을 선보였다. 게다가 새로운 AI 생태계를 만들어 가는 AI 리더십을 필두로 마이크로소프트와의 각별한 파트너십을 보였다. 이후 거의 매월 새로운 기능을 추가하며 여전히 AI의 맹주로서 시장을 이끄는 자신감을 드러냈다.

특히 2024년 2월 비디오 생성기 소라와 대화 내용을 기억하는 메모리 기능과 5월에 아이폰용 챗GPT 앱을 출시한 것은 오픈AI의 꾸준한 기술 리더십을 증명하는 계기였다. 2024년 5월 14일 업데이트 행사를 통해 GPT-4o 모델을 발표했고 이때 애플의 아이폰과 맥에서 챗GPT를 구동하는 것을 선보이며 애플과의 협력을 보이기도 했다. 이처럼 AI 산업은 어제의 적이 오늘의 친구가

GPT-4o의 특징을 소개하는 아이콘 (출처 : 오픈AI)

되고, 오늘의 친구가 내일의 적이 될 수 있는 복잡한 경쟁 구도와 변화무쌍한 시장을 보여준다.

GPT-4o의 o는 옴니^{omni} 라는 의미로 모든, 어디에나, 어디에서나의 뜻을 갖는다. 기존의 GPT-4 모델에 o가 붙은 이유는 5개의 아이콘을 보면 이해가 쉽다.

첫 번째 아이콘은 텍스트, 이미지, 오디오 등의 다양한 형식의 데이터를 처리할 수 있는 멀티모달, 둘째는 이미지를 분석하고 설명하며 생성하는 비전 기능이 강화됐다는 뜻이다. 셋째는 실시간으로 웹에서 정보를 검색하고 가져와 특정 주제에 대해 최신 정보 기반으로 깊이 있는 답변을 할 수 있다. 넷째는 펑션콜이다. 외부 API를 호출해 특정 작업을 수행하며 더 복잡하고 새로운 기능으로 확장할 가능성이 넓어졌다는 의미다. 마지막은 데이터를 분석하고 시각화할 수 있는 데이터 해석 지능이 커져 비즈니스 인사이트를 제공할 수 있다는 것을 뜻한다.

종합적인 기능을 제공하는 GPT-4o는 '보고 들으면서 말할 수 있는' 복합 지능을 가졌다고 표현할 수 있다. 한마디로 영화 〈그녀〉의 AI 애인이나 〈아이언맨〉의 '자비스'가 완성되고 있음을 말해준다. 실제 데모 동영상에 소개된 챗GPT와의 대화는 정말 사람과 대화하듯 자연스러운 데다 유머러스한 감정까지 지닌 듯한 착각을 불러일으킨다. 기존의 AI와 대화는 내용도 딱딱할 뿐 아니라 사람이 말하는 내용을 AI가 듣고 나서 잠시 후(프로세싱을 거친 후) 스피커로 말하는 전반적인 과정을 거친다. 끊기고 단절되는 느낌이 들어 그야말로 '기계와 대화한다'는 생각을 했다. 하지만 GPT-4o와는 사람과 대화하는 수준으로 물 흐르듯 자연스럽다. 챗GPT가 말하는 중에 곧장 대화에 끼어들 수도 있으며, 여러 명의 목소리를 동시에 인식하기도 한다. 실제 GPT-4o의 응답 시간은 평균 0.32초로 사람과 거의 비슷한 수준이다.

무엇보다 주목할 점은 카메라를 열고 실시간으로 카메라로 비친 내용을 보면서 대화를 주고받을 수 있다는 것이다. 카메라로 표정을 살피면서 감정을 읽을 수 있고, 시험 문제를 비춰주면 답을 찾아가는 과정을 지도하기도 한다. 내 컴퓨터 화면을 볼 수도 있어 코딩할 때 잘못된 내용을 지적하고 코칭하는 것도 가능하다. 실제 오픈AI는 애플 데스크톱용 앱을 개발하고 있다. 맥에서 이 앱을 사용하면 화면에 나타난 내용을 인지하고 대화하면서 내가 작업하는 사항을 확인해 정보를 안내할 수 있게 될 것이다.

그리고 GPT-4o는 기존의 GPT-4 터보보다 무려 2배 빠르면서 비용은 2분의 1로 줄어들었다. 한국어를 포함한 전 세계 50개 언어를 지원하고, 유료 결제를 하면 즉시 GPT-4o를 사용할 수 있다. 모바일 앱에서도 GPT-4o를 선택할 수 있지만, 아직 옴니 기능은 적용되지 않았다.

이번 발표를 통해 우리가 주목해야 할 점은 AI 어시스턴트 시장이 부활의 기회가 열리고 있다는 것이다. 2014년 아마존의 AI 어시스턴트 알렉사와 스마트 스피커 에코가 발표된 이후 대화형 인터페이스의 AI 시대가 개막될 것처럼 보였지만, AI와의 대화가 주는 불쾌한 경험으로 사실상 실패한 것이나 다름없었다. 하지만 GPT-4o는 말하면서 듣는 것을 넘어 보기도 할 수 있기에 PC나 스마트폰의 사용성도 획기적으로 개선될 수 있을 것이다. 애플은 오픈AI와 전략적 제휴를 맺고 아이폰에 챗GPT를 탑재할 것으로 예상한다. 시리를 대체하지는 않겠지만, 시리가 챗GPT

엔진을 갖춘다면 현재 초등학생 수준에서 대학교수 수준으로 도약할 것이다. 그만큼 아이폰이나 맥의 사용성이 더욱 편리해지고 강력해질 것으로 전망한다.

여러 스타트업이 전 세계 다양한 언어를 사용해 사람과 대화하면 실시간으로 통역해 주는 서비스를 선보였지만, 현실에서 2% 부족함이 있었다. 그런데 GPT-4o는 2%를 채우고도 20%를 뛰어넘는 강점을 보인다. 그만큼 GPT-4o를 이용한 다양한 서비스를 선보이기 시작하면 IT 시장의 경쟁 구도가 달라질 것이고, 기존 IT 솔루션 회사와 스타트업의 경쟁력도 크게 위협받게 될 것이다.

구글은 2024년 5월 15일 구글 I/O 2024에서 AI 신기술인 프로젝트 아스트라 Project Astra를 소개했다. 구글 AI 비서 앱 제미나이를 스마트폰에서 실행한 채 주변을 비추면 인식하며 대화를 할 수 있는 것으로, 하루 전에 오픈AI가 발표한 GPT-4o와 같은 기능이다. 또한 텍스트로 고품질 영상을 만드는 비오 Veo를 공개했는데, 이미 3개월 전에 오픈AI가 발표한 소라와 같다. 골리앗이 된 구글과 다윗으로 도약한 오픈AI가 같은 AI 시장을 두고 맹주자리를 다투고 있는데 지금까지는 오픈AI가 한발 앞서 있다.

이어 6월 10일에 애플의 WWDC 2024에서는 애플이 AI 전략을 발표했고 오픈AI의 샘 올트먼을 초대하기도 했다. AI 경쟁 속에서 작년 11월에는 오픈AI와 마이크로소프트의 동맹이 굳건했던 것처럼 보였는데, 현재는 오픈AI의 발표에서 마이크로소프트는 한 번도 언급되지 않았다. 오히려 애플이 파트너로 급부상하고 있고, 애플의 데스크톱 앱과 아이폰 탑재를 준비하는 실정이다. 특히 주목할 점은 애플의 AI Apple Intelligence는 챗GPT 외에도 구글의 제미나이와 메타의 AI 서비스 등 점차 다른 AI 서비스를 포괄해 제공할 예정이라는 것이다. 게다가 애플도 디바이스와 데이터센터 속 자체 LLM을 통해 기본적인 AI 기능을 제공한다. 그렇게 다양한 AI를 종합적으로 사용하며 시리가 AI의 중심에 설 수 있도록 구성하고 있다.

마이크로소프트는 앞서 5월 21일에 개발자 콘퍼런스 빌드 2024를 통해 코파일럿을 탑재한 윈도우와 AI 에이전트를 쉽게 생성할 수 있는(GPTs처럼) 코파일럿 스튜디오를 발표했다. 더 나아가 팀 코파일럿을 통해 여러 이해관계자와 AI 에이전트(코파일럿)가 함께 공동 작업을 할 수 있는 서비스를 제공했으며, 미니 멀티모달을 통해 개인 디바이스에서 차트나 이미지에 대한 설명을 제공하는 서비스를 발표했다. 그렇게 AI 시장은 치열하게 경쟁 중이며 어제와 오늘이 크게 달라지고 있다.

메타의 AI 전략

메타는 생성형 AI를 페이스북, 왓츠앱, 인스타그램 등의 서비스에 통합해 서비스 편의성은 물론 촬영한 사진을 쉽게 편집하고 AI 챗봇을 활용해 메신저의 사용성을 높이고 있다. 또 인플루언서 데이터를 이용해 디지털 아바타를 만들어 사람 대신 AI가 팬과 대화할 수 있는 기능을 준비하고 있다. 이처럼 AI를 제품 전반에 활용해 품질과 사용성을 개선 중이다. 또 메타의 MR 기기의 사용성과 서비스 수준을 높이려 AI를 도입하고 있으며, 더 나아가 LLM을 외부에 공개해서 AI 생태계의 주도권을 가지려 한다. 메타가 LLM의 표준을 지배하면 메타의 서비스와 연동하기 쉽고, 차세대 플랫폼인 메타버스에서 AI를 활용한 서비스의 호환성이 높아지기에 LLM의 오픈소스화에 적극적으로 나서고 있다.

◐ '애플 인텔리전스' AI 생태계를 조성하는 애플

오픈AI의 공세 속에서 뒤늦게 구글은 제미나이를, 아마존은 여러 AI 기술 기업과의 전략적 제휴를, 메타는 LLM을 오픈소스로 공개하면서 AI 표준화를 주도하며 대응하고 있다. 테슬라는 자율주행차를 위해 개발한 AI와 슈퍼컴 도조 Dojo를 넘어 휴머노이드 로봇 옵티머스와 LLM을 개발하는 xAI로 다양한 영역에 AI 혁신을 도모하고 있다. 엔비디아는 LLM 구축에 필요한 학습용 GPU 외에 LLM 운영 과정에 필요한 추론용 GPU 개발과 여러 소프트웨어 기업, 솔루션 기업과 제휴를 맺어 생성형 AI를 활용한 AI 솔루션을 다양하게 개발하고 있다.

삼성전자 역시 세계 최초의 AI폰 갤럭시 S24를 통해 온디바이스 AI 진출과 엣지 디바이스들을 위한 AI 칩셋, 마하 칩셋 같은 추론용 GPU 개발에 적극적으로 나서고 있다. 이렇게 AI를 둘러싼 빅테크 기업의 경쟁은 치열한데 애플은 무엇을 준비하는 것일까?

2023년 말부터 애플이 AI를 조금씩 공개하고 있다. 기존의 챗GPT나 구글 등이 준비하고 있는 AI와 다른 점은 LAM이라는 것이다. 단순 언어 모델이 아니라 사용자가 아이폰 화면을 보면서 터치하고 작업한 내용을 인식해 이를 자동화, 지능화하는 새로운 AI 기술이라는 점과 온디바이스 AI에서 작동하는 SLM이라는 특징을 가진다. 2023년 12월에 공개된 플래시 메모리 속에서의 LLM이나 짧은 비디오에서 3D 아바타 애니메이션을 생성하는 헉스, 최근 발표된 패럿-UI 등의 LMM이 모두 이 특징을 나타낸다.

마침내 2024년 6월 WWDC에서 애플이 AI 전략을 발표했다. 애플 인텔리전스의 핵심은 2가지다. 하나는 맥, 아이패드, 아이폰 등의 애플 디바이스에서 개인정보 보호를 최우선으로 둔 채 개별 앱으로 수집한 정보를 기반으로 시리를 통해 맞춤 탐색 서비스, 사진 편집, 통번역, 요약 등의 서비스를 제공한다. 시리를 활용한 지능적인 서비스가 본격화되고 이를 위해 디바이스에 AI 칩셋NPU과 작은 AI 모델SLM을 탑재한다. 다른 하나는 디바이스 내에서 제공하기 어려운, 보다 확장된 범위의 AI 서비스를 애플 서버와 외부 AI를 통해 선보인다. 오픈AI와 제휴를 맺어 시리로 챗GPT를 사용할 수 있도록 하고, 메타와 구글의 서비스도 연동할 계획이다. 다양한 생성형 AI를 시리로 중계하는 것이다.

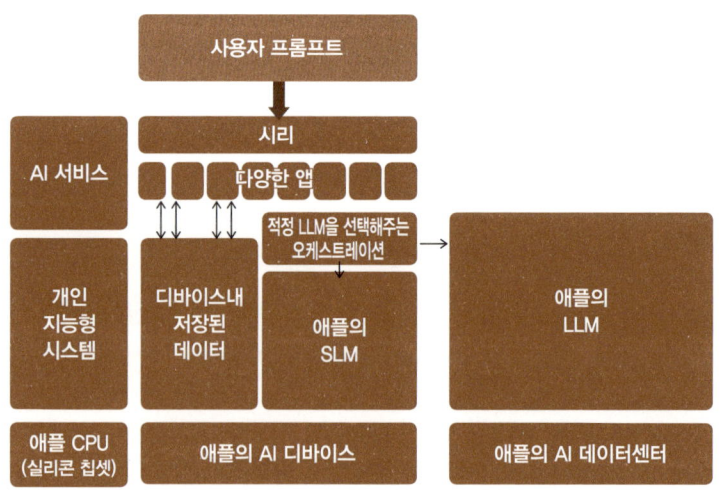

애플의 AI가 작동하는 방식

애플은 디바이스에서 AI를 구동하려 오픈ELM^{OpenELM}이라는 소형 LLM을 개발했고, 더 빠른 AI를 사용하려 A17 프로 칩셋을 최신 아이폰에, M1은 맥 등에 탑재했다. 또 자체 AI 서버의 구동을 위해 애플의 실리콘 칩 기반으로 비공개 전용 클라우드를 운영한다. 향후 애플은 B2C AI 생태계 구축을 위해 디바이스 AI를 서드파티^{3rd party} 소프트웨어와 앱 개발사가 쉽게 사용할 수 있도록 공개할 것으로 전망한다.

그 과정에서 더욱더 많은 인터넷 서비스 AI가 시리 안으로 들어올 것이며, 외부의 생성형 AI 서비스 역시 시리를 통해 접근을

애플의 주요 디바이스에 탑재될 애플 인텔리전스 (출처 : 애플)

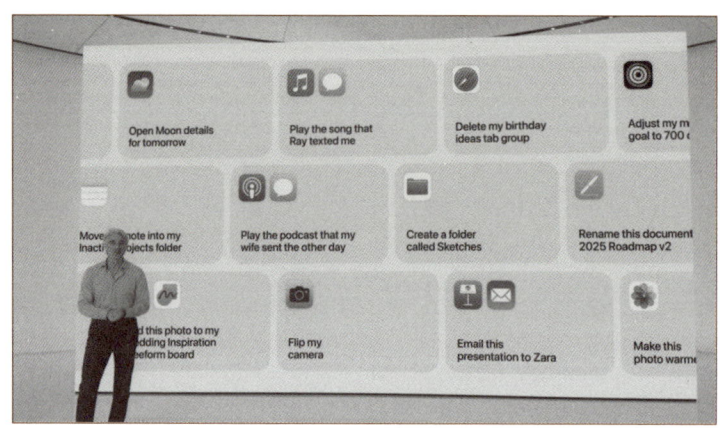

애플의 AI가 할 수 있는 다양한 기능 (출처 : 애플)

허용해 모든 AI 서비스가 시리에서 시작할 것이다. 그렇게 애플의 AI 전략에 시리는 안과 밖의 생태계를 만들며 AI의 중심 역할로 우뚝 설 것이다.

◐ 'AI 칩셋'
사활을 거는 빅테크 기업

2023년에 화려하게 데뷔한 챗GPT로 인해 AI는 2010년대의 스마트폰보다 더 빠른 속도로 대중화되고 있다. LLM이 챗GPT

외에도 구글 검색 같은 서비스에, 포토샵 등의 소프트웨어, 갤럭시 S24나 차세대 아이폰에 적용되면서 그저 뜬구름 잡는 기술이 아닌 보편 기술로서 자리매김하고 있다. 그 과정에 엔비디아가 눈부신 성장을 하고 있다.

AI를 구동하기 위해서는 LLM이 필요하고, 이 LLM을 개발하고 가동하는 과정에는 엄청난 컴퓨팅 파워가 필요하다. 그 근원이 바로 GPU라는 칩셋이고, 이 시장을 지배하는 기업이 엔비디아다. 엔비디아가 만드는 GPU가 워낙 고성능인 데다가 표준으로 사용할 만큼 보편적이다 보니 없어서 못 팔 정도다. 그 GPU는 빠르게 작동되는 만큼 빠른 메모리가 필요하며 SK하이닉스가 HBM 모델로 공급하고 있다. 그리고 대만의 TSMC가 GPU와 HBM을 패키징해 최종 제품으로 만들어 낸다. TSMC는 세계 최대의 반도체 파운드리(칩 생산) 기업으로, 칩 온 웨이퍼 온 서브 스트레이트 CoWoS라는 첨단 기술을 통해 엔비디아와 SK하이닉스의 고성능 제품을 결합해 AI 기술의 발전을 가속화하고 있다. 이렇게 SK하이닉스와 TSMC가 엔비디아를 중심으로 동맹을 맺고 있다.

물론 삼성전자가 이들의 협력에 맞서기 위해 차세대 HMB 기술 개발과 패키징 생산을 가속하며 동맹을 깨뜨리기 위한 노력이 분주하다. 삼성전자는 하이닉스와 TSMC의 역할을 모두 해낼 수 있어 공급망 복잡성을 줄일 수 있다는 이점이 있다. 그렇기에

AI 반도체 시장에서의 입지를 강화하기 위해 첨단 패키징 기술과 HBM4를 필두로 한 고성능 메모리 개발에 주력 중이다.

'타도 엔비디아'를 외치며 독주를 견제하는 움직임도 본격화되고 있다. 최근 인텔, AMD, 구글, 마이크로소프트, 메타 등 주요 IT 기업들이 뭉치고 있다. 이들은 AI 칩을 연결하는 기술 표준을 마련해 '탈엔비디아'를 선언하고 있다. 이들은 울트라 가속기 링크UALink, Ultra Accelerator Link라는 표준을 마련해 전 세계 AI 칩 시장의 80%를 장악한 엔비디아에 대항할 준비를 하고 있다. 이를 위해 UA링크 프로모터 그룹을 구성해 엔비디아보다 빠르고 저렴한 AI 칩 개발을 본격화하는 중인데, 그 과정에서 인텔은 파운드리(칩 생산) 역할을, AMD와 브로드컴은 팹리스(칩 설계)를 담당하며, 그 외의 기업은 AI 작동 과정에 필요로 하는 솔루션과 인프라, 통신 네트워크 기술을 개발한다.

특히 구글과 마이크로소프트는 대표적인 클라우드 사업자이며 메타와 함께 LLM을 개발하고 사용하는 주력 기업이다 보니 이렇게 개발한 AI 칩셋을 구입하고 사용하며, AI 데이터센터에 이용할 수 있다. 이 상황에서 엔비디아는 기득권을 유지하기 위해 기술 혁신을 지속하며 강력한 생태계가 흔들리지 않도록 고객 지원과 새로운 제품 포트폴리오 개발로 대응하고 있다.

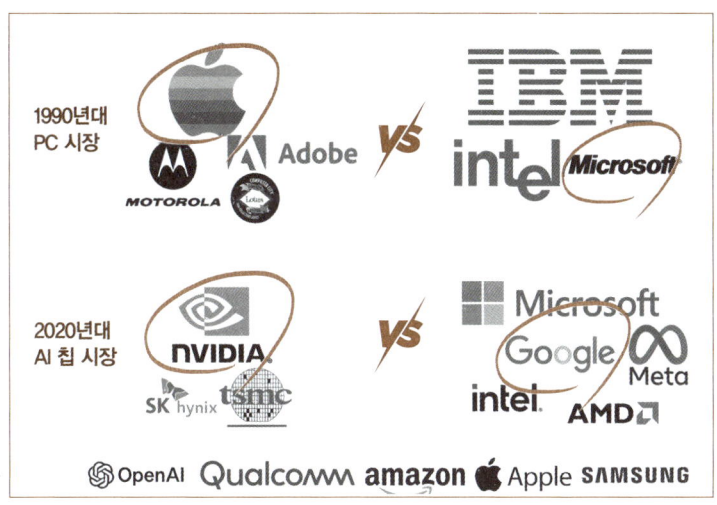

1990년대의 애플 vs. IBM 호환 PC 연합군과 2020년대의 AI 칩 시장 경쟁 구도

결론적으로 엔비디아 독점으로 형성되어 가는 AI 반도체 시장에 '반엔비디아 연합군'의 등장은 공정한 경쟁 환경을 조성하고 개방형 표준이 마련되어 더 많은 기업이 참여할 수 있는 환경을 조성할 것으로 기대된다. 이는 소비자에게 더 나은 선택지를 제공하고, 전반적인 산업 발전에 기여할 수 있다.

챗GPT로 시작된 AI 산업에 최대 수혜주는 AI 반도체 칩셋이다. 그 칩셋 시장을 둘러싼 경쟁이 본격화되는 과정에 다음 기업과 움직임을 주목하자. 이 모든 것의 시작을 만든 오픈AI, 과거 칩셋 시장 최고의 강자인 퀄컴과 클라우드 시장의 1위인 아마존의 행보를 지켜봐야 한다. 또한 스마트폰 시장의 쌍두마차 애플과 삼성전자도 놓치면 안 된다. 최근 오픈AI와 전략적으로 제휴하는 애플, 최초의 AI폰을 출시하고 메모리 반도체 시장 1위이면서 파운드리 업체인 삼성전자의 움직임을 들여다보면 AI 칩의 현주소와 다음 행보를 유추할 수 있을 것이다.

2025 IT 인사이트

삼성전자의 AI 전략

삼성전자는 2024년 1월 갤럭시 S24로 최초의 AI폰 시장을 선점했나. 하지만 삼성이 선보인 AI 기능은 실시간 통화 통역, 회의 요약, 이미지 편집과 이메일 작성 등 일부에 불과해 애플의 AI와 비교하면 초라했다. 그러나 스마트폰 이외에 다양한 가전기기를 만드는 기업이기에 다양한 전자기기에 생성형 AI를 적용하면 성능과 사용성은 더욱 높아질 수 있다. 이를 위해 삼성전자는 가우스라는 LLM과 독자적인 AI 칩을 개발했다. 이 2가지 기술을 전자기기에 적용하면 기기의 성능이 한 단계 도약할 수 있다. TV와 로봇청소기, 세탁기, 냉장고, 전자레인지 등의 기기에 AI를 활용해 훨씬 향상된 품질을 보장할 수 있다. 삼성은 모든 제품에 AI를 적용해 AI 가전기기 시장을 만들 것이다.

온디바이스 AI 시대가 온다

　1990년대 이전에도 컴퓨터는 존재했지만 크고 비싸서 아무나 쓸 수 없었다. 터미널로 연결해야 했고, 여러 사람이 거대한 서버 자원을 공유했다. 이후 성능은 갈수록 좋아지고 가격도 저렴해지면서 개인이 컴퓨터를 구입해 사용하는 PC 시대가 도래했다. 즉 '서버-클라이언트 방식'에서 개인 컴퓨터 중심의 '분산 컴퓨팅 시대'로 전환된 것이다. 이후 기업의 서버 사용도 클라우드로 대체되면서 거대한 클라우드 자원을 필요한 만큼 사용하며 비용의 효율화는 물론이고 성능의 효과성 2가지 모두 챙길 수 있게 됐다. 생성형 AI는 비싼 비용과 고성능의 컴퓨팅 파워로 인해 클라우드처럼 사용하고 있지만 PC처럼 AI를 디바이스에 탑재해 사용할 수 있는 온디바이스의 가능성이 열리고 있다.

‘AI의 초지능화’
클라우드를 벗어나 스마트폰 속으로

삼성전자가 CES 2024에서 선보인 Neo QLED 8K TV에는 삼성전자의 AI 칩셋인 NQ8 AI 3세대 프로세서와 삼성의 LLM을 기반으로 한 SLM 가우스가 들어갔다. 4K 동영상을 8K 고화질로 변환하기 위해 AI 기술을 탑재한 것이다. 삼성전자의 갤럭시 S24 역시 퀄컴의 스냅드래곤8 3세대와 구글 제미나이 나노를 온디바이스 AI 형태로 넣어 통화할 때 실시간 통역 서비스를 제공한다.

클라우드를 통해 제공되는 거대한 LLM(기반모델)은 보안과 개인정보, 속도, 비용 문제를 안고 있다. 카네기멜론대학교와 AI 스

삼성 Neo QLED 8K TV에 탑재된 삼성의 AI 칩셋 (출처 : 삼성전자)

타트업 허깅페이스가 공동 연구한 결과에 따르면 AI 이미지 하나를 생성하는 데 스마트폰을 522회 충전하는 것과 동일한 전력량이 소요된다고 밝혔다. 매사추세츠대학교 연구에 따르면 인공지능 모델 하나를 훈련하려면 63대의 가솔린 차량을 1년 동안 가동할 정도의 에너지가 소비된다고 한다. 막대한 비용과 탄소 배출로 인한 환경 오염을 최소화하기 위해서라도 디바이스에 AI를 내장시켜 작동하는 것이 더 효율적이다. 물론 기기 안에서 작동되는 만큼 속도 문제와 개인정보, 기업정보 유출 등의 문제도 덤으로 해결할 수 있다.

앞으로 스마트폰이나 TV를 넘어 보다 많은 디바이스에 AI가 탑재될 것이다. 대표적인 것이 자동차다. 차량은 그 어떤 종류의 하드웨어보다 비싸고 전기차로 인해 이미 전장화가 됐으며 자율주행 등 최첨단 기술의 집약체다. 이 시기를 놓치지 않고 차량에 AI를 탑재해 더 안전하고 빠른 AI 기술을 구동해야 한다. 자체적인 AI 칩과 SLM을 내장하면 차량 내 AI 서비스 운영이 더 나아질 것이다. 또 차세대 메타버스 플랫폼을 사용하기 위한 MR 역시 온디바이스 AI의 대표 기기다. 메타버스는 PC나 스마트폰보다 사용법이 복잡하고 입체적 서비스를 구동해야 하기에 AI 에이전트 같은 새로운 인터페이스의 서비스가 필요하며, 완전한 구동을 위해서는 AI가 필수다.

AI를 내장하는 기기가 늘면서 우리가 사는 현실계에는 물리적인 실체로 작동하는 임바디드 AI가 많아질 것이다. 온디바이스 AI가 클라우드에 연결되는 것이 아니라 개별 기기에서 AI 모델을 실행하는 개념이라면, 임바디드 AI는 로봇이나 자율주행차 같은 물리적 실체를 가지고 인간과 상호작용을 하며 작동하는 AI로 조금 더 포괄적인 개념이다.

이처럼 카메라와 마이크, 다양한 주변 환경 정보를 인식하는 센서 등을 탑재해 AI가 물리적 환경과 상황에 대해 보다 정밀하게 인지할 수 있도록 돕는다. 그렇게 인식한 정보를 기반으로 기

물리적인 실체로 작동하는 임바디드 AI 세상을 표현한 생성형 AI 이미지 (출처 : 챗GPT 달리)

기를 자동화해서 작동, 운용하는 것이 온디바이스 AI의 특징이다.

AI 디바이스가 늘면서 AI는 점차 인간 세상을 우리보다 더 자세하게 인지할 것이며 학습한 현실계의 정보를 기반으로 할 수 있는 일이 더 늘 것이다. 임바디드 AI로 거듭나며 다양한 구조의 로봇으로 재탄생해 인간이 사는 지구 위에서 공존할 날이 머지 않았다. 수많은 임바디드 AI는 클라우드에 축적된 방대한 데이터를 공유하며 끊임없이 진화하고 초지능화될 것이다. 이들은 인간과 달리 수명의 제약 없이 지속적으로 존재하며, 인류 문명의 발전에 기여할 수 있다. 전 세계의 온디바이스 AI가 학습한 지식과 경험은 하나의 거대한 AI 집단지성을 형성해, 인간의 한계를 뛰어넘는 문제 해결 능력을 발휘할 것이다.

그런 AI가 인류에 해가 되지 않도록 적절하게 규제하고 통제하는 강력한 메커니즘을 구축하는 것이 우리 사회와 미래 세대를 위한 중요한 과제 중 하나다.

‘AI 스마트폰’
변환, 압축, 확장의 생성형 AI

세계 최초의 AI폰인 갤럭시 S24는 2024년 1월 AI 패러다임으로 세상이 변화하는 시기에 출시됐다. 애플은 2024년 6월에 애플 인텔리전스를 공개하며 아이폰, 아이패드, 맥에 강력한 AI 기능을 탑재해 AI 디바이스 시대를 열겠다고 선언했다. 2023년이 말과 글을 넘어 그림과 영상에 이르기까지 사람 수준으로 콘텐츠를 생성하는 초거대 AI 시대였다면, 2024년은 AI가 컴퓨팅 기기에 들어오는 온디바이스 AI 시대를 맞이하며 인터넷과 소프트웨어에 이어 하드웨어까지 스며들어 가는 AI 확장이 본격화되는 분위기다.

하드웨어에 생성형 AI가 내재되면 기기의 작동이 쉬워지고, 사용성은 더욱 강화된다. 생성형 AI의 기본적인 사용자 인터페이스는 대화다. 대화를 통해서 AI에 명령을 내릴 수 있어 화면을 보며 누르고 선택하며 작동시키지 않아도 필요한 것을 글과 말로 요청해 결과를 얻을 수 있다. 사용성에 있어서는 생성형 AI의 기술적 특성을 이해해야 AI폰으로 얻을 수 있는 가치를 도출할 수 있다. 생성형 AI의 3대 핵심은 변환, 압축, 확장을 생성 기반으로 한다는 것이다.

① **변환** : 생성형 AI는 무엇을 찾아주거나 무조건 생성하는 서비스가 아니라, 비슷하게 변환하는 특징이 있다. 즉 A와 비슷한 A1을 생성한다. A와 비슷한 A를 찾거나, A와는 무관한 B를 만들지 않고 비슷하게 변환하는 것이라 사람이 입력한 프롬프트와 최대한 비슷하게 글이나 이미지 등의 다양한 데이터 포맷으로 생성한다. 이런 논리를 기반으로 AI가 가장 잘하는 것은 번역, 통역, 코딩 등이다. 한국어의 A라는 문장과 가장 유사한 의미의 다른 A1 언어나 같은 의미의 태국어, 프랑스어, 독일어 A2를 해석해 유사한 의미의 문장을 만든다. 코딩도 프롬프트의 의미를 해석해서 가장 부합하는 작업을 수행하는 컴퓨팅 언어를 생성한다.

② **압축** : 생성형 AI의 또 다른 특징은 요약이다. 거대한 분량의 서적, 논문 등의 축약이나 강의, 회의를 하며 떠들어댄 내용을 간략하게 압축하고 정리해 잘 요약한다. 이를테면 100쪽 논문 속 문장을 분석해서 가장 자주 나온 단어를 의미 없이 나열하는 것이 아니라, 논문에서 제시하고자 하는 핵심 메시지를 문장으로 생성한다.

③ **확장** : 생성형 AI는 이질적이지 않게 부분 확장하는 것을 잘한다. 압축이 아닌 확대 개념이다. 특정 이미지의 주변부를 원본

이미지와 가장 어울리게 확대 생산한다. 물론 이미지가 아닌 영상이나 글도 마찬가지다.

이 3가지 생성형 AI 특징을 기반으로 우리가 사용하는 디바이스에 적용해 기존의 사용성을 보강한다.

갤럭시 S24에서 제공하는 AI 기능은 번역, 요약, 사진 생성 등 3가지가 핵심이다. 전화 통화나 채팅 사용 시에 실시간으로 통·번역을 하고, 이메일이나 채팅 서비스 사용 시에 상황에 맞춰 메시지 톤을 자연스럽게 바꿔주기도 한다. 또 회의, 강연, 통화 내

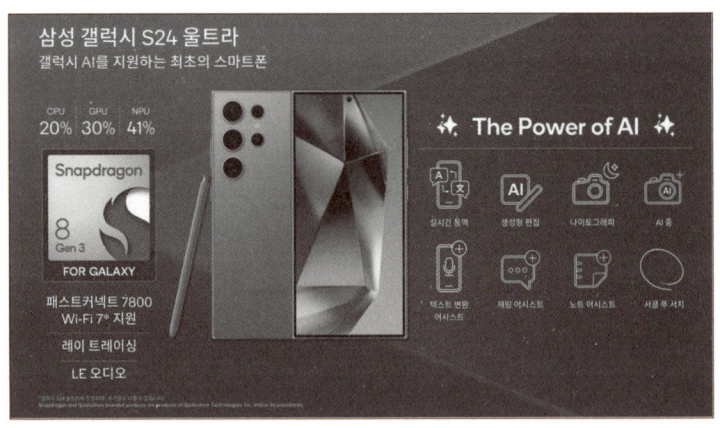

최초의 AI폰 갤럭시 S24 (출처 : 삼성전자)

용 등 녹음된 음성을 기반으로 핵심 내용을 간략하게 요약하는 기능도 있다. 마지막으로 포토 어시스트는 촬영한 사진의 주변 배경이나 특정 대상을 다른 영역으로 이동하고 남은 빈 곳을 자연스럽게 채워주기도 한다. 이는 AI의 확장 기능을 활용한 것이다. 이런 기능은 클라우드를 기반으로 작동하는 것이 아니라 스마트폰에 탑재된 AI 칩셋과 메모리 그리고 SML을 이용해 디바이스 자체에서 작동된다. 그렇기에 인터넷이 연결되지 않는 비행기에서도 사용할 수 있다.

애플의 AI폰은 갤럭시 S24에서 제공되는 기본적인 통·번역, 요약, 사진 편집 기능 외에 맞춤형 탐색 서비스를 제공하는 것과 챗GPT와의 연동이 가장 큰 차별점이라 볼 수 있다. 애플 AI는 시리를 통해 다양한 정보를 쉽게 탐색할 수 있다. "최근 어머니와 여름 여행과 관련해서 나눈 이야기 중 일정과 장소에 대해 알려줘"라고 시리에 요청하면 이메일, 메시지, 메신저 앱 어디서든 어머니와 주고받은 메시지를 찾아 요약하고 설명한다. "작년 한 해 가족과 함께 한 식사 중 파스타 사진을 찾아달라"고 하면 개인정보와 음식을 인식하는 AI를 기반으로 원하는 사진을 바로 찾아준다.

그밖에 아이폰 내에서 처리할 수 없는 AI 성능이나 기능은 애플의 AI 서버에 연결해 더 복잡하고 고난도의 작업을 수행한다. 그리고 애플이 제공하는 AI로는 할 수 없는 서비스는 챗GPT를 이용해 해결한다. 정리하면 애플의 AI는 총 3가지로 작동된다. 첫째는 디바이스 안에서, 둘째는 애플의 서버를 통해, 마지막으로는 챗GPT다. 이 중 마지막 AI 서비스는 오픈AI 외에도 메타, 구글 등으로 확대될 것이다. 한마디로 애플은 시리를 경유해 모든 AI 서비스 경험을 그들의 디바이스에서 제공하길 원한다. 이를 위해 디바이스 안팎에서 애플 AI 서비스를 최소한으로 제공하고, 그 외의 다양한 AI 서비스를 시리로 만날 수 있도록 AI 포털 서비스를 통합 제공하려는 계획이다.

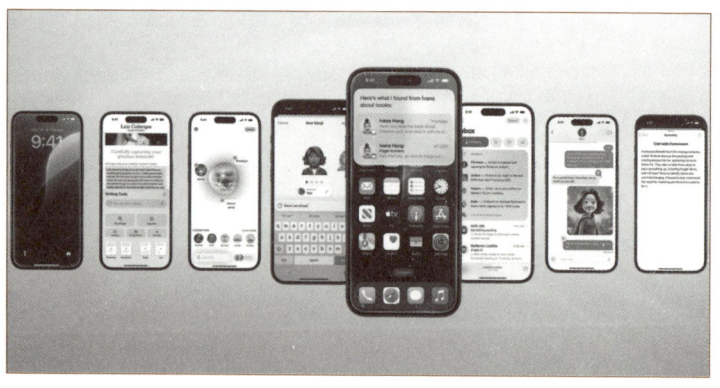

아이폰에서 시리를 통해 AI 서비스를 제공할 예정인 애플 (출처 : 애플)

2010년대 풀 터치 폼팩터로 시작된 스마트폰은 2020년대 폴더블폰으로 이어졌고, 2025년은 AI폰으로 한 단계 도약할 것으로 기대된다. 특히 AI폰 시대가 개막되면 AI 구동을 위해 고성능의 AI 칩셋과 더 빠르고 큰 용량의 DRAM$^{dynamic\ random\ access\ memory}$(동적기억장치)이 필요할 것이다. 삼성전자 갤럭시 S24는 퀄컴의 스냅드래곤8 3세대 AI 칩을 탑재했고, 애플 기기에서 애플 AI를 가동하려면 애플 AI 칩인 A17과 8MB 이상의 DRAM이 장착된 아이폰15 프로 모델이 필요하다. 차세대 아이폰16은 A18과 8GB 이상의 DRAM이 장착될 예정으로, AI를 제대로 이용할 수 있을 것으로 예측한다.

그렇게 AI는 우리가 사용하는 스마트폰과 컴퓨터 등의 기기에도 스며들고 있다. 이 과정에서 이들 디바이스에서 AI를 더 빠르게 구동하기 위한 AI 칩셋과 DRAM에 대한 요구가 점차 커질 것이다. 물론 우리가 사용하는 각종 앱과 소프트웨어 역시 AI를 활용해 더 나은 편의성과 사용성을 제공하려는 움직임도 본격화될 것이다.

2025 IT 인사이트

AI로 구현되는 스마트홈

온디바이스 AI로 기대되는 서비스 중 하나는 바로 스마트홈이다. 사실 스마트홈은 PC와 스마트폰에 이어 차세대 IT 플랫폼으로 주목받던 영역이었다. 하지만 구현해 보니 품질이 기대 이하였고, 시장과 대중의 반응도 뜨뜻미지근해질 무렵에 그 AI가 기대 이상의 품질을 보였다. 생성형 AI는 스마트홈과 결합해 서비스 품질을 충분히 만족시킬 수 있을 것으로 기대된다. 그렇게 집 안의 각종 가전기기와 전등, 전자기기가 성능이 향상된 생성형 AI와 연결되면 더 자동화되고 지능화된 스마트홈 서비스로 한걸음 나아갈 것이다. 이후 각각의 디바이스에 AI가 탑재되면 단순히 제어 관리만 하는 것이 아니라 과거에는 하지 못했던 새로운 지능형 서비스까지도 가능해질 것이다. 예를 들어 스마트홈을 구동하는 클라우드 AI는 로봇 청소기를 음성으로 제어하고 작동시켜 자동화할 뿐이지만, 온디바이스 AI로 만든다면 청소뿐 아니라 집에 불이 나거나 도둑이 침입한 것을 감지하고 사진을 찍어 카카오톡으로 전송하는 것까지도 할 수 있는 한층 지능화된 서비스를 보일 것이다.

⊙ 'AI 에이전트'
AI를 삼키다

생성형 AI는 우리가 사용하던 기존의 소프트웨어와 앱, 인터넷 서비스에 탑재되고 있다. 마치 검색어 입력창이 모든 서비스에 들어가 필요한 정보나 데이터를 쉽게 찾는 것처럼 AI가 모든 서비스에 스며들고 있다. 필요한 작업을 서비스에 요청하면 그에 맞는 정보나 작업을 수행할 것이니 인터넷 서비스를 사용하는 것이 더욱 쉬워졌다. 앞으로 우리가 사용하는 인터넷 서비스에는 검색창보다 더 강력한 프롬프트 대화창이 생길 것이다. 대화창 버튼을 누르고 글이나 말로 원하는 것을 이야기하면 재깍 서비스가 제공되는 것이다.

지도 앱에 생성형 AI 서비스가 적용되면 프롬프트 창에 "회사 근처 도보 2분 거리에 있는 자전거 수리점을 찾아줘"라는 요청에 원하는 정보를 즉시 탐색할 수 있다. 예전 같으면 검색이나 메뉴를 통해 검색하고 화면을 클릭해야 했는데, AI 덕분에 단숨에 정보를 찾을 수 있다. 쇼핑 앱에 적용된 생성형 AI를 이용하면 "작년에 구매했던 아이 옷 중에서 겨울에 입을 수 있는 두꺼운 바지가 어떤 것이었는지 보여줘"라는 프롬프트로 원하는 상품을 쉽게 찾을 수 있다. 페이스북에서는 "지난 1년간 내가 포스

팅한 글에 '좋아요'를 가장 많이 누른 10명 리스트와 내가 '좋아요'를 10번 이상 한 친구 리스트를 정리해"라는 프롬프트 하나만으로 원하는 정보를 탐색할 수 있다. 이런 기능은 기존의 페이스북에는 제공되지 않는 기능이지만 LLM 기반으로 페이스북의 데이터를 분석하고 생성형 AI 서비스가 제공된다면 이렇듯 복잡한 탐색도 한번에 가능해진다.

카카오T에 적용된 생성형 AI는 "오후 1시 50분까지 매주 가던 판교 사무실로 이동해야 하는데, 오늘 교통량을 고려해 언제쯤 출발하면 좋을지 체크해서 그쯤에 내가 있는 위치 근처로 택시를 호출해"라는 명령으로 쉽게 택시를 부를 수 있다. 당근에 적용된 생성형 AI로는 "지금 촬영한 소파에 대한 제조사의 제품 정보와 가격을 참고하고, 당근에 유사한 크기와 디자인의 소파가 중고로 등록되었는지 확인해서, 일주일 안에 판매되기에 적합한 가격을 알려줘. 그리고 그 가격에 맞게 촬영한 사진을 좀 더 선명하고 근사하게 편집해서 해당 소파의 제품 정보를 인터넷에서 확인해 상품 설명을 기록해 줘. 상품 소개서에는 지난 2년간 소파를 사용했고, 최근 이사를 해야 해서 급하게 처분하는 것이며, 평소 집에 머무는 시간이 적어 깨끗하게 사용했음을 강조해 줘"라는 프롬프트로 제품에 대한 소개와 가격을 쉽게 정리할 수 있다. 배달의민족에 적용된 생성형 AI는 "나파밸리 피노 누아 와인과 어울리는 음식을 20분 안에 배달할 수 있는 음식점을 추천하되, 평점이 4.5 이상에, 리뷰에 실제 와인과 어울리는 음식이라는 평이 있는 곳으로만 나열해 줘"라고 명령을 내릴 수 있다.

물론 인터넷 서비스에 AI가 스며드는 것 외에도 아예 생성형 AI에 최적화된 새로운 인터넷 서비스도 탄생할 것이다. 이는 AI 에이전트로 기존 스마트 스피커에 탑재된 AI 어시스턴트보다 한 단계 더 지능화되고 각 서비스 영역별로 특화된 기능을 지녀 뭐든지 처리하는 서비스를 일컫는다. PC에서도 ICQ와 MSN 메신저, 네이트온이 있었지만, 스마트폰의 카카오톡, 라인, 왓츠앱이 경쟁에서 승리했고, 웹에서 싸이월드와 다음TV가 있었지만, 모바일의 인스타그램과 틱톡이 인기를 끈 것처럼 AI 시대에 새로운 인터넷 서비스가 새로운 시장을 점차 개척할 것이다. 검색, 이커머스, 메신저, 이메일, SNS, 이밖에도 기존에 존재하지 않던 새로운 경험의 인터넷 서비스가 생성형 AI를 기반으로 새롭게 탄생할 수 있다.

미국 AI 스타트업 퍼플렉시티**Perplexity**의 AI 기반의 검색 서비스는 결과물을 AI가 요약해서 답을 내준다. 검색 결과물로 제시된 인터넷 페이지를 일일이 방문하지 않아도 된다. 요약된 내용에는 어떤 사이트의 어떤 페이지를 참고했는지 링크를 제공해 상세한 내용을 확인할 수 있다.

챗GPT에서 제공하는 수많은 GPTs는 AI 에이전트의 가능성을 보여준다. 호텔과 렌터카를 예약하는 것부터 사주풀이와 운세를 상담하기도 하고, 예산과 목적에 따라 여행 계획을 짜는 것에 이르기까지, 다양한 GPTs가 기존의 인터넷 서비스와 다른 경험을 제공한다. 운동과 다이어트, 명상에 도움을 주는 GPTs도 웹 사이트나 앱을 통해서 제공하던 것인데 이를 AI 에이전트가 상담하고 구령을 붙여주며, 명상에 도움이 되는 음악과 자연의 소리를 들려주기도 한다. 그렇게 새로운 AI 에이전트가 새로운 인터넷 서비스로 기존의 서비스와 경쟁하고 새로운 시장을 개척할 것으로 전망한다.

2025 IT 인사이트

복잡한 데이터도 해석한다, LLM의 강력한 힘

LLM은 복잡한 데이터 속에서 유의미한 시사점을 발견하는 데 탁월한 도구다. 연관관계가 전혀 없어 보이는 다양한 데이터 속에서 유사점을 찾거나 새로운 통찰력을 도출하는 능력이 있다. 예를 들어 교통과 관련한 다양한 직·간접 데이터 및 메타 데이터를 LLM에 입력하면 도시 계획, 교통 시스템 최적화, 도로 유지 보수 계획을 수립할 수 있다. 교통량과 혼잡도 예측, 최적 경로 분석, 새로운 교통 노선 시뮬레이션 등이 가능하다. 이는 도시의 모빌리티 문제를 해결하고 교통 효율성을 높이는 데 큰 도움이 된다.

기업은 LLM을 통해 수천 개의 고객 리뷰를 분석해 제품의 강점과 약점을 파악할 수 있다. 이는 고객 만족도 향상 및 제품 개선에 직접적으로 기여한다. 특정 제품에 대한 긍정적이거나 부정적인 피드백을 분류하고, 고객의 감정을 분석함으로써 제품 개발 및 마케팅 전략을 세울 수 있다.

마지막 사례로 금융 기관에서는 LLM을 활용해 다양한 금융 보고서와 시장 뉴스를 분석해 동향을 파악하고, 리스크를 평가하며, 투자 결정을 내릴 수 있다. LLM은 금융 뉴스에서 감정 분석을 통해 시장의 기회를 포착하고, 투자 전략을 수립하는 데 중요한 정보를 제공할 수 있다. 이처럼 LLM은 다양한 비정형 데이터를 실시간으로 분석하고 그 속에서 중요한 시사점을 도출할 수 있는 강력한 도구다. 이를 통해 기업은 보다 나은 의사 결정을 내리고 경쟁력을 강화할 수 있다.

산업용 로봇과 일상 속 휴머노이드 로봇

영화 〈터미네이터〉나 〈아이언맨〉 속 로봇은 AI를 탑재해 신체적으로나 지능적으로 인간의 한계를 초월한다. 영화에서나 가능할 것 같던 로봇의 미래가 현실로 다가오고 있다. 한마디로 챗GPT를 인터넷이 아닌 우리가 사는 물리적 현실에서도 만날 수 있게 된 것이다(온디바이스 AI). 사실 AI가 휴머노이드 로봇에만 탑재될 필요는 없다. 공장의 산업용 기계, 자동차 그리고 스마트폰과 로봇 청소기 등에도 AI를 탑재할 수 있는 시대다. AI와 함께하는 제조업은 우리 비즈니스에 어떤 변화를 몰고올까. AI가 일상에 침투하면서 새로운 사업 기회와 제조 혁신의 가능성이 열리고 있다.

● '산업용 로봇'
AI와 로봇 기술의 융합

　CES 2024에서 다양한 기업이 AI를 접목한 제품과 솔루션을 선보였는데, 그중 가장 눈에 띈 것이 바로 엔비디아의 AI 팩토리다. 전 세계의 수많은 전통기업이 운영하는 공장에는 다양한 종류의 산업용 로봇이 있다. 이 로봇은 정해진 순서와 방식대로 작동한다. 만일 방식을 조금이라도 바꾸려면 변경 사항을 정형화된 템플릿으로 구성해 프로그래머에게 전달하고, 다시 코딩을 해서 로봇에 업데이트해야 한다. 그 과정에 상당한 시간과 수고가 든다.

　그러나 AI 팩토리는 생성형 AI를 이용해 산업용 로봇의 작동 방식을 변경하고 공장 내 효율성을 높이며 품질을 개선할 수 있는 획기적인 솔루션을 제공한다. 기존의 산업용 로봇을 아이작Isaac이라는 소프트웨어 개발 키트를 이용해 자동화, 최적화할 수 있다. 즉 프로그래머에게 요구 사항을 전달하지 않아도 필요한 사항을 로봇 자동화 솔루션에 지시하면 이를 알아듣고 공장 내 로봇의 구동 순서나 방식을 변경할 수 있다.

　이 기술은 전 세계의 거대한 산업 현장에서 장애물을 피하며 물품을 실어 나르는 물류 창고의 로봇에도 활용되고 있다. 미국 시장 조사 업체인 인터랙트 어널리시스는 자율주행 로봇 배치가

2020년의 9000곳에 대비해 2025년이면 5만 3000곳으로 6배 이상 증가할 것으로 추정한다고 발표했다. 이는 연간 9조 달러 규모의 물류 산업에서 수십억 달러의 비용 절감과 효율화를 꾀할 계기가 된다.

생성형 AI는 2가지 관점에서 사업 혁신을 촉진한다. 첫째는 전문 프로그래머와 대화하는 것처럼 필요로 하는 것을 AI에 요청하면 자동으로 알아듣고 해결한다는 점이다. 둘째는 다양한 데이터를 입체적으로 실시간 분석하면서 필요로 하는 정보와 문제 해결을 끝까지 한다는 점이다. 이에 따라 다양한 산업 영역에서 로봇들의 운영과 작동을 효율화하는 데 AI가 핵심적인 역할을 하게 될 것이다. 앞으로 AI와 로봇 기술의 융합을 통해 생산성 향상, 비용 절감, 안전성 제고 등 다양한 측면에서 산업 혁신이 가속화될 것으로 기대된다.

◐ '휴머노이드 로봇'
로봇의 생명은 챗GPT?

생성형 AI는 차세대 로봇에도 새로운 생명을 불어넣고 있다.

2015년 유튜브에 공개된 보스턴 다이내믹스의 스팟과 아틀라스는 장애물이 많은 험준한 산을 안정적으로 걸어 다니며 화제를 끌었다. 이 로봇은 동물이나 사람의 모습을 닮았고, 동작도 자연스러워서 세상을 놀라게 했지만, 작동 방식은 여전히 프로그래밍을 통해 엔지니어가 수동으로 조작해야 하는 한계를 지니고 있었다. 즉 로봇은 움직임만 대단할 뿐, 스스로 주변을 인식하고 상황을 자각해서 자율로 동작하는 것이 아니었다. 사람이 미리 입력한 동작 과정대로만 움직일 뿐이다.

하지만 LLM, LMM, LAM 등의 AI 모델이 로봇에 탑재되면, 휴머노이드 로봇에 사람의 뇌와 혼이 담기는 것과 마찬가지다. 스스로 자각해서 주변 상황을 인식하고 그때그때 처한 환경에 맞게 작동한다. 미리 정해둔 방식이 아니라 AI가 주변의 상황을 인지하고 사람과 대화를 나누고 상호작용한다. 그렇게 로봇에 탑재된 AI는 가상의 인터넷 공간 속에서 학습한 AI 모델과 차원이 다른 물리적 현실계 속에서 수많은 경험을 토대로 다양한 데이터를 수집할 수 있고 인터넷에 공개된 데이터와는 비교가 안 될 만큼 다양하고 질이 좋다. 수십만 대의 로봇이 미국, 한국, 유럽, 중국 등 수많은 나라의 서로 다른 장소에서 작동해 수집하는 데이터는 인터넷에 공개된 데이터와는 차원이 다르게 방대할 것이다. 데이터는 고스란히 AI를 학습하는 데 사용되므로 로봇이 많아지고, 서로 다른 장소에서 사용되면 수집되는 데이터도 각양각색이라 갈수록 AI의 진화는 빨라질 것이다.

AI 모델은 개별 로봇 안에서도 진화하지만, 클라우드로 보내 연합학습을 하면 서로 다른 경험을 하고 다양한 데이터를 쌓은 로봇의 AI가 하나로 뭉쳐지며 성능이 더욱 고도화될 것이다. AI 로봇은 초거대 AI로 학습하며 인간이 인류 문명 속에서 서로 다른 경험 속에 개별적으로 쌓아간 지식이 책으로, 인터넷으로 모여져 집단지성으로 발전된 것보다 더 빠르고 정교하게(초고속화, 초고도화) 진화할 것으로 전망한다.

'로봇과 노동시장'
인간에게 내려진 도전 과제

AI와 로봇의 발전은 노동 시장에 중대한 변화를 초래할 것이다. 특히 인간의 노동을 대체하거나 보완하는 로봇의 도입은 다양한 직업군에게 영향을 미칠 것이다. 기계와 로봇의 자동화는 제조업과 물류 산업에서 많은 일자리를 대체할 것으로 보인다.

단순 반복 작업이나 위험한 작업은 로봇이 대신 수행해 인간

노동자의 필요성이 감소할 수 있다. 예를 들어 자율주행 로봇은 물류 창고에서 물품을 이동시키거나 제조 공정에서 부품을 조립하는 작업을 맡게 된다. 이는 생산성을 높이고 비용을 줄일 수 있지만, 한편으로는 노동자들이 새로운 직업을 찾거나 기술을 재교육받아야 하는 도전 과제를 안긴다.

반면 로봇과 AI의 발전은 새로운 일자리를 창출할 수 있다. 로봇 유지 보수, AI 시스템 개발 및 관리, 데이터 분석 등 새로운 기술과 관련한 직업군이 생길 것이다. 특히 AI와 로봇의 통합 운영을 위한 소프트웨어 개발자나 데이터 과학자 등의 전문 인력 수요가 증가할 것이다. 또 인간과 로봇이 협업하는 환경에서 창의적이고 복잡한 문제 해결 능력을 요구하는 직업이 늘 것이다. AI 로봇과 협력해 의료 진단을 내리거나, 재난 현장에서 구조 작업을 수행하는 새로운 역할이 등장할 수 있다.

이러한 변화에 대비하기 위해 노동자들은 새로운 기술을 습득하고 재교육을 받아야 한다. 정부와 기업은 일자리 전환 지원을 위한 교육 프로그램을 강화하고, 노동 시장의 변화에 적응할 수 있는 정책을 마련해야 한다. 이는 장기적으로 노동 시장의 유연성과 경쟁력을 높이는 데 기여할 것이다. 예를 들어 공공 기관과 교육 기관은 AI와 로봇 기술에 대한 직업 훈련 프로그램을 제공해 기존의 노동자가 새로운 기술을 습득하고 변화하는 환경에 적응할 수 있도록 도와야 한다.

결론적으로 AI와 로봇의 융합은 산업과 노동 시장에 근본적인 변화를 불러올 것이다. AI와 로봇 기술의 발전은 효율성과 생산성을 높일 뿐만 아니라, 노동 시장에 새로운 기회를 제공하고, 더 나은 작업 환경을 만들 것이다. 이러한 변화에 대비하기 위해 기업과 노동자들은 새로운 기술을 습득하고, 변화하는 환경에 유연하게 대응할 필요가 있다.

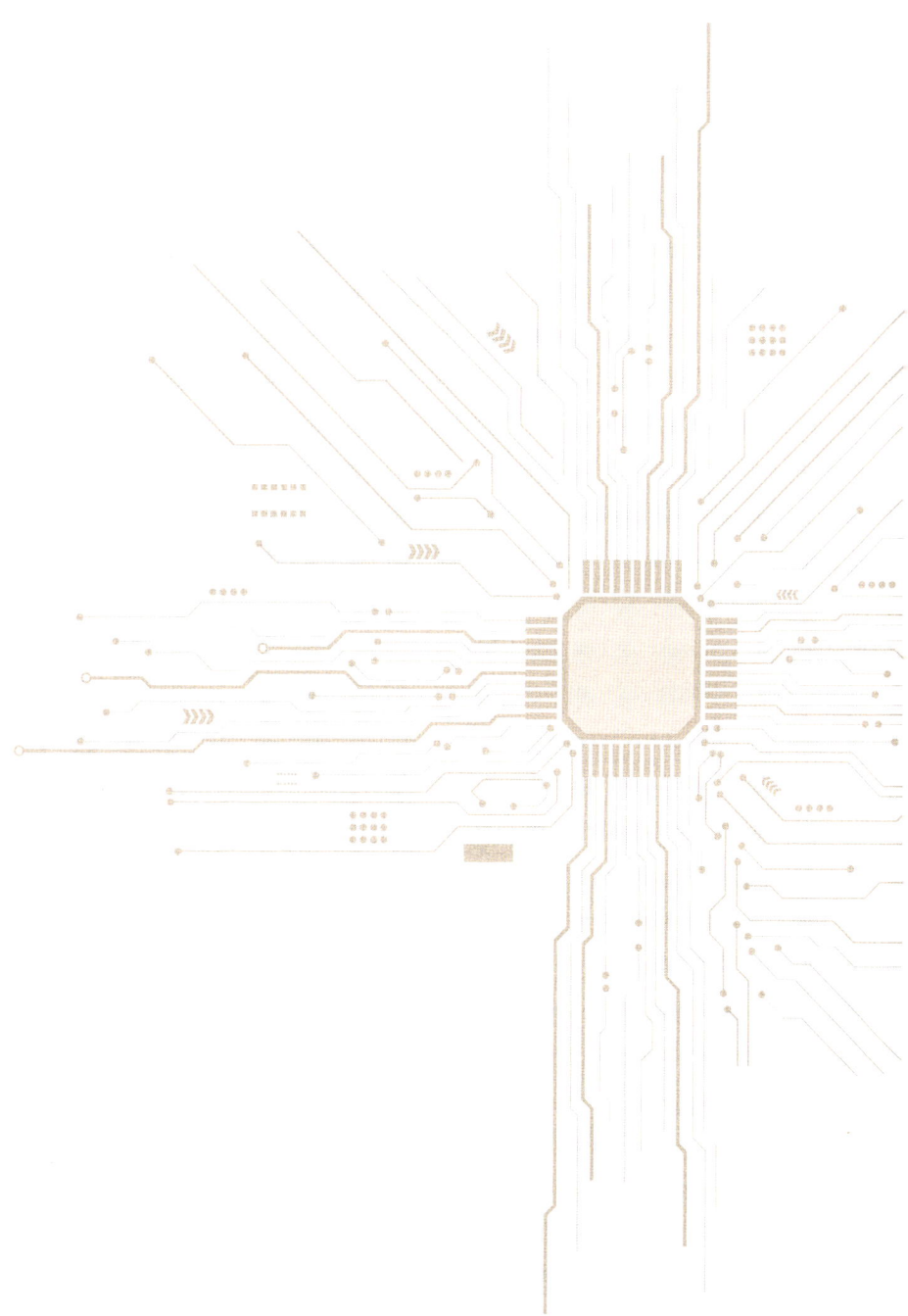

PART 3

신산업혁명과 기업의 혁신

근대 인류 역사상 가장 큰 변화를 가져온 것은 18세기 중반 영국에서 시작되어 전 세계로 확산된 산업혁명이다. 증기기관, 방적기, 제철기술, 더 나아가 전기와 석유로 이어지는 기술혁명이 인류의 산업을 크게 바꿔 놓았다. 농업사회에서 산업사회로, 대량 생산 체계로 그리고 도시화와 자본주의 발전을 부추겼다. 이를 바탕으로 1990년대 컴퓨터와 인터넷 등의 디지털 기술이 4차 산업혁명으로 이어지는 동력으로 인터넷 경제라는 성장 동력을 창출하고 인류를 글로벌 사회와 새로운 사회 시스템으로 이끌었다. 그리고 2025년의 초거대 AI는 비록 기간은 짧지만 기존 4차 산업혁명을 신산업혁명으로 급격하게 전환시키고 있다.

IT TREND 2025

신산업혁명의 마중물, 생성형 AI

지난 30년간 IT 산업은 크게 두 번의 도약이 있었다. 첫 번째는 1995년대 인터넷과 컴퓨터로 시작된 정보화 혁명이고, 두 번째는 2010년대 앱스토어와 스마트폰으로 촉발된 모바일 혁명이다. 공통점은 웹과 앱스토어라는 거대한 생태계와 컴퓨터와 스마트폰이라는 하드웨어가 있다는 것이다. 2025년의 AI도 이와 유사하다. AI는 모든 소프트웨어와 앱, 수많은 기기에 스며들어 거대한 생태계를 만들고 있다. 기존의 웹과 모바일보다 범위가 더 광범위하며 하드웨어, 소프트웨어, 서비스를 가리지 않는다. 지난 두 번의 디지털 혁명보다 더 파급력이 큰 AI 혁명은 산업의 구조를 전혀 다른 변화로 이끌 것이다.

'신산업혁명'
세 번째 세상 속 기술의 특이점

2023년 챗GPT로 인해 기술은 변곡점을 넘어서며 '특이점'이 왔다. 기존의 디지털 기술이 모두 모여 새로운 경지에 접어든 것이다. LLM은 더욱 고도화되고, 이제는 인간의 언어를 넘어 우리가 보고 듣는 현실계의 데이터를 학습해 이미지, 영상, 소리 등 다양한 포맷의 콘텐츠를 생성할 정도로 다재다능해졌다. 또한 임바디드 AI가 대두되며 우리가 사는 현실계에 물리적인 실체를 가지고 침투하고 있다.

LAM으로 실제 행동을 계획하고 실행하는 데 주력하는 강화학습 기술이 등장하면서 로보틱스, 자율주행, 스마트 제조 등 물리적 행동이 필요한 영역에서 자율적이고 지능적인 시스템을 구현할 수 있을 것으로 예상된다. 한마디로 자동화를 넘어 지능화로 생각하고, 정보를 제시하는 것을 넘어 실행까지 완결적으로 수행하는 기술이 구체화되고 있다.

여러 개별 산업 영역에서 비즈니스 문제를 해결할 수 있는 특화된 SLM이 쏟아져 나오고, 스마트폰과 자동차, 로봇, 드론을 비롯한 새로운 디바이스 등에 AI가 기본적으로 탑재되는 온디바이스 AI 시대라는 새로운 전기를 맞이할 것으로 기대된다.

챗GPT 등장 후 불과 1년 만에 AI 기술은 너무도 빨리 발전하는 동시에 진화하고 있다. 오픈AI 외에도 수많은 스타트업과 기술 기업, 기존의 빅테크 기업과 전통기업이 AI 기술을 연마하면서 다양한 방식과 영역에 활용하고 있다. 이 기술은 아날로그와 디지털 산업을 하나로 융합하는 것을 넘어 완전하게 통합해 새로운 혼합계를 만들고 있다. 현실계에서는 산업혁명을, 인터넷은 4차 산업혁명을 야기했다면, AI는 신산업혁명을 촉발할 것으로 전망한다. 4차 산업혁명은 산업 간 경계가 붕괴되고 기업의 비즈니스 포트폴리오가 다변화되는 등의 통합을 뜻한다.

테슬라가 디지털 기술을 기반으로 전기차를 제조해 자동차 산

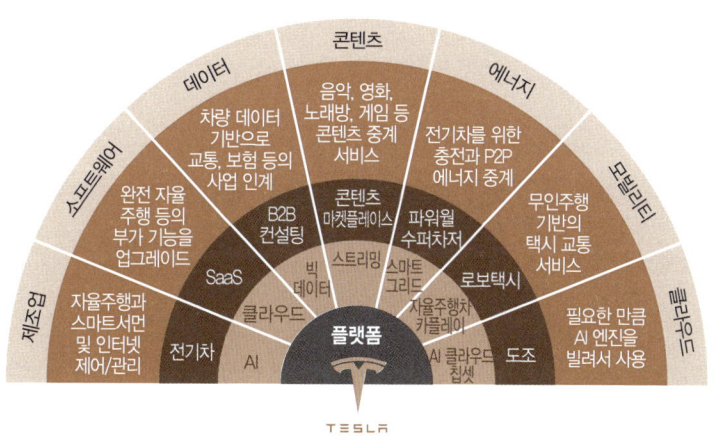

테슬라의 다양한 비즈니스 포트폴리오

업을 뒤흔들었고, 그로 인해 에너지 산업과 교통 시장마저도 혁신의 여파가 미치고 있다. 더 나아가 기존 자동차 제조사와 달리 차량 판매 외에 자율주행 구독과 차량 충전, 로보택시 같은 자율주행 택시 서비스에 이르기까지 비즈니스 모델을 다각화하고 있다. 이렇게 경계의 붕괴를 촉발하는 것이 4차 산업혁명이다.

그렇다면 신산업혁명은 무엇을 뜻할까? 새로운 산업 혁신을 전망하려면 먼저 세 번째 세상의 특징부터 이해해야 한다. 세 번째 세상에는 기존의 물리적 법칙이나 온라인의 규칙과는 다른 새로운 원칙과 거버넌스가 필요하다. 산업 경계를 넘어 국경도 벗어나고, 인간과 AI, 하드웨어와 소프트웨어의 구분이 모호해지는 새로운 경제계가 생길 것으로 전망한다. 그런 생태계에서는 기존의 4차 산업혁명을 넘어 모든 경계가 흐릿해져 새로운 게임의 법칙이 요구되는 신산업혁명이 올 것이다.

이는 AI 기술을 기반으로 현실과 가상, 아날로그와 디지털, 인간과 기계의 경계를 넘나드는 융합의 시대를 의미한다. 단순히 기술 혁신을 뛰어넘는 인간 중심성과 지속 가능성을 키워드로 산업 생태계의 근본적 변화를 이끌 것이다. 신산업혁명 시대에는 기술과 인간, 환경이 조화를 이루는 방향으로 경제·사회 시스템이 재설계될 것이며, 이는 인류에게 새로운 기회와 도전을 동시에 제시할 것이다.

신산업혁명은 단순히 기술적 통합이나 자동화를 넘어서, 인간의 창의성과 기술의 결합이 창출하는 새로운 가치와 서비스를 중심으로 전개될 것이다. 이 시대에서 AI는 단지 명령을 수행하는 도구가 아니라, 인간과 협업하여 새로운 솔루션을 고안하고 창출하는 능동적인 파트너가 될 것이다. 이런 시대에 우리에게 필요한 것은 기술에 대한 맹목적 추종이 아닌, 인간 중심의 가치관과 윤리의식을 바탕으로 기술을 통제하고 활용하는 지혜일 것이다. 그럴 때 우리는 비로소 AI로 대변되는 기술혁명을 인류 발전의 원동력으로 삼을 수 있다. 한마디로 경제계의 주된 이해관계자로 AI가 참여하게 된다는 것이다.

기존의 컴퓨터, 스마트폰, 인터넷은 그렇지 못했지만, AI 시대에는 참여의 주체가 된다. AI가 생성한 데이터, AI로 자동 운영하는 차량과 공장, AI가 연구 개발한 약품과 각종 창작물에 이르기까지 직간접적으로 참여한다. 그렇게 생산뿐 아니라 유통, 소비의 주체가 되기도 한다. 사람 대신 물건을 진열하고 판매하며 마케팅할 뿐 아니라 수많은 콘텐츠를 AI가 소비하기도 한다.

즉 인공지능과 로봇 기술이 발전하면서, 단순히 데이터를 처리하고 작업을 수행하는 수준을 넘어섰다. 전략적 의사결정 과정에 참여하고, 문제 해결 과정에서 창의적인 아이디어를 제공할 수 있게 된다. 이에 따라 산업은 물론 교육, 의료, 엔터테인먼트 등 사회 전반의 구조와 기능이 크게 변할 것이다. 예를 들어 맞춤형 교육과 진료가 일반화되고 인간의 감성을 이해하고 반응할 수 있는 AI 기반 서비스가 확산할 것이다.

이런 시대를 맞이해 우리 사회는 기존의 법적, 윤리적 기준을 재검토하고, 새로운 규제와 정책을 마련해야 한다. 데이터 프라이버시, AI의 윤리적 사용, 저작권과 같은 문제는 더욱 복잡해지고, 이에 대한 국제적 협력과 표준화 작업도 중요해질 것이다. 또한 AI가 인간의 일자리에 미치는 영향에 대응해 새로운 직업군 창출과 교육 시스템의 변화도 필요한데, 그렇게 AI 시대에는 사람과 인공지능이 어우러져 사업과 산업을 혁신시킬 것으로 전망한다.

신산업혁명의 핵심은 인간 중심의 혁신으로 기술이 인간 삶의 질을 향상하고, 사회적 문제를 해결하는 데 기여하는 방향으로 진행될 것이다. 이는 기술 자체보다는 기술이 사람들의 삶에 어떻게 긍정적인 영향을 미칠 수 있는지에 대한 깊은 고민과 철학적 접근이 요구되는 시대일 것이다. 즉 신산업혁명 시대를 맞아 우리는 단순한 기술 변화의 연장선상으로 바라볼 것이 아니라, 인간다움의 회복과 사회적 관계의 재설정, 지속 가능한 발전이라는 거시적 관점에서 접근해야 한다. 기술 발전이 가져올 편익을 극대화하면서도, 역기능과 부작용은 최소화하기 위한 사회적 합의와 제도적 장치 마련이 시급히 요구된다.

2025 IT 인사이트

세 번째 세계는 AI 기반의 혼합계

첫 번째 철저한 아날로그 현실계에서 두 번째 인터넷 가상계로의 전환은 두 번의 작은 변화에서 비롯된다. 첫째가 PC 기반의 웹이고, 다음이 스마트폰 기반의 모바일이다. 2가지 모두 디지털 혁명이라는 점에서 같고, 모바일이 웹보다 규모와 깊이가 더 크고 깊고 넓다. 그런 변화로 경제계는 현실계와 가상계가 서로 보완하며 더욱 커졌다. 현실계의 모든 정보는 가상계로 디지털화되고 수집된다. 이에 따라 기존에는 할 수 없었던 자료의 분석이 가능해졌다. 즉 누가, 언제, 무엇을 장바구니에 넣고, 얼마에 구입했는지 알 수 있게 됐다. 덕분에 더 정교한 타깃 마케팅과 데이터를 기초로 한 상품 기획, 재고관리, 수요예측 등이 가능하다. 특히 모바일 혁명은 수집 데이터의 범위와 영역이 더욱 확대되고 촘촘해져서 보다 자세한 정보를 분석할 수 있다. 카카오T와 배달의민족 덕분에 교통량과 배달에 대한 수요예측이 가능해졌고, 이는 택시나 음식점의 사업 운영의 효율성을 높인다. 단순히 기존 아날로그를 디지털화만 한 것이 아니라 디지털로 축적된 데이터 덕분에 아날로그의 사업 효율화나 효용성을 높이는 것이 가능해진 것이다.

AI는 이런 현실계와 가상계를 뛰어넘는 혼합계로 경제계를 한 단계 더 전환시킬 것이다. 혼합계는 현실과 가상이 서로 시차를 두지 않고 실시간으로 연결되어 운영되고, 순수하게 가상계만으로 서비스가 자기완결적으로 구동되는 모습으로 예측한다. 기존의 현실과 가상은 서로 시차를 두고 구분해 작동됐고, 가상계는 주로 제어 관리가 실제 구현해 서비스하는 곳은 현실계였다. 쿠팡에서 물건을 주문하면(가상계) 하루 정도 후에 실제로 배송받는다(현실계). 하지만 혼합계에서는 시차가 최소화될 뿐 아니라 가상계에서만 완결되는 서비스도 늘 것이다. 현실과 무관하게 가상 속에서 디지털 오브젝트나 서비스를 주문하고 온전히 누리는 마치 온라인 게임과 같은 세상이 일상에서 다양하게 펼쳐질 것이다. 먹고 자는 것을 빼고 누리고 즐기고 공부하고 운동하는 등의 여러 영역이 온전히 이 혼합계 속에서 100% 이루어지며 현실계와 연동되지 않고 완결된 가치를 만들 전망이다.

'클라우드'
초거대 AI를 품고 날다

2006년 세계 최초로 상업용 클라우드 사업을 시작한 아마존은 이 시장의 강자다. 이후 2010년에 마이크로소프트, 2013년에는 구글이 클라우드 시장에 진출하면서 멈추지 않고 고속 성장하는 모습이다. 사업 개시 이후 17년이 지났음에도 매년 15% 이상 성장 중이다. 게다가 2023년 챗GPT의 대성공은 클라우드 사업의 성장세에 불을 지폈다. 글로벌 시장조사업체 프레지던스 리서치에 따르면 세계 클라우드 시장은 2022년 4460억 달러에서 매년 17% 성장해 2030년에는 1조 6140억 달러에 이를 것으로 전망했다. 특히 생성형 AI 덕분에 향후 AI 기반의 클라우드 시장은 더 큰 성장을 기록할 것으로 예상한다. 마치 스마트폰이 인터넷 시장을 한 단계 도약시켰던 것처럼 AI는 클라우드 산업을 한 차원 다른 수준으로 성장시킬 마중물이 될 것이다.

실제 시너지 리서치 그룹의 조사에서 2023년 3분기 글로벌 클라우드 시장에서 마이크로소프트는 전년 동기 대비 19% 성장한 242억 달러의 매출을 기록했다. 시장 예상치를 웃돌면서 실적이 좋아진 이유는 애저에 오픈AI의 GPT-3.5를 제공하면서 새로운 성장 동력을 발굴했기 때문이다. 반면 구글의 매출은 시장 전망치에 미달하는 84억 달러에 그쳤다. 두 기업의 명암이 갈린 이유는 구글의 LLM 발표가 늦어지며 클라우드 기반의 AI 제공에 차질이 빚어졌기 때문이다.

클라우드 시장의 1위인 아마존은 생성형 AI를 쉽게 개발·운영할 수 있는 기업용 LLM 클라우드 서비스 베드록Bedrock을 빠르게 출시했다. 이 서비스를 통해 자체적으로 개발한 타이탄 LLM은 물론 코히어, 스태빌리티AI, 허깅페이스와 메타 등이 개발한 다양한 종류의 LLM을 기업이 쉽게 사용할 수 있도록 제공하며 마이크로소프트나 구글과 차별화를 꾀하고 있다. 또한 코드명 올림푸스라고 불리는 무려 2조 개의 매개변수를 가진 역대 최대 규모의 LLM을 개발하고 있어 오픈AI의 GPT-4보다 더 뛰어난 성능의 모델 개발에 본격적으로 착수했다.

구글 역시 제미나이 LLM을 공개해 오픈AI와 달리 LMM으로 차별화된 기능을 제공한다. 구글 바드Bard에 제미나이를 기반으로 이미지, 영상 등을 인식할 수 있는 눈과 귀가 달린 AI 모델을 선보였다. 또 이미지 생성과 편집에 최적화된 AI를 제공하면서 챗GPT 일변도의 시장에 새로운 기능을 선보이고 있다. 특히 제미나이를 프로, 나노, 울트라 버전으로 구분해 프로는 구글 바드에서, 나노는 구글 스마트폰 픽셀8 프로 같은 단말기에서 서비스한다. 울트라 버전은 2024년 초부터 기업에 구글 클라우드 기반으로 제공을 시작하며 구글 서비스에도 적용해 경쟁력 강화에 이용할 것으로 전망한다.

LLM의 발전으로 클라우드 시장이 급성장하고 있다. 이 과정에서 아마존, 마이크로소프트, 구글 같은 글로벌 클라우드 기업의 시장 경쟁력은 더욱 강화되고 있으며, 그들만의 리그가 형성되고 있다. 고도의 LLM 기술력과 클라우드라는 기존의 경쟁력을 갖추고 있는 기업의 수가 제한적이다 보니 그 외의 기업 경쟁력은 약화될 수밖에 없다. 심지어 AI와 클라우드 사업은 규모의 경제로 승자 독식 구조이기에 각국의 로컬 기술 기업은 위축된 상태다.

물론 클라우드 기반에서 운영되는 AI 외에도 특정 서버에서 sLLM을 구축해 운영하는 경우와 컴퓨터나 스마트폰 등의 엣지 디바이스에 AI를 탑재해 운영하는 온디바이스 AI 시장도 성장하고 있어 클라우드 AI가 독주하고 있지는 않다. 그럼에도 클라우드 AI는 성능이나 접근성, 구축의 용이성 면에서 뛰어나다 보니 2024년에 이어 2025년에도 성장세를 지속할 것으로 기대한다.

글로벌 AI 클라우드 시장에서 경쟁력을 갖추기 위해서는 단순히 기존 글로벌 기업(마이크로소프트, 구글, 아마존)만을 따라가는 것이 아닌 차별화된 전략이 필요하다. 특히 특정 영역에 최적화된 고유의 AI 기술을 개발하고, 프라이빗 클라우드를 통해 국내 기업을 위한 맞춤형 서비스를 제공하는 것이 중요하다.

이를 통해 한국의 클라우드 및 AI 기업이 뭉쳐 상생의 생태계를 구축해야 한다. 서로 협력하고 지원해야 글로벌 경쟁에서 우위를 점할 수 있다. 협력은 기술 혁신뿐만 아니라 새로운 비즈니스 모델을 창출하는 기반이 된다. 생태계를 구축해야 글로벌로 진출해 제2의 K-팝 신드롬을 만들 수 있다. 다시 말해 한국의 문화와 지역적 특성을 살린 AI 서비스를 개발할 수 있도록 클라우드 기반의 LLM을 국내 기업에 맞춤형으로 제공하며 생태계를 키워야 한다. 그렇게 AI 기술의 접목과 상생의 생태계 구축을 통해 한국 AI 서비스로 글로벌 시장에서 독특한 위치를 확보하고 경쟁력을 높일 수 있어야 한다.

물론 그 과정에서 정부의 역할과 데이터 주권을 넘어선 AI 주권 확보를 향한 노력도 중요하다. 구글 검색이나 유튜브, 넷플릭스, 페이스북, 틱톡, 인스타그램과 같은 글로벌 서비스가 대중적인 시장을 지배하고 있지만, 쿠팡과 당근, 카카오톡, 배달의민족, 카카오T 등 여전히 한국 토종 서비스가 지배하는 버티컬 영역이 있듯 AI 역시 마찬가지일 것이다. 그런 버티컬 영역에서 한국만의 AI 생태계와 서비스를 뿌리내려야 한다.

2025 IT 인사이트

AI 독립운동을 위한 'AI 소버린'

AI 기술이 주는 파급력과 영향력이 크다 보니 특정 국가나 기업이 외부에 의존하지 않고 독립적인 인프라, 데이터, 인력, 기술을 활용해 인공지능을 개발하고 운영하는 역량이 점차 중요해지고 있다. 이를 AI 소버린AI sovereign(AI 주권)이라고 한다. 이는 AI가 산업 경쟁력을 넘어 국가 안보와도 직결되었기 때문이다. 미국이 반도체 분야의 중국 성장을 경계하고 틱톡 경계령을 내리는 이유처럼 AI는 반도체와 데이터를 넘어 국가 경쟁력과 안보에 중요하기에 각 국가가 AI 경쟁력을 확보하려 노력하는 것이다.

2025년은 AI 소버린의 중요성이 더욱 커질 전망이다. 이를 위해 AI 학습에 필요한 데이터 확보와 국가 안보를 위한 자국 내 시민과 공공 데이터의 유출 방지에 대한 정책 마련도 가속화될 것이다. 특히 AI 데이터센터를 자국 내에 구축하고 투자하려는 움직임이 본격화되고, 인재 확보를 위한 노력이 거세질 것이다.

 'AI 인프라'
점점 커지는 역할과 중요성

생성형 AI는 블록체인이나 메타버스와 다른 움직임을 보인다. 2018년부터 주목받은 비트코인과 이더리움 이후, 2021년의 NFT, 2020년 코로나19와 함께 급부상한 메타버스는 2022년 들어 관심에서 멀어졌다. 그 이유는 기술이 제한된 영역에서만 사용됐고 실제로 활용하는 서비스와 사용자가 적었기 때문이다.

암호화폐가 실물 거래에 사용되지 않았고, NFT는 디지털 아트 작품을 거래하는 데 실험적으로 이용됐을 뿐이다. 메타버스 역시 다양한 도전을 시도했지만, 잠깐 사용하고 금세 이탈하는 등 군불만 때는 수준이었다.

반대로 생성형 AI는 2023년부터 2년간 서비스를 실제로 이용하는 사람과 시간이 늘고 있다. 또 AI가 적용된 산업 영역도 기존에 우리가 사용하던 소프트웨어와 인터넷 서비스는 물론 공장과 각종 산업용 로봇 등에 이르기까지 확대되고 있다는 것도 큰 차이점이다.

이렇게 AI는 2023년에 이어 2024년에도 여전히 IT 산업의 핵이며, 2025년은 그 범위가 더욱 넓고 깊어질 것으로 전망한다. 기존의 기술과는 다르게 엄청난 컴퓨팅 파워가 필요하며 그 파워를 제공하는 핵심이 GPU다. GPU와 함께 AI 코어 엔진인 LLM이 클라우드로 가동해 전 세계에 AI가 필요한 기업과 개인에게 제공되는 것이다. 그런데 컴퓨팅 파워와 AI 엔진(모델), 이를 제공하는 거대한 클라우드 시스템을 가동하려면 데이터센터가 필요하다. AI의 붐과 함께 이들 인프라의 필요성이 커지면서 데이터센터 사업에 청신호가 켜졌다.

AI를 위한 데이터센터는 기존보다 훨씬 더 강력한 컴퓨팅 파워, 즉 더 많은 전기 에너지와 냉각 기술이 필요하다. 한 예로 10년 전과 현재의 노트북을 비교해 보면 CPU와 GPU가 빨라졌고, 메모리와 하드디스크의 성능이 우수해졌다. 또 노트북에서 발생하는 열을 식히고, 더 적은 전기 에너지로 가동하기 위한 기술 솔루션이 발전하면서 성능이 10배나 좋아졌다. 이처럼 AI로 인해 데이터센터에 요구하는 기대가 커지면서 기존의 데이터센터와 다른 여러 기술 솔루션이 여전히 필요하다. 이에 AI 데이터센터 수요가 급증하고 있으며, 관련된 사업 투자가 커지고 있다.

엔비디아의 CEO 젠슨 황은 세계적으로 현재 1조 달러 규모의 AI 데이터센터 시장이 5년 뒤엔 2배로 늘 것으로 전망했다. 또한 미국 시장조사업체 어스튜트 애널리티카는 2032년까지 글로벌 데이터센터 시장은 7923억 달러(약 1000조 원)에 육박할 것으로 예상했다. 덕분에 데이터센터의 최대 수요자인 클라우드 3사는 전 세계적인 AI 수요를 겨냥해 데이터센터 구축에 천문학적인 투자를 공격적으로 하고 있다. 마이크로소프트는 스타게이트 Stargate 프로젝트의 일환으로 AI 데이터센터를 전 세계 주요 거점에 구축 중이다. 6년에 걸쳐 1000억 달러를 투자할 계획으로 알려졌는데, 기존 데이터센터 대비 100배 이상의 규모다. 아마존 역시 15년간 1500억 달러를 투자해 데이터센터를 구축할 예정이며, 구글도 자회사 딥마인드가 있는 영국 런던에 10억 달러를 투자할 계획이다.

AI 데이터센터는 기존과 무엇이 다를까? 이전의 데이터센터는 적정 부지를 선택하는 것이 우선이었다. 주로 클라우드 기업이 부동산 부지를 임대하고 수요 기업이 서버와 네트워크 장비를 설치해 운영하는 콜로케이션 방식이 일반적이다. 하지만 AI 데이터센터는 AI 구동을 위한 고성능의 컴퓨팅과 고밀도의 전략, 표준 냉각 시스템 등이 필요하기에 단순하게 상면만 제공하는 것이 아니라, 이들 기술 솔루션을 통합 제공해 더 큰 부가가치를 창출한다. 즉 AI 운용 기업과 클라우드 기업이 필요로 하는 강력한 컴퓨팅 파워와 친환경 에너지 공급, 효율적인 냉각 기술을 패키지로 구성하는 것이 특징이다.

기존 데이터센터가 단순 부동산 임대업이라면 AI 데이터센터는 공유 오피스처럼 입주 기업에서 필요한 다양한 오피스 서비스를 종합적으로 제공하는 공간 솔루션으로 비유할 수 있다. 공간을 채우는 서버에 안정적이며 착한 전력 공급과 열을 효율적으로 식혀줄 냉각 솔루션과 데이터 보안 솔루션의 역할도 중요하다. 그렇게 AI 구동을 위해 필요한 다양한 솔루션이 붙으면서 새로운 부가가치를 창출할 수 있다.

데이터센터는 토지와 전기라는 국가 인프라를 기반으로 운영하기에 국가별로 AI 데이터센터 구축과 투자를 위한 정부와 빅테크 기업, 관련 전통기업(통신, 에너지 기업 등)의 셈법이 복잡해지고 있다. 심지어 쌓이는 데이터는 그 나라 국민과 기업의 정보여서 데이터 주권과 국가 보안 측면에서도 중요하다. 전력수요 증가율은 기존 데이터센터 대비 3배 이상이기 때문에 앞으로 AI 산업이 더 확대되면 급격한 전력수요 상승이 발생하고, 이는 국가의 에너지 정책과 운영 계획에도 큰 영향을 미칠 수 있다.

그런 만큼 AI 시대를 맞이해 데이터센터에 대한 국가적 차원의 재정 지원 및 규제 완화를 통해 자국 기업들의 투자 부담을 줄이고 산학협력과 중소기업, 스타트업이 참여하는 산업 생태계와 클러스터를 조성해야 한다. 특히 AI와 클라우드 산업에서 글로벌 빅테크 기업의 파워가 큰 만큼 자국 기업의 글로벌 경쟁력 강화를 위해 국가 차원의 육성 정책과 인력 양성을 도와야 한다.

2025 IT 인사이트

AI로 돈 버는 곳은 인프라 기업뿐

생성형 AI는 사용자에게 돈을 받는 유료 서비스와 기업에 솔루션으로 제공하며 수익화를 꾀하고 있다. 하지만 AI 개발에 들어가는 투자와 운영 비용이 크기 때문에 손익을 따져보면 아직 수익을 증명한 곳은 없다.

AI의 급부상으로 돈을 번 기업은 엔비디아를 포함해 서버를 구축하고 클라우드를 통해 AI를 제공하는 빅테크 기업과 AI 인프라, 즉 AI 데이터 센터를 운영하는 기업뿐이다.

2025년에는 천문학적으로 투자한 비용 이상의 가치가 있다는 것을 증명해야 한다. 2022년부터 3년간 투자한 인프라 비용이 사회와 사업에 새로운 가치를 만들 수 있어야 AI는 지속 가능할 것이다. 그런 만큼 AI는 우리가 사용하는 인터넷 서비스에 잘 스며들어야 하고, AI로 인해 더 나은 사용자 가치를 만들어 인류의 시간을 단축하고, 불필요한 비용을 절약하고, 새로운 수익모델을 창출해야 한다. 그렇지 않으면 천문학적인 비용을 투자한 인프라는 무용지물이 되고 서비스를 지속할 수 없을 것이다.

AI 기반의 생태계와 기술의 다변화

생태계는 여러 생물이 상호작용을 하면서 구성된 거대한 시스템이다. 디지털 생태계도 그렇게 여러 이해관계자와 서비스, 데이터, 디바이스 등이 한데 어우러지는 거대한 시스템을 뜻한다. 그렇다면 페이스북, 틱톡, 우버도 생태계라 부를 수 있을까? 적어도 생태계라고 하면 이 모든 서비스를 아우를 만큼 커야 한다. 웹이나 모바일 정도를 생태계라고 부른다. 그렇다면 AI는 무엇일까? 알파고나 자율주행, 생체인식의 AI는 단일 서비스나 기능, 기술에 불과했다. 하지만 생성형 AI는 웹, 모바일 같은 디지털 생태계라 부를 수 있을 만큼 아우르는 서비스와 디바이스, 데이터 등의 규모가 방대하다. 그래서 초거대 AI는 새로운 디지털 플랫폼이자 새로운 경제계를 만들어 낼 수 있을 것으로 기대된다.

'AI 플랫폼'
웹, 모바일에 이어 세상을 뒤흔들다

　IT 플랫폼은 기존 산업의 밸류체인을 뒤흔들어 새로운 경제계를 만든다. 그 과정에서 산업은 크게 혁신하고 기업의 경쟁 구도가 달라지며 새로운 비즈니스 기회가 창출된다. 웹의 등장은 컴퓨터와 통신 그리고 소프트웨어 산업을 육성한 것뿐 아니라 기존의 미디어, 콘텐츠, 마케팅, 이커머스 등의 산업에 지형 변화를 가져다줬다. 또 신문, 방송, 음악, 만화, 비디오, 광고 등의 산업 분야를 크게 변화시켰다. 온라인 뉴스, 동영상 스트리밍, 음원, 웹툰, OTT 등의 서비스와 온라인 배너, 검색 광고, 인터넷 쇼핑몰의 등장으로 관련 산업은 큰 지각변동이 있었다. 모바일 역시 스마트폰과 4G LTE 통신 등의 사업 기회만 만든 것이 아니라 SMS와 국제전화, 교통, 배달, 금융 등 여러 산업의 지형을 크게 바꾸었다.

　AI 역시 웹, 모바일처럼 새로운 산업을 만들고 기존 산업에 변화를 줄 것으로 전망한다. 생성형 AI 덕분에 기존보다 더 크고 강력한 AI 데이터센터가 필요해졌고, 공급해야 할 전기 에너지와 냉각 솔루션 등이 새로운 사업 기회로 부상하고 있다. 또한 AI가 필요한 기업을 위해 LLM과 AI 솔루션을 개발, 제공하는 사업 기회도 생겼고, AI를 구축, 운영하는 데 필요한 GPU와 메모리로 서버를 구축하는 사업도 성행 중이다.

생성형 AI는 검색, 다양한 종류의 콘텐츠와 예술 작품, 영상 등을 창작하는 산업과 문서 작성, 회의 등의 효율성을 높이는 솔루션 등에 적용되면 새로운 사업 기회를 만들기도 한다. 더 나아가 AI를 컴퓨터나 스마트폰, 각종 가전기기에 OS처럼 탑재해 성능과 기능을 더욱 강화할 수도 있다. 또 산업용 로봇이나 휴머노이드 로봇, 소셜봇에 탑재될 수 있고 새로운 AI 전용 하드웨어나 MR 기기와도 통합될 수 있다. 드론과 자동차 등에 이용될 수도 있어서 결국 AI가 여러 산업을 혁신하는 원동력이 될 것이다.

컴퓨터-초고속 인터넷-윈도우-홈페이지로 구성된 1세대 IT 웹 플랫폼, 스마트폰-4G LTE-안드로이드-앱스토어로 이어진 모바일 플랫폼처럼 AI도 3세대 IT 플랫폼으로 자리매김하고 우리가 사용하거나 미래에 사용할 모든 디바이스로 범위가 확대될 것이다. 통신 네트워크 역시 와이파이, 5G, 6G 등으로 고도화되며 더욱 촘촘하게 다양한 기기를 연결할 것이다. 그리고 소프트웨어 즉 운영체제 역할은 AI가 담당할 것으로 보인다. 마치 윈도우와 안드로이드처럼 AI는 모든 기기를 제어, 관리하고 새로운 서비스를 구현하기 위한 OS 같은 역할을 도맡을 것이다. 그리고 웹페이지, 모바일 앱과는 다른 대화 방식의 UI로 구현된 챗봇이 다양한 용도의 서비스로 자리 잡을 것이다.

결국 모든 챗봇이 다양한 기기와 기존의 소프트웨어 그리고 각종 서비스에 탑재될 것이며, 경량화된 LLM과 LMM으로 작동하거나 클라우드 기반으로 운영될 것이다. 그런 AI에 수많은 챗봇(AI 에이전트)이 연결되어 서비스가 제공되려면 웹 홈페이지나 앱스토어의 앱보다 더 많은 서비스가 AI 위에서 구동될 것이고, 지능적으로 작동해 기존 서비스를 더욱 자동화하며 초개인화 시대를 열 것이다.

그 과정에서 AI 에이전트는 마스터와 서브 2가지로 작동할 것이다. 마스터는 마치 포털이나 구글 검색처럼 모든 AI 에이전트의 관문 역할을 하고, 서브는 개별적 분야에서 전문적인 용도로 사용되는 서비스다. 하나의 AI 에이전트가 모든 서비스를 아우를 수는 없다. 음식 배달, 택시 예약, 영화 예매, 회의록 정리 등 각각의 서비스를 AI 에이전트로 제공한다면 해당 분야의 서비스를 구동하기 위해 관련 데이터, 제휴 파트너사 확보, 사업 운영 노하우가 필요하다. 그 모든 것을 한 곳의 AI 회사가 제공할 수는 없다.

마스터 AI 에이전트는 다양한 전문 분야의 AI 에이전트를 연결하고 중개하는 AI 서비스다. 마스터에 여러 종류의 서브 AI 에이전트를 연결하려면 분야별 서비스가 서브 AI 에이전트로 개발돼야 하며, 쉽게 만들 수 있게 뛰어난 성능의 LLM과 AI 에이전트 개발 툴(스튜디오)을 제공해야 한다. 물론 서비스 운영을 위해서는 각종 최신 데이터를 보관해서 AI 에이전트가 서비스 품질을 높일 수 있는 RAG(검색 증강 생성) 같은 솔루션도 필요하다. 또한 AI 에이전트가 특정한 서비스를 구동하고 실행을 하기 위한 LAM, 랭체인 등의 솔루션과 개인별 맞춤 초개인화 서비스를 제공하기 위해 LTM$^{\text{long-term memory}}$(장기기억) 등도 필요하다. 이러한 솔루션이 제시돼야 다양한 AI 에이전트를 개발하고 운영할 수 있다. 또 AI 에이전트를 묶어 사용자의 프롬프트에 따라 적절한 에이전트를 추천하고 호출할 수 있는 기술도 중요하다. 이 과정이 준비돼야 마스터 AI 에이전트를 서비스할 수 있다.

 AI 에이전트는 앱스토어처럼 거대한 생태계로 구현해야 사용자 접근성이나 편의성이 높아질 수 있다. 개별 기업이 홈페이지를 만들어 선보이더라도 검색에 노출되지 않으면 아무도 찾지 못하는 일이 생길 것이다. AI 에이전트 역시 마스터 AI 에이전트로 연결되고, 쉽게 개발하고 운영할 수 있는 생태계가 제공되지 않으면 AI 기반의 플랫폼이 성숙할 수 없다.

AI 플랫폼을 지배할 기업

AI 플랫폼은 타의 추종을 불허하는 성능의 LLM과 다양한 AI 에이전트를 개발하고 운영할 수 있는 시스템 그리고 AI를 쉽게 이용할 수 있는 여러 기기가 있어야 완성된다. 이 3가지를 모두 잘할 수 있는 기업이 있을까? 우선 해자를 구축한 LLM 기술을 보유한 곳은 오픈AI와 구글, 메타다. 다양한 AI 에이전트를 개발하는 시스템을 갖추고 실제 다양한 AI 에이전트로 생태계를 구축한 기업은 오픈AI가 유일하다. 캐릭터.AI도 여러 AI 에이전트를 만들 수 있는 스튜디오는 있지만 LLM의 성능이나 유연성이 부족하다. 마지막으로 AI를 탑재할 수 있는 다양한 기기를 직접 만들거나 제조사와 제휴할 수 있는 파트너십을 보유한 곳은 마이크로소프트(서피스 컴퓨터)와 구글(안드로이드 기반의 스마트폰과 태블릿 외 다양한 IoT), 오픈AI(웨어러블 디바이스 등에 투자), 메타(오큘러스) 정도다. 정리하면 LLM, AI 에이전트 생태계, AI 기기 3가지를 모두 가지고 있는 곳은 오픈AI뿐이다. 그런 면에서 AI 플랫폼 지배를 향한 오픈AI의 앞으로의 행보와 저력이 기대된다.

 '메타버스와 NFT'
AI와의 시너지는 언제쯤일까

웹과 모바일은 IT 플랫폼과 인터넷 생태계를 지칭하는 단어다.

반면 AI는 사실 기술을 뜻하지, 플랫폼을 말하는 것은 아니다. 그런 면에서 웹과 모바일 다음의 차세대 IT 플랫폼으로 AI라는 용어보다는 메타버스가 더 적절하다. 메타버스는 3차원의 입체적으로 구현된 가상계이자 현실과 디지털이 융합된 혼합계를 뜻하는 용어다. 메타버스를 구성하는 요소의 하나가 AI다. 그러므로 엄밀히 정의하자면 AI 플랫폼이라는 표현보다는 메타버스 플랫폼이 더 적합하다. 메타버스는 MR 하드웨어와 6G 네트워크, AI라는 핵심 기술 위에 AI 에이전트 서비스 UI로 구성된다.

메타버스는 MR의 보급이 본격화되지 않아 아직 오지 않은 미래지만, AI는 이미 온 현실이고, AI 에이전트는 다가오는 내일이다. 2025년에 여러 종류의 AI 디바이스와 MR을 대중에게 선보이겠지만, 본격적인 메타버스 세상은 2026년 이후에나 올 것이다. 메타버스가 본격화되는 시기는 하드웨어가 연간 1억 대 이상은 팔리기 시작할 즈음일 테고, 그러면 적어도 2027년은 지나야 할 것으로 예측한다. 특히 메타버스는 입체적 공간 속에서 인터넷 서비스를 사용하는 것이라 조작 방법이 어렵다. 그런 만큼 AI 에이전트처럼 대화를 통해 필요한 것을 요청만 하면 즉각 서비스가 구동되고 자동으로 운영되는 UI가 필수다. 즉 메타버스와 AI 에이전트는 궁합이 맞다. 수많은 AI 에이전트가 메타버스에서 운영되어 필요한 것을 요청하면 바로 이루어지는 서비스의 모습이

메타버스의 미래상이다.

    NFT는 메타버스에서 경제활동을 하며 디지털 작품, 콘텐츠의 소유권과 사용권, 저작권을 검증하고 디지털 자산을 거래하는 용도로 사용될 것이다. 물론 비트코인과 이더리움 같은 암호화폐 역시 메타버스에서 전 세계의 화폐 구분 없이 수많은 서비스와 가치 거래에 실질적으로 사용되는 가상화폐로서 활용도가 높아질 것이다. 메타버스 플랫폼에서는 현실 속 경제계처럼 실시간으로 소통과 서비스가 운영되고 실물 경제와도 연계성이 높을 뿐 아니라, 온전히 메타버스 가상계에서만 사용하는 디지털 자산도 있을 것이기에 전용 화폐가 필요하다. 그런 용도의 화폐로서 탈중앙화의 암호화폐가 적합하다.

    그래서 2022년 급격하게 냉각해 버린 메타버스와 블록체인 기술은 2023년부터 급부상한 생성형 AI와 만나 2025년 다양한 실험이 펼쳐질 것으로 전망한다. 메타버스에서는 기업 브랜드나 디지털 상점을 안내하고 상담하는 AI 에이전트가 도입되고, 사람이 메타버스에 연결하지 않았을 때는 나를 대신하는 AI 아바타가 대신 사람들과 만나 대화를 하며 그 내용을 요약해 주인에게 전달하는 시도가 서비스로 구현될 것으로 기대된다. 생성형 AI를 통해 만든 각종 창작물은 NFT 등을 통해 저작권이나 AI로 작업한 생성물이라는 것을 증명하고, 이후에 거래하는 디지털 화폐로 사용될 수 있을 것이다. 단 AI의 실제 사용량이나 보급만큼 메타버스와 블록체인의 저변이 확대되지는 못할 것이다. 디바이스 보급이 선행돼야 이 3가지 키워드가 서로 만나 시너지가 본격화될 것이기에 2025년은 여러 프로토타이핑과 연구, 실험이 파편화돼 전개될 것이다.

'양자 컴퓨터'
더욱 고도화될 AI

1980년대부터 양자 컴퓨팅에 관한 연구가 시작된 이후 1994년 미국 국립표준기술연구소에서 양자 컴퓨팅 콘퍼런스가 개최되며 학계의 주목을 받기 시작했다. 이후 2011년 양자 컴퓨터 벤처기업 디웨이브 시스템즈D-Wave Systems가 최초의 상용 양자 컴퓨터를 출시하고, 2019년 구글이 양자 우월성을 주장하면서 산업계에서도 관심을 갖기 시작했다. 물론 아직 보급된 상황은 아니지만 향후 슈퍼컴퓨터를 부분 대체하고 클라우드 서버를 보다 고성능화하는 데 기여할 수 있을 것이다. 또한 AI의 품질과 성능을 높이는 데 직접적 역할을 해낼 수 있을 것으로 기대된다.

사실 양자 컴퓨팅 개념은 1980년대 초반에 물리학자 리처드 파인만Richard Feynman과 데이비드 도이치David Deutsch가 처음으로 제안했다. 파인만은 양자역학 원리를 이용해 컴퓨터를 만들면 더 강력한 계산 능력을 가질 수 있다고 주장했다. 도이치는 양자 컴퓨터의 기본 개념을 수립하고 실제로 기존 컴퓨터보다 더 뛰어난 성능임을 증명했다. 한마디로 양자 컴퓨팅은 양자역학의 원리를 활용해 정보를 처리하는 기술로, 기존 컴퓨터보다 훨씬 빠른 속도로 복잡한 계산을 수행할 수 있다. 양자 컴퓨팅의 발전은 다음과 같은 단계로 이루어진다.

- **이론적 연구** : 1980년대부터 양자 컴퓨팅의 이론과 기본 원리, 알고리즘의 연구가 시작됐다.
- **실험적 연구** : 1990년대부터 양자 컴퓨팅의 실험적 연구를 시작해 양자 컴퓨팅의 원리를 활용해 간단한 계산을 수행하는 실험적인 양자 컴퓨터가 개발됐다.
- **상용화 연구** : 2000년대부터 양자 컴퓨팅의 상용화 연구가 본격화됐다. 다양한 기업이 양자 컴퓨팅의 연구와 개발을 시작했다.

최근 들어 양자 컴퓨팅은 다양한 성과를 거두고 있다.

IBM의 양자 컴퓨터 콘도르 (출처 : IBM)

- **양자 우위** : 구글은 2019년에 양자 컴퓨터를 사용해 양자 우위를 달성했다고 발표했다. 양자 우위는 양자 컴퓨터가 클래식 컴퓨터보다 훨씬 빠른 속도로 복잡한 계산을 수행할 수 있는 상태를 의미한다.
- **양자 알고리즘** : 다양한 양자 알고리즘이 연구되고 있으며, 양자 컴퓨팅의 원리를 활용해 정보를 처리하는 방법이다.
- **양자 애플리케이션** : 양자 컴퓨팅을 활용한 다양한 애플리케이션도 연구 중이다. 약물 개발, 최적화 문제, 기계 학습 등 다양한 분야에서 활용될 수 있다.

구글의 양자 컴퓨터 시커모어 (출처 : 구글)

양자 컴퓨팅 분야에서 활동하는 기업으로는 IBM과 구글, 마이크로소프트가 대표적이다. 이들은 원리를 활용해 다양한 양자 컴퓨팅 연구와 개발을 주도하고 있다. 이 같은 양자 컴퓨팅은 앞으로 다양한 분야에서 활용할 것으로 예상한다. 무엇보다 기존의 클래식 컴퓨터보다 훨씬 빠른 속도로 복잡한 계산을 수행할 수 있어 기존 슈퍼컴퓨터와 인공지능, LLM을 적용하는 모든 개발 영역에서 뛰어난 속도로 시간을 단축할 수 있을 것이다.

지난 2023년 8월 뜨거운 과학 기술 주제였던 초전도체 개발은 양자 컴퓨팅 개발에 획기적인 도움을 줄 수 있어 큰 반향을 불러일으켰다. 초전도체는 저항이 없는 물질적 특성을 활용해 양자 비트의 에러율을 줄이고, 양자 상태를 더 오래 유지할 수 있게 돕는다. 그로 인해 에너지 손실이 적어져 양자 컴퓨터의 가장 큰 한계인 전력 소모를 줄일 수 있다. 또한 초전도체를 활용한 양자 컴퓨팅은 더 빠르고 정확한 연산이 가능하고 알고리즘의 효율성도 높인다. 덕분에 현재 양자 컴퓨팅 기술이 갖는 상용화하기까지의 시간을(대략 5~10년으로 예상) 단축하는 데 직접적인 도움을 줄 수 있다. 하지만 초전도체 개발이 사실이 아닌 것으로 판명되자 양자 컴퓨팅 상용화에 대한 기대도 거품이 됐다.

그럼에도 많은 기업은 차세대 기술 혁신 과제로 양자 컴퓨팅을 연구 개발 중이다. 양자 알고리즘과 하드웨어의 안정성을 중심으로 기술 연구가 본격화되고 있다. 물론 아직 초기 단계라 양자 컴퓨터를 구축, 운영하는 비용이 많이 든다. 극저온 환경에서 작동해야 하니 냉각 시스템과 제반 인프라가 필요해 상당한 투자가 필요하다.

특히 국가 차원에서 안보와 차세대 국가 경쟁력을 위해 미국과 중국, 인도 등을 중심으로 기술 혁신이 본격화되고 있다. 앞으로 양자 컴퓨터의 상용화가 이루어지면 보안 솔루션과 데이터 최적화 분야, 초거대 AI 개발에서 획기적인 비즈니스 기회가 생길 것으로 예상된다. 또한 비즈니스 도메인으로는 신약 개발이나 의료, 제약 같은 생물학적 시뮬레이션과 금융에서의 위험 분석과 포트폴리오 최적화 등에 사업 기회가 많아질 것이다.

이런 이유로 양자 컴퓨터 개발 관련한 여러 시도와 연구가 꾸준하게 이루어지고 있다. 중국 《과기일보》에 따르면 양자 컴퓨터 대표 업체인 번위안량즈 Origin Quantum 는 양자칩과 양자 컴퓨팅

한국의 20큐비트 양자 컴퓨터 (출처 : KRISS)

을 발표했고 이 컴퓨터에서 동작하는 전용 운영체제 번위안스난 Origin Pilot을 공개하기도 했다. 이 운영체제는 양자 컴퓨팅 작업의 병렬 실행, 큐비트 자동보정과 양자 컴퓨팅 리소스 통합관리 등의 기능을 갖추고 있다. 그렇게 중국은 2001년부터 국가 차원에서 양자 컴퓨팅 연구를 시작해 2013년에 반도체 기반 양자 컴퓨터 역량을 확보했다. 덕분에 슈퍼컴퓨터에서 50년 걸리는 작업을 양자 컴퓨터가 3분 이내에 계산할 수 있다고《과기일보》가 발표하기도 했다. 한국 역시 한국표준과학연구원KRISS이 2024년 초 20큐비트 양자 컴퓨터를 시연했고, 2026년까지 490억 원을 투자해 50큐비트 양자 컴퓨터를 개발할 계획이다. 현재 양자 컴퓨터 개발 관련한 상용화 단계의 유의미한 사례와 비즈니스 적용 사례와 기회가 더욱 늘어날 것이다.

양자 컴퓨터가 상용화되면 다양한 산업에서 우리 사회의 비즈니스 문제를 효과적으로 해결할 것으로 기대된다. 금융에서는 포트폴리오 최적화, 리스크 분석, 사기 탐지 같은 복잡한 계산 문제를 효율적으로 해결할 수 있다. 이는 기존 슈퍼컴퓨터로는 처리하기 어려운 대규모 데이터셋과 고도화된 모델을 다루는 데 강점을 지닌다. 또한 제약 및 화학산업에서는 신약 개발, 분자 모델링, 화합물 반응 시뮬레이션 등이 양자 컴퓨터를 통해 획기적인 개선이 가능해진다. 예를 들어 새로운 약물을 개발하는 과정에서 분자의 특성과 반응을 정확히 예측할 수 있어 개발 시간을 단축하고 비용을 절감할 수 있다.

물질과학과 소재 개발에도 이용된다. 새로운 소재의 발견과 특성 연구에 도움을 주어 에너지 효율적인 소재, 초전도체, 강력한 합금 등의 개발이 가속화될 수 있다. 물류 및 공급망 관리 영역에서도 양자 컴퓨터의 빠른 계산 능력은 최적의 경로 탐색, 자원 배분, 재고 관리를 효율화할 수 있다. 또한 기후 변화 예측과 환경 보호를 고려한 복잡한 모델을 더욱 정밀하게 계산할 수 있어, 기후 정책 결정과 환경 보호 전략 수립에 큰 도움이 될 것이다.

사실 위와 같은 사례는 슈퍼컴퓨터가 기존에 하던 역할이다. 슈퍼컴퓨터는 다수의 프로세서를 활용해 병렬 처리 수행 기반으로 엄청난 연산 성능을 갖추고 있어 다양한 과학, 산업 문제 해결에 이용되고 있다. 하지만 워낙 많은 프로세서를 구동해야 해서 에너지 소비와 공간이 많이 필요하다. 반면 양자 컴퓨터는 극저온 냉각 장치로 인해 공간과 에너지 소비가 상당하긴 하지만 계산 성능 대비 슈퍼컴퓨터와 비교해 매우 빨리 처리하므로 에너지와 공간 소비 부분에 있어 특장점이 있다.

슈퍼컴퓨터는 이미 안정된 기술로 다양한 산업에서 광범위하게 사용되고 있고, 양자 컴퓨터는 연구 실험 단계지만 특정한 영역에서 복잡한 문제를 해결하는데 뛰어난 성능을 보여 두 기술은 상호 보완적으로 활용될 수 있을 것으로 기대된다. 슈퍼컴퓨터 대비 성능이 뛰어난 양자 컴퓨터 영역은 암호해독, 신약 개발, 공급망이나 물류, 자원 배분, 기후관리와 같은 최적화 방안 도출과 복잡한 데이터 패턴을 인식해 AI 모델 학습과 관련한 부분이다.

- **암호 해독** : 현재의 공공 키 암호화 방식을 쉽게 풀 수 있고, 이를 통해 새로운 암호화 방식의 필요성이 대두될 것이다.
- **신약 개발** : 분자와 화학 반응을 정밀하게 시뮬레이션함으로써, 신약 개발 과정에서 큰 혁신을 가져올 것이다.
- **최적화 문제** : 물류, 재무 모델링, 공급망 관리 등 다양한 분야에서 최적화 문제를 효율적으로 해결할 수 있다.
- **AI와 머신 러닝** : AI와 머신 러닝 알고리즘의 학습 속도를 획기적으로 높일 가능성이 있다.

반면 양자 컴퓨터가 가장 직접적으로 효과를 볼 수 있는 영역은 클라우드 서버와 AI 관련이다. 양자 컴퓨터는 연구소와 대학, 정부 기관 등이 특정한 목적으로 사용하는 클라우드 서버에 적용해 특정한 계산을 기존보다 더 빠르게 개선할 수 있을 것이며, AI 모델의 학습과 추론 속도를 크게 개선할 수 있을 것으로 기대된다.

- **클라우드** : 양자 컴퓨팅이 클라우드 인프라에 도입되면 기존의 GPU와 CPU 기반 시스템보다 훨씬 더 빠르고 효율적으로 데이터를 처리할 수 있다. 이는 대규모 데이터 세트와 복잡한 AI 모델을 다루는 데 매우 유리하다. 양자 컴퓨팅의 병렬 처리 능력은 특히 AI 모델의 학습 시간을 단축하고, 더 높은 정확도의 모델을 개발할 수 있도록 도울 수 있다.

- **AI 모델 학습** : AI를 학습하는 영역에서도 양자 컴퓨팅의 혜택을 받을 수 있다. 양자 컴퓨팅은 엣지에서 실시간 데이터 처리를 가능하게 하며, 지연 시간을 줄이고 데이터 전송 비용을 절감할 수 있다. 즉 양자 컴퓨팅은 기존의 GPU와 메모리에 대한 의존성을 줄일 수 있는 잠재력이 있다. 양자 컴퓨터는 정보 처리를 위해 큐비트를 사용하며, 이는 기존의 비트보다 훨씬 더 많은 정보를 동시에 처리할 수 있다. 이를 통해 초고속의 데이터 처리와 효율적인 메모리를 사용할 수 있어 현재 LLM 학습과 운영에 들어가는 비용을 효율화할 것으로 기대한다.

양자 컴퓨터 내용을 기초로 달리에서 생성한 이미지 (출처 : 챗GPT 달리)

양자 컴퓨터가 보급된다 하더라도 일반 개인이나 기업이 활용하는 것은 일부이며, 특정 연구와 산업 영역에서 제한적으로만 활용할 것이다. 구축과 개발 비용이 슈퍼컴퓨터보다 더 비싸고 기존 컴퓨터처럼 다양한 영역에서 유연하게 사용할 수 있는 기술이 아니기 때문이다. 또한 큐비트의 오류율, 양자 얽힘 유지, 디코히런스decoherence(외부 환경에 매우 민감한 큐비트가 쉽게 상태가 변하는 문제) 등 많은 기술적 과제가 남아 있다. 그러나 이러한 문제를 해결하기 위한 연구가 활발히 진행 중이며, 미래에는 더 많은 실용적인 양자 알고리즘과 응용 프로그램이 개발될 것으로 기대된다. 그로 인해 특정 계산 영역에서 더 적은 에너지로 더욱 더 빠르게 처리할 수 있어 사회적, 지구적 문제를 해결하는 데 큰 도움을 줄 것이다.

2025 IT 인사이트

양자 컴퓨터가 가져올 위협

반대로 양자 컴퓨터 기술로 인해 위협받을 수 있는 영역도 있다. 대표적으로 블록체인의 암호화 기술은 양자 컴퓨터의 빠른 성능으로 인해 해킹에 취약해질 수 있다. 블록체인 기술은 암호화 기술을 기반으로 하며 특히 공개키 암호화 기술을 사용하는데, 이 기술은 두 개의 키(공개키와 개인키)를 사용해 데이터를 암호화하고 복호화한다. 이러한 암호화 기술은 현재의 클래식 컴퓨터로는 복호화하기 어렵지만, 양자 컴퓨터의 등장으로 복호화가 용이해질 수 있다. 양자 컴퓨터는 쇼어 알고리즘 Shor's algorithm을 사용해 공개키 암호화 기술의 보안을 해제할 수 있다. 쇼어 알고리즘은 양자 컴퓨터를 사용하여 소인수분해를 빠르게 수행할 수 있으며, 이에 따라 공개키 암호화 기술의 보안이 취약해질 수 있다. 블록체인 기술은 양자 컴퓨터의 위협에 대비해 양자 안전 암호화 기술 quantum-safe cryptography을 도입하고 있기도 하다. 양자 안전 암호화 기술은 양자 컴퓨터의 공격에 대비해 보안을 강화하는 기술로 위협을 차단할 수 있다. 따라서 양자 컴퓨터 기술이 보급되더라도 블록체인 기술은 양자 안전 암호화 기술을 도입해 보안을 유지하고, 위·변조와 해킹을 차단할 수 있다. 결론적으로 현재 암호화 체계를 붕괴시킬 우려가 있다. 이를 위해 양자 암호화 기술의 필요성도 향후에 대두될 것이다. 그 외에도 강력한 연산 능력을 가진 양자 컴퓨터가 개인정보 침해나 금융 시스템 해킹 등에 악용될 경우 사회적 문제가 커질 수 있다. 또 이 기술은 아무나 개발할 수 있는 것이 아니기에 특정 국가나 기업이 독점할 경우 발생하는 디지털 격차와 경제적 불평등도 문제다. 그만큼 양자 컴퓨터가 본격 보급될 때 이 기술의 발전에 따른 새로운 법적, 규제적 프레임워크와 거버넌스가 필요할 것이다. 개인정보 보호와 데이

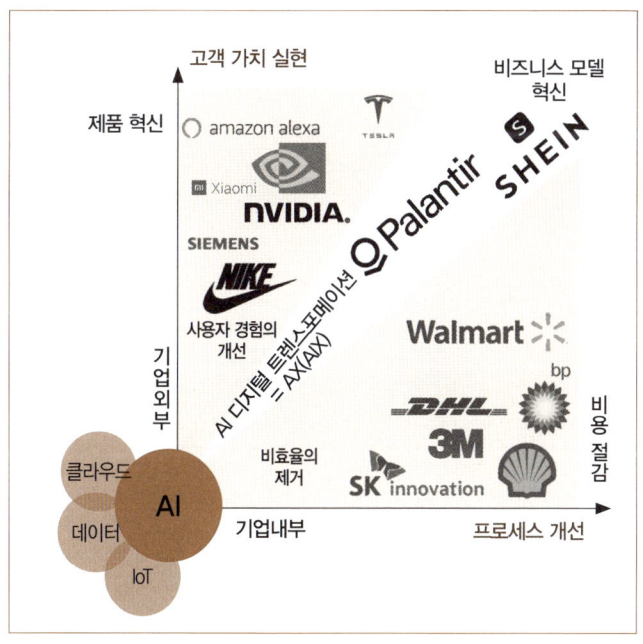

디지털 트랜스포메이션의 추진 목적과 사례

터 보안, 기술 오용 방지와 기술 불평등을 해소 방안 연구와 대응이 필요하다.

기업의 AIX를 통한 사업 혁신

초거대 AI 시대의 기업은 2가지 사업 혁신의 기회를 마주했다. 하나는 기존의 웹, 모바일보다 더 큰 디지털 사업 기회가 AI 시대에 펼쳐질 것이기에 AI 산업 그 자체에 뛰어들어 AI 비즈니스를 통해 사업 혁신을 꾀하는 것이다. AI 인프라와 LLM 그리고 수많은 AI 솔루션과 AI 기반의 신규 서비스는 각각 영역에서 모두 새로운 사업 기회다. 또 하나는 AI를 기존 사업 운영을 최적화하고 기업의 일하는 문화와 프로세스 등에 적용하는 것이다. 즉 AIX(AI 트랜스포메이션)로 AI 기술을 활용한 사업 혁신, 대전환을 말한다. 이 2가지 중 기존 디지털 트랜스포메이션의 연장선상에서 2025년의 AIX에 대해 내다본다.

◐ '기업 디지털 트랜스포메이션'
지난 5년 돌아보기

2015년 클라우스 슈밥이 세계 경제포럼에서 4차 산업혁명을 언급하며 디지털 트랜스포메이션이 기업의 중요한 혁신 도구로 인식되었고, 이후 10여 년간 여러 전통기업의 디지털 트랜스포메이션이 사업 혁신의 성과 창출 본보기로 주목받았다. 4차 산업혁명은 클라우드, 빅데이터, IoT, 모바일 그리고 인공지능 기술을 기반으로 산업 전반에 자동화, 지능화된 사업 혁신이 이루어져, 산업 간 경계가 붕괴되는 것을 말한다. 지난 10년의 산업은 디지털 기술이 모든 영역에 걸쳐 혁신을 만들어 냈고 그 과정에서 밸류체인이 와해되고 새롭게 정의되었다. 산업간 융합으로 기존에 분명했던 경계는 무너져 무한 경쟁이 시작됐고, 기업은 디지털 기술로 사업 혁신을 꾀하며 4차 산업혁명이 본격화됐다.

디지털 트랜스포메이션은 2014년부터 여러 논문과 각종 리서치 기관에서 본격적으로 중요성을 설파하기 시작했다. 2014년 11월 캡제미니와 MIT 슬로안 매니지먼트 리뷰가 공동 발간한 보고서 The Digital Advantage에 따르면 버버리, 스타벅스, 나이키 등의 디지털 트랜스포메이션을 모범 사례로 소개하며 디지털 성숙도가 높은 기업일수록 매출과 수익성이 경쟁사 대비 우위를 점한다는 것을 데이터로 입증했다. 이듬해에는 IDC를 비롯한 IT 리서치 기관이 디지털 트랜스포메이션 시장 전망치를 잇달아 발표하면서, 전 산업에 걸친 변혁의 물결에 대한 관심이 고조되기 시작했다. 이 무렵 GE, 포드, 월마트와 DBS은행 등 전통기업의 디지털 혁신이 언론에 자주 소개되면서 주목받았다.

이런 기업 대부분의 디지털 트랜스포메이션은 클라우드 기반으로 유연한 IT 인프라를 구축해 확장성을 갖고, 경영 과정에 수집된 각종 데이터를 축적하고 분석해 프로세스를 자동화하고 운영 효율화를 꾀했다. 그 과정에서 머신러닝 기술의 발전 덕분에 데이터 분석의 효율과 효과가 극대화되면서 실질적 성과 창출을 얻은 많은 기업이 디지털 트랜스포메이션을 경영 전략의 중요한 수단으로 도입하기 시작했다. 거기에 2020년 팬데믹으로 인한 비대면 경제 가속화와 비용 절감의 필요성이 증대되면서 디지털 트랜스포메이션의 속도가 가속되고 범위는 한층 확장됐다.

팬데믹 기간 동안 많은 기업이 비대면 고객 서비스를 강화하고 협업 툴을 전사적으로 도입했으며, 클라우드 전환도 가속화했다. 그러나 엔데믹으로의 전환은 팬데믹 기간 중 경험하고 투자한 디지털 전환의 효과를 유지하면서도 기존 사업과 운영 방식의 효율성을 회복해야 하는 새로운 과제를 부여했다. 생성형

AI는 자동 번역과 통역 그리고 실제 문서를 작성하고 코드를 생성하는 등의 반복적이고 시간 소모적인 업무의 자동화를 효율과 효과 모두를 챙기며 개선한다.

2022년 엔데믹과 2023년 생성형 AI의 등장은 디지털 트랜스포메이션에 새로운 전기를 마련하고 있다. 기업들은 비대면, 원격 업무 환경의 장점과 기존 업무 방식의 강점을 결합한 하이브리드 업무 프로세스를 구축하고, 디지털 기반의 업무 연속성을 확보하는 데 주력하고 있다. 여기에 생성형 AI는 단순 업무 자동화와 효율화를 넘어 제품, 서비스 혁신과 신규 비즈니스 창출에 실질적인 기여를 할 것으로 기대된다.

지난 10년 넘게 클라우드에 쌓인 방대한 데이터를 실시간으로 분석하고 인사이트를 도출해 신속하고 정확한 의사결정을 뒷받침할 수 있는 것도, 누구나 데이터 분석 전문가의 도움 없이 생성형 AI를 사용할 수 있게 된 것도 달라진 디지털 트랜스포메이션의 단면이다. 특히 생성형 AI 기술 덕분에 디지털 트랜스포메이션의 적용 영역이 회사 내의 업무 생산성 향상이나 공장의 효율성 제고를 넘어 고객 경험을 개선하는 데 적용될 수 있다는 점도 큰 변화 중 하나다. 즉 생성형 AI는 대화 기반의 챗봇을 통해 소비자와 고객에게 필요한 질문이나 상담에서 즉각적으로 개인화 서비스를 제공할 수 있다. 덕분에 회사의 내부 직원들의 업무 생산성 향상뿐만 아니라 외부 소비자 고객의 경험을 높이는 데 실질적인 도움을 줄 수 있다. 나아가 생성형 AI는 사용자 니즈를 분석해 더 나은 상품 아이디어를 도출하고, 보다 편리한 기능과 편의성을 제공하는 방안을 제시하는 데 활용되며 제품과 서비스 개발 소요 시간과 비용을 단축시킬 수 있다.

2025 IT 인사이트

디지털 트랜스포메이션에 대한 반성과 각성

국내의 많은 전통기업이 디지털 트랜스포메이션 추진을 길게는 5년, 짧게는 2년 정도 해오면서 많은 시행착오를 겪었다. 아마 대부분의 기업이 별다른 성과를 창출하지 못했고, 중단하지도, 그렇다고 더 투자하지도 못하는 애매한 상황일 것이다. 이러지도 저러지도 못하는 이유는 디지털 트랜스포메이션에 투자한 비용 대비 얻은 성과를 측정하기 어렵기 때문이다. 즉 얼마를 투자해서 얼마만큼의 비용 절감과 매출, 손익이 개선되었는지에 대한 평가를 할 수 없어 디지털 트랜스포메이션을 계속할지, 덜할지, 그만둘지 결정하기 어렵다. 또 사업 현장에서 애써 구축한 디지털 트랜스포메이션 솔루션을 제대로 이용하지 않아 효과가 있는지 없는지 판단하기 어려운 경우도 있다.

모든 디지털 트랜스포메이션 과제가 성과로 이어지지는 않는다. 회사의 모든 프로젝트가 성공하지 않는 것과 같다. 중요한 것은 디지털 트랜스포메이션 과제별로 누구를 위해, 얼마를 투자해, 어떤 성과를 내었는지에 대한 측정과 평가를 할 수 있어야 한다는 것이다. 그래야 그 디지털 트랜스포메이션을 중단할지, 더 할지, 방향을 수정할지 의사 결정을 내릴 수 있다.

◐ '기업 AIX 전략'
생성형 AI로 만들다

2023년이 IT 기업과 관련 종사자에게 챗GPT가 새로운 가능성을 열어주었다면, 2024년은 전통기업을 포함한 모든 기업과 정부는 물론 모든 개인에 AI가 가져다줄 새로운 기회를 각성하게 만들었다. 2025년은 기업의 비즈니스 문제 해결과 새로운 사업 혁신의 발판을 만들고, 개인에게는 실제 업무나 일에 도움이 되는 AI 활용법의 구체화가 본격화될 것이다. 특히 기업은 지난 5년간 추진해 온 디지털 트랜스포메이션 전략을 이제 AIX 전략으로 전환해야 한다. 앞으로의 10년을 뒤바꿀 수 있는 웹, 모바일에 이은 세 번째 디지털 생태계이자 IT 플랫폼인 AI를 기업의 사업 혁신에 어떻게 활용할 것인지 전략을 구체화해야 한다. 2025년 기업의 AIX 전략이 구체적이어야 앞으로 10년의 기업 미래 전략에 대한 방향성과 성과 창출이 극대화될 것이다.

이 같은 AIX로 최근 성과를 낸 대표적 사례가 쉬인과 팔란티어 테크놀로지스다. 쉬인과 테무 등의 기업은 특히 전 세계 이커머스 시장에 균열을 내면서 급부상한 사례로 손꼽히는데, 쉬인은 해외 소비자에게 상품을 판매하는 서비스를 제공하며 미국, 캐나다, 한국 등 주요 국가의 이커머스 시장을 파죽지세로 뒤흔들면서 주목받고 있다.

쉬인의 해외 시장 공략의 핵심 경쟁력은 지속 가능한 초저가다. 단순한 이벤트성 할인이 아닌, 일 년 내내 경쟁자가 제공할 수 없는 가격으로 시장에서 우위를 점한다. 초저가 비즈니스 모델이 가능한 이유는 박리다매 전략 덕분이다. 전 세계적인 소비자 확보 덕분에 판매자들과의 가격 협상력을 강화할 수 있으며, 판매자가 제품을 더 저렴한 가격으로 등록하도록 생성형 AI를 활용해 경쟁을 유도한다. 또한 판매자가 가격 설정, 배송, AS 등을 신경 쓰지 않도록 모든 물류 관리 서비스를 제공한다. 쉬인은 2021년 5월 아마존 앱 다운로드 수를 넘어섰고, 2022년 12월에는 자라를 제치며 가장 인기 있는 패션 브랜드에 올랐다. 독일 시장조사업체 프리오리데이터에 따르면 쉬인의 매출은 2019년 31억 달러에서 2022년에는 10배 증가한 300억 달러로 추정한다.

특히 쉬인의 성장을 가능하게 한 일등 공신은 클라우드다. 이를 통해 공급망을 관리하고, AI 기반으로 자동화하는 AI SCM으로 의류를 신속하게 생산한다. 쉬인은 전통 패션 기업에서 3개월 이상 걸리는 제품 개발을 8~12일 만에 해낸다. 게다가 공장에서 생산 즉시 웹사이트에 게시되어 7일 이내에 소비자에게 전달된다.

이는 생성형 AI 기반으로 소셜 미디어에서 인기 있는 패션 정보와 소비자 니즈를 파악해, 판매 가능성이 높은 디자인을 제시하는 기술력 덕분이다. 쉬인의 공급망에 등록된 의류 제조기업은 서로 경쟁하며 최저가로 제품을 생산하고, 쉬인은 이들 상품을 전 세계에 배송하면서 효율화 전략을 추진한다. 덕분에 쉬인의 재고는 10% 미만이며, 정교한 인공지능 기반 마케팅과 판매 테스트를 거쳐 규모화를 도모할 수 있다.

팔란티어 테크놀로지스 역시 생성형 AI 기반으로 노코드라는 새로운 상품을 만들어 기존의 솔루션과는 다른 사용자 가치를 선보이며 데이터 분석 생태계를 조성했다. 팔란티어 테크놀로지스는 빅데이터 분석 및 시각화 소프트웨어를 전 세계의 정부 기관이나 기업에 제공하고 있다. 다른 데이터 분석 솔루션과 달리 복잡한 데이터를 직관적으로 시각화해 분석해 예측 탐지와 보안

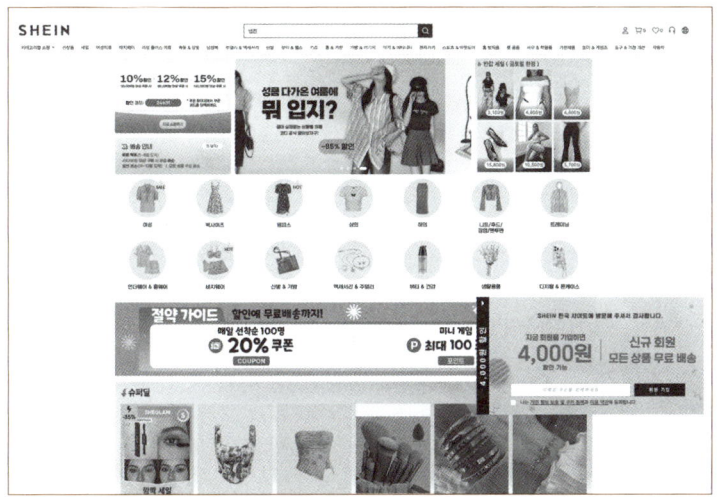

패스트 패션의 선두 주자로 부상 중인 쉬인

등에 최적화된 솔루션을 제공한다. 그런데 가격이 비싸다는 것이 최대의 단점이었다. 그 이유는 팔란티어 테크놀로지스가 고객에게 데이터 플랫폼 솔루션을 제공하려면 팔란티어 테크놀로지스의 직원FDE, forward deployed engineer이 파견을 나가서 짧으면 수주, 길게는 수개월까지 상주하며 시스템 최적화 작업을 해야 한다. 이 과정에서 시간과 비용이 든다. 그런데 2023년 4월 AIP라는 생성형 AI 기반으로 새로운 분석 플랫폼을 출시한 이후에는 이 작업 속도가 빨라져 빠르면 수 시간 내로도 이루어질 수 있게 되었다. 그러다 보니 2023년 4분기 실적은 전년 동기 대비 20%

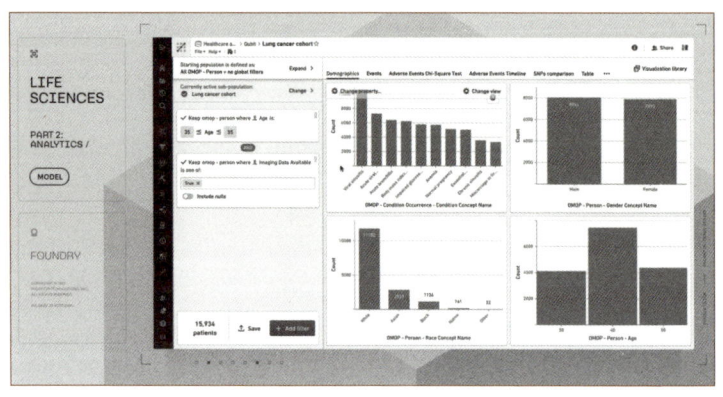

팔란티어 테크놀로지스의 AI 플랫폼 (출처 : 팔란티어 테크놀로지스)

증가한 6억 달러였고 영업이익도 전년 대비 200%나 증가했다. 덕분에 팔란티어 테크놀로지의 주가는 2023년 1월 대비 2024년 2월 4배나 뛰었다.

이렇게 생성형 AI를 사업 혁신의 마중물로 활용한 대표적인 기업 쉬인과 팔란티어 테크놀로지는 새로운 역사를 쓰며 고도성장 중이다.

> **2025 IT 인사이트**
>
> **AI로 커지는 솔루션의 기회**
>
> AIX를 추진하는 기업은 회사의 어떤 비즈니스 문제를 무슨 AI 솔루션으

로 해결할 것인지를 정의해야 한다. 그것이 AIX 전략의 출발이다. 회사의 업무 생산성을 제고하려는 것인지, 회의 운영을 효율화하려는 것인지, 데이터 분석 시간을 줄이고 더 고도화하려는 것인지, 마케팅 효과성을 높이려는 것인지, 수율을 높이려는 것인지 등 기업의 비즈니스 문제를 정의해야 한다. 이후에 어떤 AI 솔루션으로 이 문제를 해결할 것인지를 정리해야 한다. 그 과정에서 다양한 AI 솔루션이 필요하고 그런 솔루션을 제공, 개발하는 IT 솔루션 기업의 사업 기회는 커지고 있다. 가장 기초가 되는 것 중 하나가 바로 회사의 데이터를 라벨링하고 벡터 데이터베이스화해 LLM이 쉽게 탐색할 수 있도록 변환하는 데이터 솔루션이다. 대표적으로 스케일 AI^{Scale AI}라는 스타트업은 창업 5년 만에 기업가치를 10조 원으로 평가받았고, 2024년 6월에는 무려 19조 원의 기업가치를 달성했다.

 'RPA와 AI 팀원'
AI의 업무 효율화

개인 데스크톱 컴퓨터에서의 업무 자동화를 뜻하는 RDA^{robotic desktop automation}는 RPA^{robotic process automation}(로봇 프로세스 자동화) 이전에 있던 개념이다. 이는 회사 차원의 시스템 도입이 아닌 개인 컴퓨터에 단독으로 구동할 수 있는 소프트웨어다. RPA는 업무 자동화를 도와주는 방법으로 전사 차원에서 도입해야 하며, 회사의 인트라넷 및 사내 시스템과 개인 컴퓨터와의 연동을 통해 작동한다. 그래서 RDA보다 구축하기 복잡하고 회사의 의사 결정과 비용 투자, RPA화 할 업무 내용에 대한 설정과 개발 작업 등이 필요하다. 반면 RDA는 바로 개인 단위의 판단으로 시작할 수 있다.

한글이나 MS 워드, MS 엑셀 등의 소프트웨어에는 매크로 기능이 있다. 아주 기초적인 매크로는 문서 내에 특정 단어를 찾아서 다른 단어로 바꾸어 주는 기능이다. 이 기능을 이용하지 않으면 문서 내에 '김지현' 단어 20개를 찾아서 'oojoo'로 바꾸는 데 시간이 상당히 걸리지만, 매크로를 이용하면 불과 1초 만에 문제 해결이 가능하다.

예를 들어 지금 마우스 커서가 있는 위치의 문서 파일에 이미지를 삽입한 후에 그림 크기를 가로 사이즈 500으로 줄이는 작업을 실행한다고 생각해 보자. 이 작업을 한 번만 한다면 마우스를 10여 번 클릭해 가며 그림을 선택하고 사이즈를 500으로 줄이면 된다. 하지만 문서 내에 이러한 방식으로 이미지를 100개를 넣어야 한다면 100×10, 즉 마우스 클릭만 1000번을 해야 한다. 그만큼 시간이 오래 걸린다. 하지만 더 복잡한 매크로를 사용하면 보드 단축키를 100번만 눌러서 해결할 정도로 단순 반복 업무를 단숨에 줄일 수 있다. 아웃룩이나 지메일 등의 이메일 프로그램에도 메일 규칙이라는 매크로 기능이 있다. 이 규칙 기능을 이용하면 메일 제목에 특정한 단어가 들어가거나 특정인에게 발송된 메일을 받은 경우에 해당 메일을 특정한 메일함으로 옮기거나 지정한 사람에게 이메일을 자동으로 발송할 수 있다.

로보틱 프로세스 자동화RPA와 로보틱 데스크톱 자동화RDA는 기업이 업무 효율성을 높이고, 비용을 절감하며, 오류를 줄이는 데 크게 도움을 줬다. RPA는 주로 서버나 클라우드 기반에서 작동해 대규모로 업무 프로세스를 자동화하는 반면, RDA는 개별 사용자의 데스크톱에서 작동하며 작업을 자동화한다. 이렇게 RDA는 개인을 위하고, RPA는 조직을 위한 툴의 역할을 하며 업무 자동화를 돕는다. 하지만 RPA는 범용적으로 사용하기 어렵고, 개인의 학습과 노력이 필요하다. 이 지점에서 생성형 AI는 RPA를 개인별 업무 특성에 맞게 최적화해 사용할 수 있게 한다. 또한 RDA 역시 생성형 AI 덕분에 사용법이 쉬워져 별도의 학습 없이도 쉽게 사용할 수 있다.

RPA는 데이터 입력, 폼 처리, 정기적인 보고서 생성처럼 주기적, 반복적으로 하는 업무에 적용해 자동화하는 시스템인데, 이 혜택은 누구나 받을 수 없다. RPA 개발에 비용이 많이 들기 때문에 필요한 기능에 대한 요구사항을 받아 어느 정도 수요가 있어야 개발에 착수한다. RPA는 주로 정적인 규칙을 바탕으로 작동하기에, 복잡한 결정이 필요한 업무나 예외 상황에 대처하는 데는 한계가 있다. 또한 기업 환경이나 프로세스가 변경될 경우에는 RPA 시스템을 수정하거나 재구성해야 하는 문제도 있다.

이 문제를 생성형 AI로 해결할 수 있다. LLM과 생성형 AI가 적용된 RPA 시스템은 개별 사용자의 행동양식을 학습하고 이를 바탕으로 맞춤형 자동화 솔루션을 제공할 수 있다. 간단하게는 AI가 사용자의 이메일 관리 스타일을 학습해 자동으로 중요 이메일을 분류하고 우선순위를 지정할 수 있다. 또한 복잡한 데이터 분석, 예측 모델링, 자연어 처리 등 AI의 고급 기능을 통합하며 RPA는 단순한 규칙 기반 작업에서 벗어나, 더 복잡하고 다양한 업무를 자동화할 수 있다. 이는 기업이 비즈니스 인텔리전스, 시장 분석, 고객 서비스 등에서 더 높은 수준의 자동화를 실현할 수 있게 한다. 예를 들어 금융 서비스 분야에서 AI가 통합된 RPA 시스템을 이용한다면 고객의 거래 패턴을 분석하여 비정상적인 활동을 식별하고, 사기를 예방하는 데 중요한 역할을 할 수 있다.

RDA 역시 생성형 AI의 결합으로 사용만 쉬워지는 것이 아니라, 사용자마다 필요한 업무용 소프트웨어를 직접 만드는 것도 가능해질 것이다. 마이크로소프트의 셰어포인트SharePoint 서비스는 문서 작성과 기업 내 커뮤니케이션, 지식 정보 공유를 돕는 기업 전용 협업 도구다. 파워앱스Power Apps 개발 도구는 셰어포인트를 사용해 컴퓨터와 스마트폰용 앱을 개발할 수 있는 저작 툴의 일종이다. 이를 이용하면 개발자가 아닌 개인도 쉽게 원하는 소프트웨어를 만들 수 있다. 또한 파이썬Python은 최근 들어 가장 빠르게 퍼진 프로그래밍 언어로 간결한 구조와 유연성으로 인해 다양한 영역에서 사용 중이다. 심지어 개발자가 아닌 일반 사용자도 파이썬을 이용해 간단한 프로그램을 만들 수 있는 기능이 생기면서 관심이 끊이지 않고 있다.

파워앱스와 파이썬은 프로그래머만 소프트웨어를 개발할 수 있다는 고정관념을 깬 손쉬운 저작 툴이다. 일반인도 개발 툴킷으로 필요한 소프트웨어를 만들어 사용까지 하는 시대가 왔다. 물론 아직 이들 언어는 어렵기 때문에 스마트폰에서 앱을 조작하듯 사용할 수는 없다. 하지만 생성형 AI 덕분에 MS 오피스에서도 강력한 기능을 쉽게 사용할 수 있는 것처럼 개발 툴도 일반 사용자가 소프트웨어보다 쉽게 쓸 날이 올 것이다.

그렇게 되면 RPA, RDA를 위해 특정한 소프트웨어나 서비스를 구매해 사용하는 것이 아니라, 직접 만들어 쓸 수 있을 것이다. 그렇게 되면 개인화된 자동화 소프트웨어가 우리 업무의 상당

부분을 대신할 것이다.

생성형 AI 기반의 RPA는 'AI Worker' 역할을 하며 우리를 돕는 동료가 될 것이다. 인간과 협력해 업무를 수행하며 데이터 분석, 보고서 작성, 이메일 관리 등의 업무를 담당해 인간이 더 전략적이고 창의적인 작업에 집중할 수 있도록 할 것이다. 이는 업무 효율성을 높이고, 직원의 직무 만족도를 향상할 수 있다.

또한 AI 기반의 RPA는 마치 개인 비서처럼 모든 사람에게 제공되어 대량의 데이터를 신속하게 분석하고, 이를 바탕으로 의사결정을 지원할 것이다. 예를 들어 시장 동향, 고객 선호도 분석 등을 통해 마케팅 전략을 수립하는 데 기여할 수 있다. 제조업에서는 생산 공정의 최적화, 품질 관리, 공급망 관리 등에 중요한 역할을 할 수 있다. 실시간 데이터 분석을 통해 생산 공정에서의 비효율성을 식별하고, 자동으로 조정을 제안해 생산성이 올라갈 것이다.

AI와 RPA의 융합은 비즈니스 프로세스를 혁신하고, 업무 효율성을 극대화하는 새로운 가능성을 열고 있다. 이러한 기술의 결합은 단순한 작업 자동화를 넘어, 기업이 대면하는 복잡한 문제를 해결하고, 더욱 스마트하고 유연한 방식으로 작업을 수행할 수 있도록 한다. 덕분에 기업은 더 높은 수준의 업무 효율성을 달성하고, 고객 경험을 극대화하며, 지속 가능한 성장을 추구할 수 있을 것이다. 따라서 기업은 기술적 변화를 적극적으로 수용하고, AI와 RPA의 통합을 통해 미래를 선도하는 전략을 개발해야 한다. AI와 RPA가 결합한 'AI Worker'는 기업이 인적 자원을 보다 전략적으로 활용하고, 경쟁력을 강화하는 데 보탬이 될 것이다.

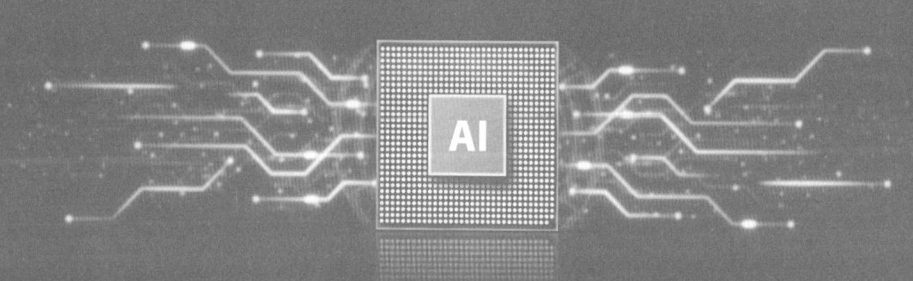

PART
4

⟵——————————⟶

AI 혁명,
정부와 개인의 대처

기술 발전은 가속도가 붙어 작년보다 올해가, 올해보다 내년이 더 빠르고 거대한 변화를 맞이할 것이다. 2023년의 1개월은 이전의 1년과 같을 정도로 AI 기술 발전이 너무나도 빨랐다. 물론 가속도가 끝도 없이 붙은 것은 아니고, 2024년 하반기부터는 속도가 주춤했다. 이제는 이 기술을 수용하는 기업의 움직임이 본격화되면서 AI를 활용해 사업 혁신과 업무 효율화를 꾀하려 노력하고 있다. 그리고 2025년은 기업을 넘어 개인의 일상과 사회에도 변화의 바람이 거세게 불 것이다.

IT TREND 2025

도구와 플랫폼을 바꾼 인터넷 서비스

　2000년대 웹에서의 이메일, 카페, 블로그, 싸이월드 미니홈피 등의 서비스와 인스턴트 메신저, 쇼핑몰, 온라인 뉴스는 우리의 일상을 뒤바꾸었다. 전 세계의 누구와도 즉시 소통이 가능하고, 지구촌 소식을 언제 어디에서나 보고 들을 수 있게 됐다. 2010년대 모바일에서 SNS, 모바일 뱅크, 배달 앱, 교통 앱 역시 우리 하루를 바꾸었다. 출퇴근을 위한 버스, 지하철, 택시 등의 교통정보를 확인하고, 집 앞으로 택시를 부르고, 동네 주변 맛집을 예약하고, 배달 음식을 주문하는 모든 행위를 손안에서 할 수 있다. 그렇게 인터넷 서비스는 우리 일상을 바꾸어 놓았고, AI 역시 인터넷 서비스와 우리 삶에 변화를 줄 것이다.

'원 프롬프트, 멀티 액션'
시간 낭비 없는 인터넷 환경

지금껏 인터넷 서비스는 화면을 보면서 클릭과 터치를 하며 정해진 순서에 맞게 보던 방식이었다. 한 번에 하나의 페이지와 메뉴를 선택할 수 있고, 클릭하면 연결된 페이지가 나타나고, 다시 또 선택해야 그다음으로 넘어가는 구성이었다. 쿠팡에 연결해서 검색어를 입력하고, 상품 목록에서 상품 정보를 자세하게 확인하고, 장바구니에 넣은 후 결제해야 구입까지 이어진다. 그 과정이 약 4~5단계로 이루어진다. 카카오T 앱을 연 후에 목적지를 입력하고 현재 위치를 선택한 후 택시 종류를 선택하고, 호출하는 여러 단계를 거쳐야 원하는 명령을 실행할 수 있다. 그렇게 기존의 웹, 모바일에서의 인터넷 서비스 사용은 여러 과정을 거쳐야 최종 결과를 얻을 수 있었다.

하지만 AI는 그 과정을 줄일 것이다. 프롬프트 창에 원하는 것을 쓰면 한 번에 여러 단계를 압축해 처리한다. AI 시대의 구글 검색으로 평가받는 퍼플렉시티 AI에서는 '애플 홈팟 스탠드 추천해 줘'라는 한 문장의 프롬프트로 다양한 종류와 가격대의 제품 정보를 볼 수 있고, 요약 결과까지 확인할 수 있다. '맥에 모니터 3대를 연결해 사용하는데, 각 모니터의 바탕화면을 첫 번째 스페

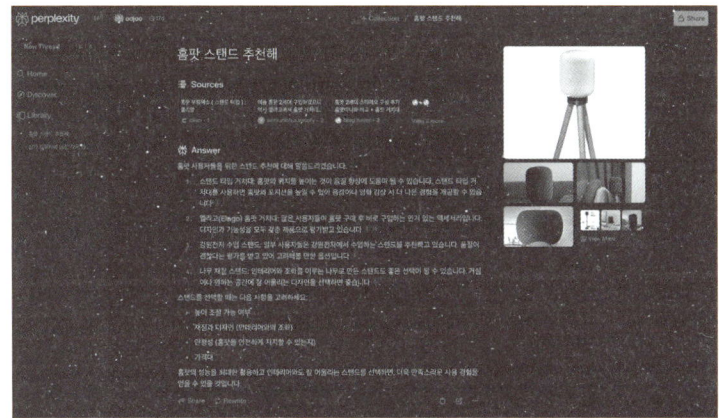

차세대 구글 검색을 지향하는 퍼플렉시티

이스로 한꺼번에 이동하려면 어떻게 해야 해?'라는 프롬프트로 해결책을 얻을 수 있다. 기존의 검색 플랫폼을 이용한다면 검색어 입력 후에 결과 페이지를 일일이 돌아다니며 답을 찾아야 했던 것과 차원이 다른 경험을 제공한다.

애플 시리를 통해 제공되는 AI^{Apple Intelligence}를 사용하면 시리를 호출해 '지난 1개월간 촬영한 사진에서 회사 동료와 같이 마신 와인만 골라서 보여줘'라는 프롬프트로 필요한 사진을 쉽게 찾을 수 있다. 또한 '지난 1년간 어머니와 주고받은 메시지 중에서 김치찌개 레시피와 관련해 언급된 것이 무엇인지 정리해 줘'

라고 프롬프트 창에 쓰면 이메일, 카카오톡 메시지, SMS에 기록된 정보를 기반으로 필요한 정보를 바로 파악할 수 있다. 더 나아가 '올해 상품 구매로 결제한 영수증 목록에서 가장 비싼 금액을 지불했던 상위 10개를 추려줘'라는 프롬프트로 이메일, SMS, 신용카드 앱에서 중복을 제외하고 가장 많은 결제액으로 처리된 영수증의 결제일과 금액, 결제처를 확인할 수 있다.

앞으로의 인터넷 서비스는 하나의 프롬프트로 여러 단계의 과정을 거쳐야 했던 사항을 한 번에 결과물로 볼 수 있을 것이다. 여러 단계를 한 번으로 해결하는 초자동화로 일상에서 불필요한 시간 낭비를 줄인다.

'검색창에서 대화창으로'
검색과 결과의 영역을 넓히다

대부분의 인터넷 서비스는 검색어 입력창이 있으며, 이를 통해 필요한 정보에 접근할 수 있다. 배달의민족, 카카오톡, 페이스북 등의 서비스에도, MS 워드와 파워포인트 등에도 검색창이 있다. 지난 20년간 우리가 사용하는 대부분의 소프트웨어와 앱, 인터넷 서비스에는 검색창이 늘 붙어 다녔다. 검색은 인터넷 서비스의 기본이었고, 그로 인해 새로운 검색 마케팅과 광고 시장에 이르기까지 거대한 산업이 형성되기도 했다. 세계적인 인터넷 빅테크 기업인 구글과 네이버 역시 검색으로 성장한 회사다.

그런데 검색의 치명적인 단점은 궁금한 것을 찾기 위해 어떤 단어를 입력해야 할지 늘 고민해야 한다는 것이다. 적절한 검색어를 입력해야 원하는 목적에 맞는 결과물을 얻을 수 있다. '아

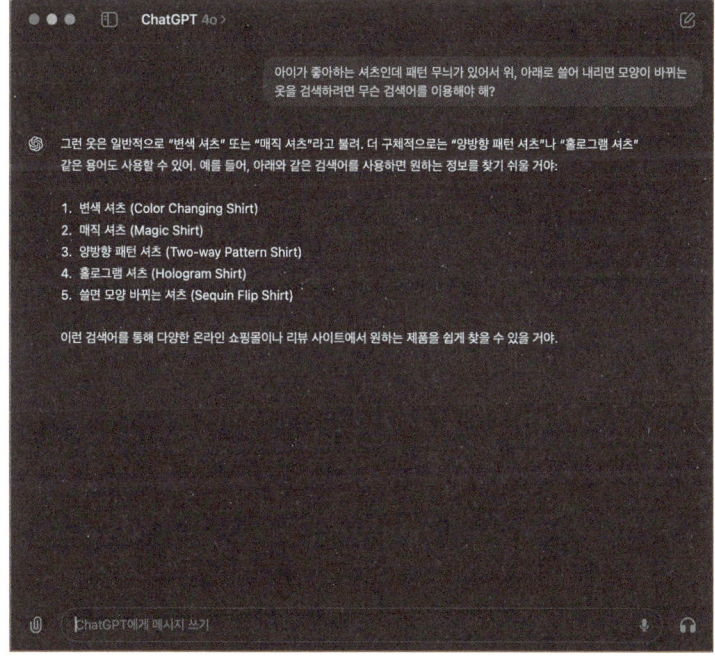

자연어 문장으로 물어봐도 찰떡같이 알아듣고 답변하는 챗GPT

이가 좋아하는 셔츠인데, 무늬가 있어서 위아래로 쓸어내리면 모양이 바뀌는 옷'처럼 검색 범위가 넓을수록 사용자의 고민은 깊어진다. 챗GPT로 촉발된 생성형 AI 서비스가 갖는 가장 큰 특징은 궁금한 것, 알고 싶은 것을 그대로 대화창, 프롬프트 창에 쓰면 된다. 전문가나 선생님에게 물어보듯이 질문을 던지거나 요구하면 된다. 궁금한 것을 생각나는 대로 입력하고 엔터를 누르거나 말로 물어봐도 된다. 앞으로는 우리가 사용해 온 검색어 입력창이 대화창으로 바뀔 것이다.

그런데 대화창은 검색창과 2가지 큰 차이가 있다. 첫째는 대화창은 창이 아닌 마이크의 형태로 어디에든 들어갈 수 있다는 점이다. 검색창은 키보드로 타이핑할 수 있는 곳에만 설치되지만, 대화창은 글이 아닌 말로 작동하는 시스템이기에 어떠한 사전 조건 없이도 사람의 자연어를 인식하는 기기에 삽입할 수 있다. 검색어 입력창은 검색 용도로만 제한적으로 사용하지만, 대화창은 검색을 넘어 뭐든 필요한 것을 처리할 수 있어 어떤 상황에서든 작동할 수 있다. 즉 로봇청소기와 에어컨, MR과 이어폰 등 어디에나 대화창이 들어갈 수 있다. 그런 만큼 검색창보다 대화창이 앞으로 적용되어 변화시킬 수 있는 영역이 크다는 것이다.

둘째, 대화창이 제대로 작동되려면 각각 서비스에서 제대로 된 결과물과 작업을 수행할 수 있는 기술 솔루션이 필요하다. 기존 검색 서비스는 운영을 위해 검색엔진과 검색 대상이 되는 정보를 데이터베이스로 구축하고, 결과물을 개별 페이지로 구성해 제공했다. 이와 비슷하게 대화창을 통해 입력된 프롬프트의 맥락과 니즈를 이해하고, 그에 맞는 서비스를 사용자에게 전달하기 위한 기술이 필요하다. 사용자의 프롬프트를 제대로 인식하고 해석하는 LLM과 서비스사가 보유한 각종 데이터를 LLM이 접근해 탐색하기 쉽도록 도와주는 RAG와 AI가 서비스의 각종 기능에 접근해서 지능적으로 조작할 수 있는 LAM, 랭체인 등의 기술 솔루션이 필요하다.

앞으로 우리는 어떤 기기에서든 AI를 불러 필요한 것을 요청해 결과물을 얻을 수 있는 일상을 경험할 것이다. 그 시작으로 2025년에는 우리가 이용하는 기존 소프트웨어와 인터넷 서비스, 스마트폰이 타깃이 될 전망이다. 컴퓨터 소프트웨어와 스마트폰 앱에 대화창이 스며들어 점차 AI를 호출하는 일이 많아지고, 2026년에는 더 다양한 기기에 AI가 들어갈 것이다.

◐ '사람 대신 AI'
API와 자동화 서비스

IT 역사 발전 속에서 늘 언급되는 키워드는 정보화, 자동화, 지능화이며 그 과정에서 개인화도 항상 거론됐다. 정보화는 거의 100% 완성됐고 이미 우리는 전 세계의 뉴스와 콘텐츠를 어떤 기기에서든 연결할 수 있다. 물론 기업도 고객과 사업에 관련한 각종 정보를 클라우드에 보관하고 필요한 분석과 시사점을 얻을 수 있는 세상이다. 하지만 자동화는 아직 50%도 채 되지 않는다. 2015년부터 AI 어시스턴트와 스마트홈의 등장으로 우리 일상에서 자동화된 서비스를 즐길 수 있을 것으로 생각했는데 기술이 완숙되지 못했다. AI는 인간의 자연어를 제대로 인식하지 못했고, AI가 미치지 못하는 서비스 영역이 너무 많았다. 설익은 AI는 지능화는 고사하고 자동화도 제대로 구현하지 못했다.

하지만 LLM으로 촉발된 AI는 인간의 언어를 알아듣는 것을 넘어 새로운 콘텐츠를 생성하고 웬만한 전문가 수준으로 답을 할 정도로 품질이 뛰어나다. 이제 지능화된 서비스의 구현이 가능해질 정도로 수준이 올라왔다. 그런데 자동화 서비스로 구동되려면 이 AI에 연결된 서비스가 많아져야 한다. 즉 AI를 호출해서 "이번 주 내 캘린더의 저녁 식사 빈 스케줄을 확인해서, A와 B

모두 저녁 시간이 가능한 날짜를 찾아 광화문역 부근의 조용한 룸이 있는 중식당을 예약하고, 참석자에게 시간과 장소를 안내해 줘"라는 명령을 수행하려면 캘린더와 이메일, SMS, 카카오톡 등과 더 나아가 AI가 식당 검색과 예약 서비스에 모두 접근할 수 있어야 한다. 이미 AI 기술은 이 프롬프트를 이해하고, 다음 단계에 무엇을 수행해야 하는지 알고 있다. 그만큼 지능화된 구현까지도 가능한 것이 현재의 AI 기술이다.

이렇게 AI가 아는 것을 실행하려면 개별 서비스에 사람 대신 AI가 접근할 수 있도록 허용돼야 한다. 현재의 AI는 전 세계의 공개 웹페이지에서 사람 대신 검색을 대신 할 수 있고, 클라우드의 문서 파일 등에 접근해 내용을 요약하고 분석하는 작업도 가능하다. 하지만 다양한 카테고리의 서비스에 연결해 더 복잡한 태스크와 액션을 수행하는 것은 불가능하다. 우선 개별 서비스가 AI의 접근을 허용하고 있지 않기 때문이다. 또 AI가 사람 대신 접근할 수 있다고 하더라도 온전하게 의도에 맞게 작동하려면 공식적인 API가 제공돼야 한다. 이런 일련의 과정은 AI 기업이 아니라 기존 서비스 기업이 해결해야 하는 영역이다.

2025년은 개별 서비스 내에서 AI가 사람 대신 서비스 구동을 통해 지능적으로 자동화된 서비스 구현이 본격화될 것이다. 그와 함께 애플 시리, 구글의 제미나이처럼 이미 생태계를 구축한 빅테크 기업의 AI가 자동화된 서비스를 구현하는 모습을 보여줄 것이다. 그 과정에서 사람들이 서비스 자동화가 주는 강점을 누리기 시작하면 2026년에는 본격적으로 AI의 서비스 접근을 허락하면서 AI가 대신 서비스를 구동할 수 있도록 API를 적극 개방하려는 움직임이 본격화될 것이다. 그때가 되면 모든 프롬프트를 받아 개별 서비스를 돌아다니면서 서비스를 구동하는 메인 AI 에이전트를 장악하려는 거대 테크 기업 사이의 경쟁이 적극적으로 시작될 것이다. 그 자리를 차지하기 위한 경쟁에 애플, 구글, 오픈AI, 마이크로소프트, 메타가 참여할 것이고 삼성전자와 아마존, SK텔레콤 등이 뒤를 이을 것이다.

2025 IT 인사이트

15년 주기의 인터넷 서비스 지형 변화

IT 플랫폼의 진화는 1995년부터 2010년, 2010년부터 2025년, 2026년부터 15년간 등 세 시기로 구분해 해석할 수 있다(AI의 급부상 이전에는 1990년대-2000년대-2010년대의 PC통신-웹-모바일로 구분했다). 1차는 PC 기반의 웹, 2차는 스마트폰 기반의 모바일, 3차는 MR 기반의 메타버스다. 1차는 마우스를 이용한 클릭, 2차는 손가락을 이용한 터치였다면, 3차는 AI를 활용한 대화창으로 인터넷 서비스를 이용하는 방식이다. 2025년은 변화의 변곡점을 맞이하는 한 해가 될 것이다. 마치 1994년 펜티엄 기반의 국민 PC의 보급과 윈도우 95 베타 버전 출시, 넷스케이프 브라우저가 보급되던 시기와 비견할 만하다. 2009년은 아이폰 앱스토어가 본격적으로 자리 잡기 시작하면서 다양한 휴대폰 제조사가 스마트폰을 출시하고, 3G 무선 네트워크가 보편화되면서 기존보다 빠른 속도로 모바일 인터넷을 사용할 수 있었다. 2025년은 과도기의 시기다. 새로운 디바이스의 출현과 다양한 형태의 AI 서비스가 출시되고 여러 기술이 융합되면서 가치에 대한 실험이 이루어질 것이다. 그 변곡점을 지나 2026년에 본격적으로 메타버스와 AI의 시너지가 빛을 발하고 새로운 디바이스가 출현할 것으로 전망한다.

AI의 양면성, 두려움과 희망의 경계

놀라운 기술 발전은 우리에게 늘 두려움을 주었다. 처음 도로를 달리던 자동차가 등장하자 마부와 마차 제조업체 등은 시위하고 정치인에게 로비해 속도 제한이나 세금 부과 등을 요구했다. 심지어 영국에서는 적기조례(세계 최초의 도로교통법으로 마차를 보호하기 위한 법)를 제정해 마차가 붉은 깃발을 꽂고 달리면 자동차가 그 뒤를 따라가도록 했다. 19세기 초 증기기관차가 나오자 시속 50km 이상으로 달리면 사람의 장기 일부가 몸 밖으로 튀어나올 것이라고 믿었다. 1990년대 말에는 Y2K라는 컴퓨터 오류로 전 세계가 멈추고 재앙이 닥칠 것이라는 소문이 떠돌아 공포 분위기가 조성되기도 했다.

AI에 대한 막연한 공포와 오해는 우리 사회에 불필요한 스트레스를 조장하고 있다. 미용실에서 머리카락을 자르는 데 사용하는 이발기는 갈수록 새로운 기술의 제품이 출시되며 발전했다. 심지어 헤어 디자이너 없이 셀프 미용을 할 수 있는 이발기도 출시됐다. 하지만 그 누구도 이발기가 미용사를 대체할 것으로 생각하지 않는다. AI를 제대로 이해하고 적당히 통제한다면 우리가 걱정하는 디스토피아보다는 유토피아가 펼쳐질 것이다.

'AI 디스토피아'
AI의 장단점과 사회적 책임

챗GPT 출시 이후 1년 반 만에 AI는 전 세계의 사회, 산업, 기업이 이 기술을 어떻게 해석해야 할지 미처 파악하기도 전에 너무나 빠르게 발전했다. 우크라이나-러시아 전쟁에서 AI 드론이 인간의 명령 없이 독자적으로 탱크를 파괴하고, 과다한 전기 에너지 소비로 지구 온난화의 골치로 떠오르고 있다. 진짜보다 더 진짜 같은 사진과 영상, 음성으로 만들어진 딥페이크는 우리 사회와 정치를 혼란스럽게 하고, 창작 시장을 대혼란에 빠뜨리고 있기도 하다. 빅브라더 이슈도 앞으로 우리 사회가 고민해야 할 사항이다. AI로 인해 예상되는 주요 사회 이슈에 대한 성찰이 필요한 시점이다.

　인공지능에 대한 우려는 SF 영화에 나오는 디스토피아를 닮았다. AI가 인간의 통제에서 벗어나 전쟁과 사회 혼란을 일으키고, AI와의 대화에 과몰입되어 현실을 도외시하고, 초거대 AI로 흘러 들어가는 방대한 데이터로 빅브라더 이슈가 만들어지는 상황을 누구나 쉽게 상상한다. 최근 AI의 기술 수준을 볼 때 그 상상이 100년 후에나 가능할 것 같다는 막연한 예견이 아니라, 이제 수년 안에 충분히 가능할 수 있다는 것이 본질이다. 특히 우리가 더 주목해야 할 점은 이 기술에 대한 접근성이 정부나 대기업 등의 권력과 돈을 가진 소수 집단이 아닌 누구에게나 열려 있다는 점이다.

　핵무기는 인류에게 절대 악이라 만들고 소유하는 것을 국가 간의 견제를 통해 통제하고 있다. 또한 함부로 사용되지 못하도록 철저한 프로세스로 관리된다. 그런데 AI는 누가 어떻게 오용하고 남용하는지에 대한 파악이 쉽지 않다. 악인, 해커, 범죄자, 테러리스트의 손에 들린 AI가 어떻게 악용될지는 그 누구도 모른다. 그렇게 아무나 사용할 수 있는 AI는 우리 사회에 혼란을 가중할 것이다. 보다 쉽고 빠르고 강력하게 범죄를 증가시킬 수 있다는 점이 AI로 인한 부정적인 이슈다. 한마디로 AI로 생길 특정한 사회적 문제보다 잘못된 목적으로 무분별하게 사용되며 다양한 부작용이 발생하는 것을 걱정해야 한다.

프로그래머, 디자이너, 변호사, 뮤지션, 작가 등의 영역별 전문가가 오랜 시간 학습하고 준비해서 창작한 콘텐츠와 비교해 손색없을 만큼 양질의 콘텐츠를 AI가 생산할 수 있고, 그런 AI를 일반인 누구나 사용할 수 있게 되면서 창작 시장의 혼란과 지식재산권 침해로 이어질 것이다. 이는 노동력 유동화로 이어져 전문가나 창작자의 직업적 가치에 악영향을 줄 수 있다. 사람들이 자신만의 창의력을 키우고 개발하는 것을 도외시해 인류 문명이 더 이상 발전하지 않고 그 수준에 머물거나 단절될 수도 있다.

AI 디스토피아 세상을 프롬프트로 넣어 생성형 AI 달리에서 만든 이미지 (출처 : 챗GPT 달리)

또한 AI가 학습한 편향된 데이터가 가져올 확증 편향도 문제다. 우리 사회에 만연한 젠더 이슈와 인종 문제, 가짜뉴스와 정치와 역사에 대한 서로 다른 시각 등에 대한 정보가 AI 학습에 활용되며 발생하는 AI 편견도 우리 사회가 걱정해야 할 사항이다. AI의 답을 아무런 의심 없이 수용하고 의사결정에 활용하다 보면 우리 시야는 더욱 좁아지고 세상은 더 편향이 심해질 것이다. 이 과정에서 발생한 피해를 AI를 악용한 사람과 이 기술을 만든 공급자, 이런 콘텐츠가 게재된 채널을 제공한 기업, AI 중 누구에게 어디까지 어떻게 책임을 물어야 하는지도 이슈다.

인터넷 공간을 채우는 콘텐츠 비중이 AI가 생성한 것이 많아질수록 계속 진화하는 AI를 학습하는 데이터 역시 AI가 만든 것이 많아지게 된다. 한마디로 인간의 데이터로 학습하던 AI가 갈수록 AI가 만든 데이터로 학습하게 되는 것이다. AI가 생성한 데이터는 오류를 포함할 가능성과 현실 세계의 복잡성과 다양성을 반영할 수 없어, 나쁜 피드백 루프에 빠질수록 AI의 품질이 안 좋아지는 문제가 발생한다. AI가 생성한 콘텐츠로 인한 혼란도 큰 문제다. 유명인이나 정치인을 딥페이크로 생성해 가짜뉴스를 퍼뜨리고, AI가 사람인 것처럼 콘텐츠를 무분별하게 생성해 여론 조작을 통해 공공의 신뢰를 저하할 수 있다.

모든 IT 성장 과정에 해킹과 보안 등의 이슈는 한 번의 문제 발생으로 대재앙 같은 혼란을 일으킨다. AI 시스템을 대상으로 한 해킹과 프롬프트 인젝션 같은 악의적 사용은 개인정보 유출, 금융사기, 산업 스파이 활동에 이르기까지 전에는 겪은 적 없는 사회적 이슈가 발생할 수 있다. 가장 크게 우려되는 점은 과도한 에너지 소비다. AI는 막대한 컴퓨팅 자원과 전기 에너지가 필요하기에 에너지 과잉 소비와 환경 문제도 지금 당장 우리 사회가 고민해야 할 사항이다.

이 같은 AI 기술 발전에 따른 사회적 문제에 대응하려면 윤리 기준 정립, 일자리 대책 마련, 프라이버시 보호, 알고리즘 투명성 제고, 피해 보상 체계 확립, 저작권 보호, 인간 역량 계발, 친환경적 접근, 포용적 성장을 위한 국제 협력 등이 필요하고, 정부, 기업, 시민사회가 힘을 모아 종합적이고 선제적인 노력을 기울여야 한다.

2025 IT 인사이트

AI는 전기 먹는 하마인가?

AI를 가동하기 위해서는 엄청난 양의 전기 에너지가 필요하다. 2020년 대부터 전 세계적인 넷제로, RE100 열풍 속에서 마이크로소프트와 구글 등의 빅테크 기업은 탄소중립의 선도자로 탄소 배출량을 줄이는 데 앞장섰다. 그런데 2023년도 이들의 탄소 배출량을 보면 말로만 목표를 부르짖었을 뿐 실상은 낙제 수준이다. 2023년 발표 자료에 따르면 구글은 2022년보다 13.5% 증가해 오히려 역주행했고, 마이크로소프트도 2022년보다 20%, 2020년 대비 29%나 증가했다. 구글은 2020년 대비 2023년 탄소 배출량이 무려 66%나 증가했다. 원인은 AI 때문이다.

2022년부터 갑작스럽게 AI 붐이 일면서 신규 데이터센터 건설과 AI 가동을 위한 서버가 증가하며 전력 사용량이 급증했다. 앞으로가 더 문제인데, 2030년이 되기 전에 전력 소모량이 지금의 2배가 될 것이라는 전망 때문이다. AI는 지구 기후 위기를 더 망치는 주범이 될까? 빌 게이츠는 런던의 브레이크스루 에너지 서밋 행사에서 단기적으로는 AI로 에너지 소비가 증가하겠지만, 앞으로 테크 기업의 청정에너지 사용에 대한 의지로 긍정적 역할을 할 것이라고 했다. 사실 2000년대부터 클라우드가 급격히 부상하면서 막대한 클라우드 컴퓨팅 가동을 위한 데이터센터가 급증하며 전기 사용의 효율이 떨어진다는 비판을 받았다. 하지만 《경영 과학Management Science》 저널에 실린 〈그린 클라우드, 클라우드 컴퓨팅과 에너지 효율성에 대한 실증적 분석〉 논문에 따르면 2022년 이후 실제 결과는 클라우드 덕분에 전체 기업의 에너지 효율이 높아져 낭비가 아닌 절약을 했다고 한다. 이는 개별 기업이 독자적으로 서버 시스템을 구축하고 운영하는 데 들어가는 비용 대비 중앙의 클라우드를 필요할 때마다 나눠 쓰면 규모의 경제로 효율성이 생기기 때문이다. AI 역시 우리 기업과 산업, 일상, 사회의 불편함, 시간 낭비를 줄이고 효율성은 높이며 사회 전반의 에너지 사용을 최적화할 가능성이 크다. 예를 들어 AI를 활용한 스마트 그리드 시스템은 전력 공급을 더 효율적으로 관리하고, 에너지 소비를 줄이며, 재생 가능 에너지의 사용을 촉진할 수 있다. 또한 AI 기반의 최적화 알고리즘은 물류, 제조, 농업 등 다양한 산업에서 에너지 효율성을 높일 수 있다.

AI는 데이터센터의 에너지 사용을 줄이는 데도 기여할 수 있다. AI를 활용한 데이터센터 운영 최적화는 서버의 효율적인 배치와 냉각 시스템의 최적화를 통해 에너지 소비를 줄일 수 있다. 구글은 이미 AI를 사용하여 데이터센터의 냉각 비용을 40% 절감한 사례를 보였다. 이처럼 AI는 단기적으로는 에너지 소비를 증가시킬 수 있지만, 장기적으로는 더 효율적인 에너지 사용을 통해 긍정적인 영향을 미칠 수 있다. 따라서 AI의 발전과 확산이 반드시 지구 기후 위기를 악화시키는 것만은 아니다. 오히려 AI 기술을 적절히 활용한다면 에너지 효율성을 높이고, 지속 가능한 미래를 만드는 데 중요한 역할을 할 수 있다. AI의 긍정적 잠재력을 최대한 발휘하기 위해서는 지속적인 기술 발전과 함께 청정에너지 사용 확대와 에너지 절약을 위한 정책적 지원이 필요하다. 이를 통해 우리는 AI와 함께 더 나은 미래를 만들어 나갈 수 있을 것이다.

'AI 유토피아'
올바르게 사용할 때 비로소 혁신이다

AI 기술은 디스토피아적 우려와는 반대로, 올바르게 활용한다면 우리 사회에 유토피아 미래를 안길 잠재력과 AI가 긍정적인 영향을 미치는 다양한 가능성이 있다. 예를 들어 AI는 의료 분야에서 혁신을 이끌고 있다. AI 기반의 진단 시스템은 병원과 의료 기관에서 질병을 조기에 발견하고, 환자에게 맞춤형 치료를 제공하는 데 도움을 주고 있다. AI는 방사선 사진을 분석해 암을 조기에 발견하고, 복잡한 데이터를 바탕으로 환자의 치료 계획을 최적화할 수 있다. IBM의 왓슨 헬스Watson Health는 AI를 활용해 암 치료의 최신 연구 데이터를 분석하고, 의사에게 최적의 치료 방안을 제시한다.

또 교육 분야에서도 혁신을 일으키고 있다. AI를 활용한 학습 플랫폼은 학생의 학습 스타일과 수준에 맞춘 개인화된 교육을 제공할 수 있다. 이는 학생들의 학습 효율성을 높이고, 학업 성취도를 향상하는 데 기여한다. AI 기반의 튜터링 시스템은 개인의 학습 데이터를 분석해 부족한 부분을 보완하고, 맞춤형 학습 계획을 제시할 수 있다.

그리고 AI는 환경 보호와 지속 가능성 분야에서도 중요한 역할을 할 수 있다. AI를 활용한 스마트 농업 시스템은 농작물의 생장 조건을 최적화하고, 자원을 효율적으로 사용해 생산성을 높이고 AI는 기후 변화 예측 모델을 개선해 재해를 예방하고, 에너지 소비에 도움을 줄 수 있다. 예를 들어 AI는 도시의 에너지 소비 패턴을 분석해 스마트 그리드 시스템을 구축하고, 재생 가능 에너지의 사용을 촉진할 수 있다.

교통과 물류 분야에서도 혁신을 이끌고 있다. 자율주행차와 AI 기반의 교통 관리 시스템은 교통 혼잡을 줄이고, 사고를 예방하며, 효율적인 물류 운영을 가능하게 한다. 이는 도시의 교통 문제를 해결하고, 물류 비용을 절감하기도 한다. AI는 실시간 교통 데이터를 분석해 최적의 경로를 제시하고, 자율주행차의 안전한 운행을 지원한다.

더 나아가 새로운 일자리를 창출하고, 경제 성장을 촉진한다. AI 기술을 활용한 신산업 분야에서는 새로운 직업과 기회가 생겨나고 있으며, 기존 산업에서도 AI를 활용해 생산성을 높이고, 경쟁력을 강화할 수 있다. 이는 경제 전반에 긍정적인 영향을 미치며, 사회적 번영을 가져올 수 있다.

AI의 긍정적 잠재력을 최대한 발휘하기 위해서는 윤리적 AI의 구현이 중요하다. AI 시스템의 투명성과 공정성을 보장하고, 개인정보 보호와 프라이버시를 강화하는 정책이 필요하다. 또한 AI 기술의 혜택이 모든 사람에게 고르게 분배될 수 있도록 포용적 성장을 추구해야 한다. 우리는 AI 기술을 적극적으로 도입하고, 윤리적이고 책임감 있게 활용하는 방안을 모색해야 한다. AI가 가져다줄 유토피아적 미래를 위해 기업을 넘어 우리 사회와 정부가 노력해야 할 때다.

'AI의 본질'
새 시대의 새로운 법

생성형 AI라는 새로운 기술 혁신은 인간의 창조성을 디지털적으로 복제, 확장하고 있다. 인간의 전유물로 여겨졌던 예술적 창의력과 창작력이 AI에 의해 재현되고 증폭되면서, 문서, 소설, 시뿐만 아니라 음악, 영상, 웹툰, 시나리오 같은 다양한 매체로 번지고 있다. 최근 사진 공모전 입상, 음악 작곡 대회 수상 등 AI의 창작물이 잇달아 상용화에 성공하면서 대중의 마음을 사로잡았는데, 이러한 현상은 우리에게 중요한 질문을 던진다. "AI의 창작물이 예술의 본질에 미치는 영향은 무엇인가?"

AI가 생성한 예술 작품은 저작권 문제의 복잡한 매듭을 제시한다. 고전적 저작권법은 창작물의 저작자가 인간이라는 전제에 기반한다. 그런데 AI가 만든 작품은 누구의 소유인지 법적, 윤리적 기준이 모호하다. AI의 창작물이 인간 창작자의 지식재산권을 침해하지 않으면서 어떻게 존중받을 수 있을지는 앞으로 해결해야 할 과제다. 또한 AI가 생성한 콘텐츠가 누구의 어떤 저작권을 침해했는지 추적하는 일도 만만치 않다.

AI의 창작물이 인간의 예술 작품과 동등하게 평가받아야 하는지에 대한 논의도 있다. 사실 AI의 작품에 대한 인정보다 더 큰 우려는 AI가 만든 예술이 순수 예술의 가치를 퇴색시킬 수 있다는 점이다. 기술의 발전이 예술의 가치를 축소하고, 창작의 미학적 요소를 간과하게 만드는 것은 아닌지 예술이 지녀야 할 독창성과 인간적 감성의 중요성에 관한 질문을 던져야 한다. AI가 만든 콘텐츠는 인간이 만든 것과 같은 서사가 없다. 어떤 고민과 경험 속에서 작가가 그런 작품을 왜 만들었는지, 이 작품은 어떤 시대적 성찰이 담겨 있고, 어떻게 해석해야 하는가에 대한 분석을 AI의 생성물에서는 발견하기 어렵다.

특히 AI는 인간과 달리 24시간 쉬지 않고 생성해 낸다. 전기만 공급하면 동시에 수천, 수만, 수억 개의 작품을 쏟아낼 수 있다. 희소성과 소중함이 그러다 보니 창작물보다 생성 스토리와 이를 창작한 아티스트의 의도와 생각이 더욱 중요해질 수밖에 없다. 일각에서는 AI가 인간의 창의성을 압도하고, 예술가들의 생계를 위협할 수 있다고 우려한다. 반대로 AI는 창작자의 도구로서 새로운 차원의 창작물을 가능하게 하고, 인간 아티스트가 자신의 재능을 키우고 표현하는 새로운 방법을 제공한다는 긍정적인 견해도 존재한다.

앞으로 예술 시장에 대한 AI의 영향은 예측할 수 없을 정도로 크다. AI는 분명 예술의 접근성을 높이고, 새로운 형태의 예술을 창출할 잠재력을 지니고 있다. 동시에 AI가 인간 창작자와 어떻게 공존하며, 예술의 본질을 어떠한 방식으로 변화시킬지는 우리 사회가 함께 고민하고 대응해야 할 문제이다. 기업가, 예술가, 법조인, 기술 전문가들이 함께 논의해 새로운 창작 시대의 규범을 형성해야 한다.

이 변화의 흐름 속에서 기업가와 아티스트에게 중요한 것은 유연성과 적응력이 될 것이며, 인간만이 할 수 있는 창조성의 본질을 재정립해야 할 것이다. AI의 시대에도 변하지 않는 가치가 있다면 그것은 인간의 감성과 이야기에 대한 우리의 무한한 사랑일 것이다. 즉 AI는 창의력의 새로운 도구이자 파트너로 예술가에게 영감을 주고, 창작 과정을 효율화할 수 있다. AI와의 협업을 통해 예술가는 한층 더 혁신적이고 실험적인 작품을 선보일 수 있게 됐다. 단 기술로 창작된 작품이 인간의 감성과 사회적 맥락을 담아내고, 이 작품에서 창작자의 고유한 개성과 메시지가 있어야만 가치가 있을 것이다. AI가 만든 작품에 예술가만의 해석과 메시지를 더해 기계와 인간의 협업으로 더욱 깊이 있는 예술 세계가 구현될 수 있는 것이다.

그렇게 되면 AI 시대에 맞는 독창성의 기준과 저작권 개념도 재정립될 필요가 있다. AI가 학습한 방대한 작품을 토대로 새로운 작품을 만든다면, 그 작품의 권리는 데이터를 제공한 예술가, AI 개발자, AI를 활용해 작품을 만든 사용자 간의 사회적 합의가 필요하다. 결국 AI 시대의 예술은 인간과 기계의 창의적 협업, 그리고 기술과 감성의 조화를 모색하는 방향으로 나아갈 것이다. AI라는 새로운 도구를 능숙히 활용하되, 동시에 인간만이 가질 수 있는 깊이 있는 통찰과 감수성으로 예술의 본질적 가치를 지켜나가야 할 것이다.

AI 시대, 개인의 대처와 정부의 역할

AI는 이미 일상 속 깊이 스며들며 우리의 생활 방식을 급격히 변화시키고 있다. 과거 산업혁명이 기계와 인간의 협업으로 생산성을 높였다면, 오늘날의 AI 혁명은 인간의 지능을 확장하고, 더욱 복잡한 문제 해결을 가능하게 한다. AI는 우리의 일터, 가정, 교육, 산업 등 사회 전반에 걸쳐 변화를 불러오고 있다. 그 과정에서 우리는 AI에 의해 대체될 것인지, 아니면 AI를 도구로 삼아 새로운 가능성을 열 것인지 선택의 기로에 서 있다. AI와 함께 커가는 세대는 새로운 교육 방식이 필요하며, 이는 단순한 지식 전달을 넘어 창의성과 문제 해결 능력을 키우는 방향으로 나아가야 한다. 또한 글로벌 경쟁 속에서 한국 IT 산업이 경쟁력을 유지하기 위해서는 정부의 전략적 역할과 지원이 필수다.

'[AI와 일터'
인간의 일을 돕는 AI

오픈AI의 챗GPT 성능과 기능이 빠른 속도로 강화되고 다양해지고 있다. 답변의 속도와 품질이 갈수록 좋아지는 것은 물론 할 수 있는 것도 많아지고 있다. 이제 마이크로소프트의 검색엔진 빙Bing과 연동해 최신 정보를 탐색해서 답변의 품질을 높였을 뿐 아니라, 이미지를 생성하는 달리가 탑재되어 간단한 문구만으로 그림을 만들기도 한다. 게다가 이제는 소라가 제공되면서 실제 촬영한 영상보다 더 사실 같은 비디오를 만들기까지 한다. AI의 고도화, 다양화에는 오픈AI뿐 아니라 구글과 메타 그리고 앤스

소라를 이용한 동영상 생성 (출처 : 오픈AI)

로픽 등 크고 작은 IT 기업도 참전해 큰 역할을 하고 있다.

갈수록 좋아지고 다양한 용도로 사용되는 AI는 무엇보다 우리의 일터를 크게 바꾸고 있다. 화이트칼라 직장인은 이미 이 같은 생성형 AI가 회의록을 정리하고, 외국어로 된 기술 문서나 PDF를 번역, 요약하며, 데이터 분석 등의 다양한 업무에 도움이 되고 있음을 체감하고 있다. 팀즈에 탑재된 코파일럿을 이용하면 온라인 회의 내용을 요약하고, 회의 이후에 언제까지 누가 무엇

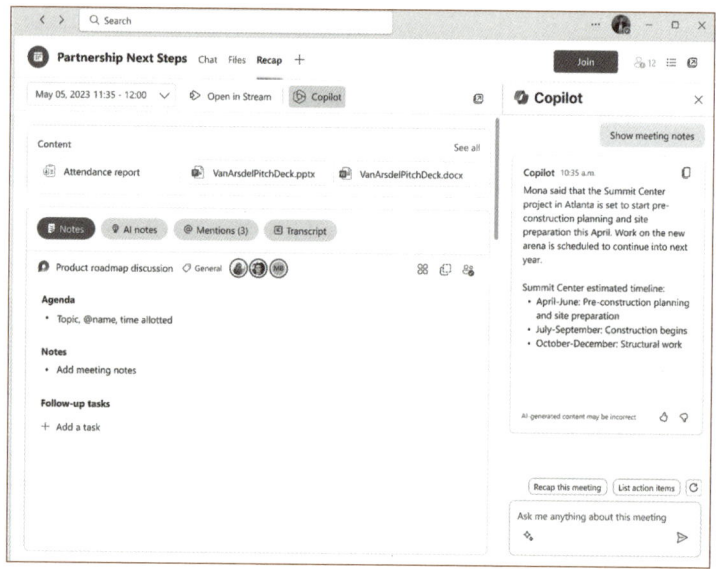

마이크로소프트 협업 툴 팀즈 등에 통합된 코파일럿 (출처 : 마이크로소프트)

을 해야 하는지 액션플랜을 정리해 주기도 한다. 또한 아웃룩의 코파일럿을 이용하면 영어로 받은 이메일을 한국어로 번역하고, 한글로 쓴 메일 내용을 영어로 자동 번역해 즉시 보낼 수 있다. 또한 업무 협업 툴 슬랙Slack에 탑재된 클로드Claude AI를 이용하면 동료와 주고받은 메시지와 글을 분석해 앞으로 챙겨야 할 작업을 요약정리해 주기도 한다.

이처럼 사무직 직장인은 물론 디자이너, 데이터 분석가, 프로그래머, 동영상 편집자 등 다양한 전문직에서도 AI는 시간을 절약하고 성과를 높여준다. 포토샵에서 이미지의 일부를 제거하거나 바꾸고 가장자리 확장, 새로운 이미지를 추가해 전체 그림을 채우는 과정을 디자이너가 직접 하지 않고, 원하는 작업 결과물을 어도비 파이어플라이에 문장으로 요청하면 대신 해준다. 또한 생성형 AI 기술을 활용해 시나리오 작가와 로케이션 매니저 등도 영화나 드라마 제작 과정에서 스토리 구성과 인물들의 페르소나 설정 및 시나리오에 어울리는 촬영지를 선택하는 데 큰 도움을 받고 있다.

게다가 엔비디아의 로보틱스 플랫폼 아이작NVIDIA Isaac과 생성형 AI 옴니버스Omniverse를 이용하면 산업용 로봇을 작동시킬 때 프로그래머가 일일이 코딩하지 않고도 원하는 작업을 문장으로

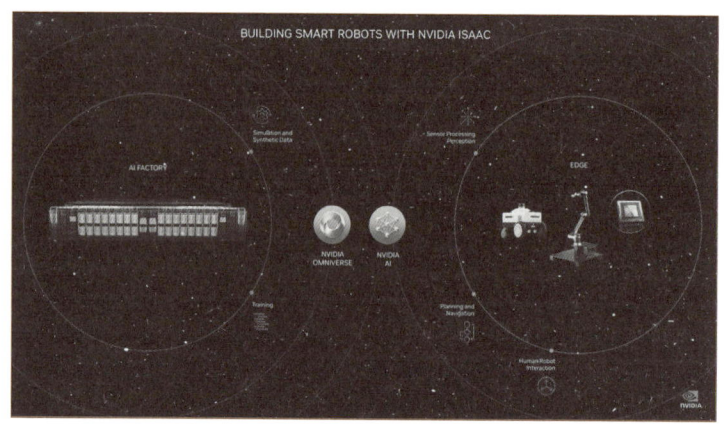

생성형 AI를 활용한 자동 로봇 프로그래밍 (출처 : 엔비디아)

명령하면 자동으로 프로그래밍이 돼 로봇이 작동된다. 사무실뿐만 아니라 공장에서도 생성형 AI가 블루칼라 노동자의 일하는 방식을 바꾸고 있다. 업무 일지를 정리하고 공장 가동에 대한 요구사항이나 문제점을 정리할 때도 최소의 시간으로 완성도 높은 보고서를 작성하는 데 AI가 큰 역할을 하고 있다.

AI가 휴머노이드 로봇에 탑재되면 사람이 꺼리는 험지와 공장, 우주와 바닷속 등에서 위험하거나 까다로워서 인간이 할 수 없는 일을 도울 것이다. 실제 마이크로소프트, 인텔, 삼성전자에 이어 아마존과 엔비디아까지 휴머노이드 로봇을 만드는 피규어 AI에 투자한 이유도 앞으로 우리의 일터가 크게 바뀌는 데 AI 로

휴머노이드 로봇 피규어 01 (출처 : 피규어AI)

봇의 역할이 중요해질 것이라고 보기 때문이다.

   틱톡에 오픈AI의 소라 계정이 있는데, 재미있는 영상이 올라와 인기가 많다. 이전 같으면 사람이 직접 촬영해 영상을 만들어야 했는데, 이 계정에는 생성형 AI가 만든 비디오가 올라온다. 주제나 구성이 다양할 뿐 아니라 직접 촬영하고 편집한다면 상당한 시간과 비용을 들여야 하는 것을 단 몇 분 만에 만들어 올릴 수 있을 만큼 기술력이 뛰어나다. 이를 활용해 훨씬 빠른 속도로 더 인기를 끌 수 있는 고품질의 영상, 음악 등을 만드는 유튜버들도 등장하고 있다. 수많은 크리에이터가 생성형 AI를 활용해

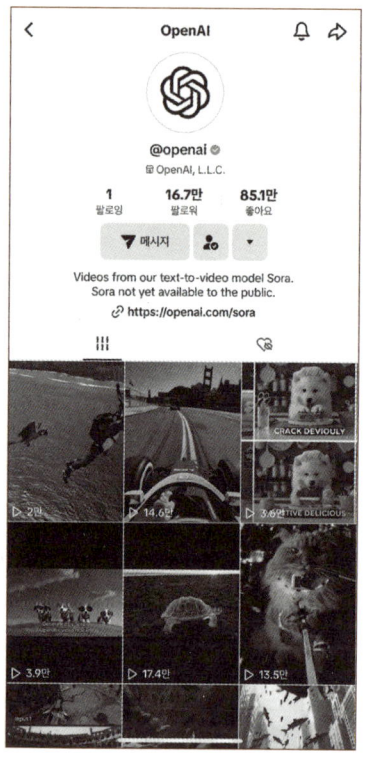

소라로 생성된 다양한 동영상

더 나은 창작물을 만드는 데 나서고 있다.

사무실, 공장 다양한 창작자가 일하는 수많은 공간에 AI가 스며들고 있다. AI가 일자리를 대체할 수도 있지만, 이를 활용해 우리의 일을 더욱 강화할 수도 있다. AI를 밀어내기보다 이용하는 것이 더 나은 미래를 열 수 있는 해법일 것이다.

'AI와 노동시장'
AI의 고도화와 일자리 위협

AI 기술이 고도화되고 다변화되면서 디자이너, 작가, 작곡가, 화가와 같은 창작자나 프로그래머, 증권사 애널리스트, 연구 리서처 등 다양한 직업의 종사자들이 느끼는 우려가 커지고 있다. 실제 2023년 7월 미국 작가 조합Authors Guild에서 AI 기업의 부당 이익을 비판하며 보상을 요구했다. 작가의 저작물을 학습한 AI로 인해 직업과 생계가 위협받고 있다고 했다. 미국 작가 노조도 2023년 5월 전면 파업에 돌입하면서 AI의 대본 작성을 금지해야 한다고 주장했다.

2024년 5월 미래에셋증권이 발간한 리포트는 AI가 불과 5분 만에 생성했다. 기존 애널리스트가 다섯 시간 동안 작업하던 것인데, AI가 종목 분석과 차트, 그래프 분석 등을 하면서 무려 300분에서 5분으로 시간을 줄인 것이다. 물론 이 리포트의 감수와 발행은 여전히 애널리스트가 하지만 리포트 작성을 위한 기본적인 자료 취합과 분류, 분석을 하는 리서치 어시스턴트, 즉 신입 연구원의 일자리는 사라질 게 뻔하다. 이렇게 우리 인간의 일자리는 AI로 점차 대체되고 있다.

AI가 리포트한 종목 분석 (출처 : 미래에셋증권)

    이 현상을 자세히 들여다보면 사람의 선택과 지시, 검수 그리고 최종 발행은 사람이 하기에 AI가 모든 사람을 대체하진 않는다. 즉 AI를 사용해서 콘텐츠를 창작하는 사람과 AI를 사용하지 않는 사람 중 후자가 대체되는 것이다. 문제는 그런 후자의 규모가 크다는 점이다. 100명의 창작자가 만들어 내는 콘텐츠가 AI로 인해 10명만 필요하다면 90명의 일자리는 사라진다. 즉 AI를 잘 써서 더 빨리 좋은 콘텐츠를 많이 만드는 10명에게 부가 집중되고 나머지 90명은 도태되는 것이다.

AI를 잘 활용해 고품질의 콘텐츠를 만드는 10명도 AI의 고도화 과정에서 해당 분야의 전문가가 아닌 그저 그 콘텐츠가 필요한 거대 기업의 비전문가로 대체될 수 있다. 즉 AI를 사용하는 또 다른 1명이 이들 10명의 자리를 위협할 수 있는 것이다. 이렇게

AI로 바뀔 미래의 노동 시장을 달리로 만든 이미지 (출처 : 챗GPT 달리)

AI를 이용하는 소수가 다수의 일자리를 없애면 어떤 일이 벌어질까? 당연히 일하는 자가 사라지면 소비도 사라지게 된다. 그러면 AI를 이용한 소수의 수입도 없다. 우리 사회는 전체 모수가 줄어들 일자리, 노동시장의 변화에 대한 고민과 대비책을 마련해야 한다.

물론 이런 사회 현상이 수년 안에 이루어질 가능성은 낮다. AI가 우리가 하는 일련의 복잡한 작업과 업무 모두를 대신할 수는 없기에 최소 수십 년 동안 단계적으로 이루어질 것이다. 그런 만큼 사회가 고민해야 할 정책 마련과 별개로 개인은 AI를 적극 업무에 활용해야 한다. 개인이 일자리에 대한 고민을 한다고 해서 해결될 수 있는 것은 없다. 업무 성과를 더 높이고 효율화하기 위해 AI를 이용해 역량을 높일 수 있어야 한다. 기존에 일주일 걸려 100을 하던 것을 AI로 활용해 하루에 50을 해내면서 일주일에 500을 할 수 있도록 해야 한다. 그 과정에서 내 역량과 가치를 키워 대체될 수 없는 직업인이 돼야 한다.

그림을 잘 그리는 AI가 있더라도 그림을 전시하고 마케팅하고 파는 것까지의 모든 작업을 수행하지는 못한다. 10여 가지 단계의 일 중 특정 영역만 AI가 할 수 있고, 선택하는 것은 사람의 몫이다. 또한 아무리 AI가 만능으로 모든 것을 해낼 수 있다고 하더라도, 각 과정을 잇는 것 역시 결국 사람이다.

AI는 점으로 존재할 뿐이다. 그 점을 연결해 선으로 만들고, 선을 면으로 구성해 일을 완성하는 것은 사람의 몫이다. 그렇기에 세상은 AI를 사용하는 자와 사용하지 못하는 자로 나뉠 것이고, 후자는 AI를 사용하는 자로 인해 대체될 걱정을 해야 한다. 그러니 AI를 막연히 두려워만 할 것이 아니라 그 AI를 일에 어떻게 활용할지를 고려하고 준비해야 한다.

또한 사회는 AI로 인해 점차 줄어드는 일자리에 대한 문제를 입체적으로 진단해 대비책을 세워야 한다. 소외층을 위한 AI 교육, 기본 소득 보장, AI 활용 기업에 대한 세금 강화, 노동 시장의 유연성 제고와 새로운 일자리 발굴 등을 다각적으로 준비해야 한다.

2025 IT 인사이트

AI는 과업 중심, 사람은 자기완결적

자율주행은 사람을 대신해 운전하지만 아직 완전히 대체하지는 못하고 있다. 설령 운전자 없이 사람을 실어 나르는 자율주행 택시나 버스가 있어도 이는 제한된 경로와 지역에서만 운행한다. 모든 지역의 자동차가 자율주행으로 100% 대체될 수는 없다. 성급한 일반화의 우를 범하지 말아야 한다. AI로 운행되는 자율주행차는 사람이 시동을 걸고 자율주행을 하라는 명령을 내리지 않으면 움직이지 않는다. 언제든 사람이 개입해 운행을 중단할 수도 있다.

AI는 명확한 특정 과업, 즉 과제를 해결하는 데 적합하다. 과제별로 잘 해낼 수 있는 AI의 종류는 다양할 것이다. 사람도 각 영역의 전문가가 있듯이 AI 역시 분야별로 최고의 AI가 있고, 그 AI를 선택해 과제를 주는 것은 사람이 해야 한다.

그런데 우리의 일은 과제 하나로 이루어지는 것은 아니다. 일은 여러 과제가 더하고, 곱해져 완성된다. 그런 만큼 그런 과제를 정리하고 분류하고, 순서를 정하고, 누구에게 혹은 어떤 AI에 배정하느냐는 사람이 정해야 한다. 또 AI가 처리한 과제의 결과물을 평가하고, 수용 여부를 결정하고, 더 하게 할지, 중단시킬지, 피보팅pivoting(기존 사업 아이템이나 모델을 바탕으로 사업의 방향을 다른 쪽으로 전환하는 것)할지도 사람의 몫이다. 사람은 더욱 완결적인 디자이너이자 중재자의 역할에 집중해야 한다.

◐ 'AI와 교육'
함께 커가는 시대, 목적이 아닌 수단으로

인공지능의 급격한 발전은 교육 분야에도 큰 변화를 주고 있다. 과거의 교육이 주로 지식 전달에 중점을 두었다면, 오늘날은 학생이 AI 같은 최신 기술을 이해하고 활용할 수 있도록 준비하는 방향으로 나아가야 한다. 이는 단순히 컴퓨터 과학을 배우는 것을 넘어, 창의성과 문제 해결 능력을 키우는 교육으로의 전환을 의미한다. 즉 AI를 학습에 어떻게 활용할 수 있을지 깨닫고 이 기술을 과신하거나 무시하지 않게 절제력을 키워야 한다. 또한 도구로서 AI를 유용하게 활용할 수 있는 방법을 가르쳐야 한다.

1980년대만 해도 주산 학원이 성행할 정도로 주판 사용 방법을 가르치는 것이 인기였다. 하지만 계산기의 등장으로 사회에서 주판을 쓸 이유가 없어지면서 더 이상 학습하지 않는다. 그렇다고 계산기 작동법을 따로 가르칠 필요는 없다. 사용법이 쉽기 때문이다. 다만 최소한의 암산과 덧셈, 뺄셈, 곱셈 등의 기본적인 계산 원리는 학습한다. 적어도 동작 원리를 알아야 제대로 이용할 수 있기 때문이다. AI도 계산기처럼 복잡한 계산을 단숨에 쉽고 빠르게 해결하는 도구다. 다만 계산기와 달리 할 수 있는 것이 매우 많다. 그런 만큼 AI의 작동 원리를 알고, 이 기술의 한계와 위험을 인지하고 적절히 사용하는 지혜가 필요하다.

AI 교육은 그저 사용 방법을 가르치는 스킬 교육에 그쳐서는 안 된다. 컴퓨터, 스마트폰, 태블릿 사용법을 아이에게 구체적으로 가르치지 않아도 금세 사용법을 익히는 것처럼 AI 역시 이용법이 워낙 쉽고 간편하기 때문에 굳이 별도의 과정을 만들어 가르칠 필요는 없다. 단 AI가 어떻게 작동되는지, 과정에 어떤 문제가 있는지에 대한 기본적인 원리를 가르치는 교육은 필요하다. 이는 AI를 맹신하지 않고 언제, 어느 수준으로 활용할 것인지를 판단할 수 있는 혜안을 쌓기 위함이다.

그런 절제와 균형을 기르는 교육을 위해 고등교육 이상은 다양한 종류의 AI를 어떤 용도로 쓸 수 있는지, 학교 수업이나 과제에 AI를 적극 활용하도록 장려해야 한다. 주의할 점은 AI에 무엇을 맡겼고, 어디까지 수용해서 최종 산출물을 도출하기까지 학생의 역할은 무엇이었는지를 점검하게 해야 한다. 동일한 과제에 같은 AI를 사용했어도 다른 학생들과 다른 결과물이 나온 배경을 비교 분석할 수 있는 기회를 통해 사람의 역할이 무엇인지 학습하는 것이다. 그 과정에서 AI를 함께 사용한다는 것을 인식하고, 더 큰 깨달음과 혜안을 얻게 해야 한다.

초등학생 이하의 경우 부모가 함께 사용하며 AI에 의존하지 않도록 해야 한다. 언제든 멈출 수 있도록 해야 하고, 스스로 할 수 있는 것은 AI에 의존하지 않는 절제의 미덕을 키워야 한다. 특히 늘 AI를 비판하며 AI가 내놓은 답이 정답이 아님을 인지하도록 해야 한다. AI 사용 과정에 사람이 늘 중심이고 AI를 비판적으로 바라보며 목적이 아닌 수단으로 사용할 수 있어야 한다.

◐ 'K-IT'
대한민국만 할 수 있는 서비스와 정부의 역할

가장 많은 사용자가 이용하는 국내 서비스는 무엇일까? 포털 서비스의 강자 네이버일까, 모바일 메신저의 일인자 카카오톡일까? 2023년까지는 카카오톡이었지만, 2024년부터는 유튜브가 자리를 빼앗았다. 빅데이터 플랫폼 기업 아이지에이웍스의 모바일인덱스 통계에 따르면 2024년 2월의 유튜브 월 이용자 수는 4550만 명으로 카카오톡 이용자 4519만 명을 앞섰다. 유튜브가 앞선 것은 이미 2023년 12월부터다. 서비스 사용 시간을 기준으로 하면 카카오톡의 3.6배, 네이버의 5.4배나 될 만큼 유튜브는 명실상부한 국내 1위의 서비스로 자리 잡았다. 그렇다면 카카오톡과 네이버가 그 뒤를 이어 2, 3위일까? 인터넷 분석 서비스 와이즈앱에 따르면 5월 인스타그램 사용 시간은 유튜브와 카카오톡에 이어 3위로 네이버를 앞서고 있다. 실행 횟수로 비교하면 인스타그램은 유튜브에 이어 2위다.

전 세계 인터넷 검색 시장 점유율 1위의 압도적 서비스는 구글이지만, 한국에서는 네이버의 아성을 넘지 못하고 있다. 하지만 이 둘의 격차가 점차 줄고 있다. 인터넷트렌드 발표에 따르면 2024년 6월의 네이버 점유율은 56%, 구글은 약 37%다. 여전히 네이버가 앞서고 있지만, 지난 2018년 전에 네이버 점유율이 70%로 압도적이었던 것과 비교하면 초라한 숫자다. 네이버와 구글의 격차는 40% 이상으로 차이가 있었지만 해가 거듭될수록 줄어 이제 20% 수준으로 줄었다. 그러다 보니 네이버나 카카오톡의 주가도 저점을 찍으며 초유의 사태에 빠졌다.

네이버는 2023년 8월부터 AI 기반의 검색 서비스 큐Cue:를 제공하며 구글의 오버뷰처럼 AI 시대의 검색 리더십을 차지하려는 노력을 게을리하지 않고 있다. 기대 이상의 사용성으로 11월부터는 통합검색에도 적용됐다. 큐는 복잡한 질의에도 네이버의 검증된 자료를 기반으로 정확한 답을 하고, 2024년에는 모바일 적용과 멀티 모달을 포함해 더욱 기능 강화를 꾀하고 있다. 챗GPT나 퍼플렉시티 등의 해외 생성형 AI 서비스 기반의 검색 대체재들과 경쟁하기 위한 네이버의 대응 전략이 2025년에 성과를 거두기 위해서는 LLM의 성능 고도화와 양질의 데이터 기반으로 AI를 훈련시켜 답변의 정확도를 높여야 할 것이다.

물론 여전히 한국 토종 서비스가 압도적 경쟁력을 가지고 건재함을 뽐내는 카테고리도 있다. 이커머스의 쿠팡, 핀테크의 토스와 카카오뱅크, 배달업의 배달의민족, 교통서비스의 카카오T, 메신저의 카카오톡은 한국 시장을 수성하고 있다. 한때 세계

각국에서 찾아와 한국 인터넷 서비스를 배우려 했던 적이 있었다. 2000년대 다음의 한메일과 카페, 네이버의 지식인, 싸이월드의 미니홈피와 도토리 등은 세계의 모범 사례였다. 하지만 10년 전 한국의 포털 서비스로 아성을 쌓던 네이버와 다음의 비중이 점차 줄고 있다. 검색과 동영상, OTT와 SNS에서 구글과 유튜브, 넷플릭스, 페이스북, 인스타그램, 틱톡의 영향력이 갈수록 커지고 있다.

한국의 신토불이 서비스가 흔들리지 않으려면 어떤 대책이 필요할까? 2023년부터 IT 산업의 핵은 챗GPT 발 생성형 AI다. 전 세계 주요 빅테크 기업은 AI 인프라 투자에 최소 조 단위의 투자를 아낌없이 하고 있다. 이렇게 구축된 AI 인프라는 결국 서비스에서 사용되지 못하면 빛 좋은 개살구에 불과하다. 사용자가 챗GPT에 열광한 이유는 새로운 사용자 경험을 했기 때문이다. 그만큼 AI를 활용해 서비스 편의성과 품질을 강화하는 것이 시대의 요구다.

막강한 실력자 구글에 검색으로 도전 중인 차세대 스타트업 퍼플렉시티가 사용자의 호응을 얻는 것도 그 이유에서다. 2022년 8월 설립 이후 당해 12월에 220만 명에 불과하던 사용자 수가 1년 만에 20배 증가해 5300만 명을 넘었다. 2024년 5월에는 기

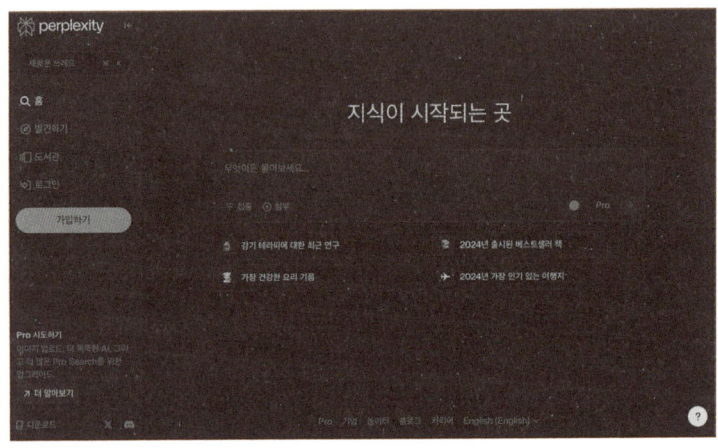

AI 시대의 검색 엔진을 표방하는 퍼플렉시티

업가치 30억 달러를 인정받고, 2.5억 달러를 추가 유치하는 논의를 진행하고 있다. 또한 챗봇 서비스 캐릭터 AI는 2월 방문자 수 1억 7840만 명을 달성해 생성형 AI 중 챗GPT 다음으로 인기 있는 서비스다. 이처럼 AI를 활용해 새로운 서비스가 폭포수처럼 쏟아지고 있으며 사용자의 반응도 뜨겁다.

이러한 AI 전쟁통에서 구글 역시 변화를 모색하고 있다. 5월 개발자 콘퍼런스 구글 I/O 2024에서 AI 오버뷰를 발표했다. 기존의 검색 결과 페이지 앞에 검색 결과에 대한 빠른 요약을 제공해 더 효율적인 정보 탐색을 돕고 복잡한 질문에 답을 찾도록 한다. 구글의 생성형 AI 서비스 제미나이가 별도로 있지만 기존 구글 검색도 제미나이를 활용해 개선하는 양면작전을 전개 중이다.

이렇게 AI 시대에 새로운 경험을 제공하려는 노력이 본격화되고 있다. 국내의 인터넷 서비스도 글로벌 빅테크 기업의 공세에 밀리지 않게 AI를 무기로 초개인화, 초지능화된 서비스 구현에 나서야 한다. 이 AI의 본원전 경쟁력으로 LLM, AI 데이터센터 등의 코어 기술에 대한 투자도 중요하지만, 결국 사용자들의 마음을 사로잡으려면 서비스에 이들 기술을 적용해 새로운 경험을 제시해야 한다. AI를 더 이상 실험실에 꽁꽁 묶어 둘 것이 아니라 서비스의 전면적 개편과 개발에 응용해야 한다. 기업의 규모가

AI를 삼킨 구글의 오버뷰 (출처 : 구글)

커진 만큼 속도가 더뎌지고 변화가 어려울 수 있지만 지금 극복하지 못하면 도태될 수밖에 없다.

특히 정부는 한국 기업의 AI 경쟁력 강화와 자국의 산업 생태계 보호를 위한 노력을 아끼지 않아야 한다. 첫째, AI 인프라 구축에 대한 지원을 강화해야 한다. 대규모 데이터센터와 고성능 컴퓨팅 자원은 AI 기술 발전의 핵심 요소다. 정부는 이를 위한 재정 지원과 함께, 인프라 구축을 위한 법적, 행정적 절차를 간소화하는 정책을 마련해야 한다. 예를 들어 특정 지역에 AI 전용 데이터센터 단지를 조성하고, 기업들이 저렴한 비용으로 이용할 수 있도록 지원할 수 있다.

둘째, AI 기술의 지속적인 발전을 위해서는 연구개발 투자가 필수다. 정부는 대학, 연구기관, 기업 간의 협력을 촉진하고, 공동 연구 프로젝트를 지원해야 한다. 특히 중소기업과 스타트업이 AI 기술을 연구하고 개발할 수 있도록 재정 지원과 인프라를 제공하는 것이 중요하다. 또한 AI 기술의 핵심인 LLM과 같은 기초 연구에 대한 투자를 늘려야 한다.

셋째, AI 기술을 선도하려면 우수한 능력의 인재가 필요하다. 정부는 AI 관련 교육 프로그램을 강화하고, 대학과 전문 교육 기관에 AI 학과와 프로그램을 확충하도록 지원해야 한다. 또한 현직 근로자들이 AI 기술을 습득할 수 있도록 재교육 프로그램을 제공하고, AI 전문가를 육성하기 위한 장학금과 인턴십 프로그램을 확대해야 한다.

넷째, 정부는 AI 관련 스타트업과 중소기업이 성장할 수 있는 산업 생태계를 조성해야 한다. 이를 위해, 창업 지원 프로그램과 벤처 투자 자금을 확대하고, AI 기술을 활용한 새로운 비즈니스 모델을 개발할 수 있도록 지원해야 한다. 또한 대기업과 중소기업 간의 협력을 촉진하고, AI 기술을 적용한 다양한 파일럿 프로젝트를 지원하는 등 실질적인 성과를 내야 한다.

마지막으로 AI 기술 발전과 상용화를 위해 적절한 규제와 정책이 필요하다. 정부는 AI 기술의 윤리적 사용을 보장하고, 프라이버시 보호와 데이터 보안을 강화하는 법적 프레임워크를 마련해야 한다. 또한 AI 기술을 상용화하는 기업들이 신속하게 시장에 진입할 수 있도록 규제 완화와 인허가 절차를 간소화해야 한다. 이를 통해 국내 AI 기업이 글로벌 시장에서 경쟁력을 갖출 수 있도록 지원할 수 있다.

AI 트렌드 2025, 묻고 답하다

3년 차를 맞이하는 2025년의 생성형 AI, LLM 기술은 어떤 변화를 몰고 올까? 2025년 AI 기술의 구체적인 변화상을 전망한다.

❶ AI는 쿠팡을 어떻게 바꿀까?

대부분의 사용자가 사용하는 AI는 챗GPT, 제미나이, 클로드, 국내의 클로바X CLOVA X, 에이닷A., 더 나아가 사진과 비디오 생성에 특화된 미드저니, 헤이젠 HeyGen 정도다. 즉 이미지를 생성하거나 회의록과 문서를 요약하거나 데이터를 분석할 때 전용 생성형 AI 서비스를 이용한다. 검색 대신 쓰는 경우도 다반사다. 그런 생성형 AI를 일상에서 얼마나 자주 사용할까? 2024년 4월 기준 월간 약 2억 명이 사용하며 주간으로는 6000만 명이 이용한다. 인당 평균 사용 시간은 하루 7분 수준이다. 이 정도 트래픽으로 볼 때 우리가 스마트폰에서 사용하는 카카오톡이나 네이버 검색, 유튜브 등의 일상적인 서비스와 비교도 안 될 만큼 작은 규모다. 한마디로 페이스북, 인스타그램, 유튜브, 구글 검색 등과는 경쟁이 되지 않는다.

그렇다면 2025년에도 여전히 생성형 AI 서비스 사용량이 적을까? 2025년 AI는 위의 별도의 생성형 AI 서비스뿐 아니라 기존에 사용하던 앱의 편의성을 개선하고 성능과 품질을 높이는 데 도입될 것이다. 쿠팡이나 배달의민족, 카카오T 등에 생성형 AI 서비스를 적용해 더 나은 사용자 경험과 가치를 만들 것이다. 쿠팡에서 검색창이 아닌 대화창이 자리 잡고 쿠팡 사용과 관련한 여러 질문이나 탐색 요청을 할 수 있다. "어제 주문한 상품 중에 아직 배송되지 않은 목록만 알려줘", "6개월 전에 구매한 면도날과 비교해서 저렴한 상품을 장바구니에 넣어주고, 배송비 무료 혜택 있는 날 주문해 줘" 등 다양한 요구에 지능적인 서비스 운영이 가능하다.

그런데 비단 AI 서비스가 쿠팡 앱에서만 실행될 필요는 없다. 웹 브라우저에 확장 프로그램으로 쿠팡 AI 에이전트를 설치하고 유튜브, 인스타그램, 네이버 검색 등의 서비스를 사용하던 중에 쿠팡 에이전트를 호출해서 현재 보고 있는 페이지에 띄울 수도 있다. 키보드나 셔츠, 전자기기를 쿠팡에서 찾아 최저가를 장바구니에 넣어달라고 할 수도 있다. 쿠팡을 방문해야만 쇼핑할 수 있는 것이 아니라 어떠한 인터넷 서비스를 사용하든 쿠팡 에이전트를 호출해 상품을 찾아보고 장바구니에 넣을 수 있다. 카카오톡에서 친구와 메시지를 주고받다가 쿠팡 에이전트를 호출해 함께 상품을 검색하고 최저가 상품을 탐색해 해당 상품 정보를 확인하고 바로 장바구니에 넣는 것도 가능해질 것이다.

  왜 우리는 꼭 쿠팡 앱에서 쇼핑하고, 배달의민족에서 배달을 시키고, 카카오T에서 택시를 부를까? 왜 쿠팡 앱에서 메뉴 하나하나를 터치해 가면서 필요한 정보를 찾기 위해 여러 번의 수고를 하는 것일까? 왜 검색창에 입력해야 하는 키워드를 고민하고 상품 검색과 고객지원 검색을 구분해서 해야 하는 것일까?
  AI는 그러한 수고와 불편을 덜어낼 수 있다. 그냥 대화창에서 궁금한 모든 것을 한 번에 몽땅 질문해도 된다. 순차적으로 하나씩 묻고 확인하고 다시 묻고 체크하지 않아도 한 번에 여러 개의 질문을 하고 한 번에 답을 얻을 수 있다. "지난주 장바구니에 넣고 구매하지 않은 상품 중에서 이벤트로 가격 할인을 하는 상품들이 무엇인지 알려줘"라는 질문 하나에 즉각 원하는 정보를 찾을 수 있다. 그렇게 생성형 AI 기술은 기존에 우리가 사용하던 서비스를 더욱 편리하게 바꿔줄 것이다.

기존 앱에서 적극 수용 편의성을 높이지 않으면, 새로운 쇼핑 AI 에이전트가 기존의 이커머스 사업자에게 위기가 올 것이다. 지마켓, 11번가가 쿠팡에 무너진 것처럼 새로운 AI 이커머스 앱이 기존의 강자들을 무너뜨릴 수 있다. 모바일 시대를 맞이해 새로운 서비스 앱들이 등장하며 새로운 시장의 법칙을 만들며 성장했듯이 AI를 적극 활용해 새로운 서비스 경험을 만드는 기업들이 AI 시대의 승자가 될 것이다.

❷ AI폰은 어떤 가치를 제공하나?

갤럭시 S24와 아이폰16은 AI 기능이 탑재된 스마트폰이다. 스마트폰에서 AI를 사용하는 방법은 챗GPT나 클로드 등의 앱을 설치하면 된다. 하지만 이 방법은 클라우드에 연결해서 AI를 이용하는 것이라 속도가 느리고 개인정보, 데이터가 이 AI 서비스에 전송된다. 폰에 탑재된 AI 기능을 이용하면 훨씬 빠른 속도로 개인정보 유출에 대한 우려 없이 이용할 수 있다. 이를 '온디바이스 AI'라고 부른다. 문제는 디바이스에 탑재된 AI는 그 성능이나 기능이 제한적일 수밖에 없다는 것이다. 반면 클라우드의 AI

가 제공하지 못하는 것을 제공할 수 있다.

2024년 하반기 출시된 AI 폰은 통화나 메일, 메신저 사용 중 실시간 통역, 번역 등의 기능과 요약, 글쓰기 추천 등의 기능이 제공된다. 또 촬영한 사진 속 특정 사물을 검색하거나 스마트폰 내에 저장된 정보를 쉽게 검색해서 필요한 정보를 제시한다. 이처럼 스마트폰 내에 기록된 데이터를 기반으로 AI 서비스가 운영되어야 하니 클라우드에 오가며 서비스를 제공하는 것보다 스마트폰 내의 AI가 구동되는 것이 적합하다. 기존 삼성전자의 빅스비나 애플의 시리가 해야 했는데 1년 전의 기술로는 구현하기에 미흡했다. AI의 성능이 고도화되면서 이제 AI를 활용한 지능적인 서비스 운영이 가능해진 것이다.

그렇다면 AI폰은 챗GPT 앱으로 이용하는 AI와 비교해 이 정도의 차별화된 기능만으로 가치가 있다고 할 수 있을까? 휴대폰 시대에서 모바일 시대를 개막한 스마트폰이 보여준 가치의 핵심은 앱스토어였다. 기존 휴대폰은 제조사가 정한 특정한 기능으로만 사용했지만, 스마트폰은 앱스토어에서 누구나 앱을 만들어 다양한 용도로 모바일 서비스를 이용할 수 있었기 때문이다. AI폰 역시 애플이나 삼성전자가 정의해서 제공되는 기능에 국한해서 사용하면 휴대폰 수준에 머물 뿐이다. 앞으로 AI폰이 실질적 가치를 창출하기 위해서는 스마트폰 내에 탑재된 AI 칩셋과 SLM을 다른 앱도 사용할 수 있도록 공개해야 한다. 그래야 다양한 AI 앱을 스마트폰에서 쓸 수 있고, 사용자가 진정한 AI 시대의 가치를 확인할 수 있다.

2024년 1월 삼성전자는 세계 최초의 AI폰인 갤럭시 S24를 출시했다. 이어 애플은 2024년 6월에 애플 인텔리전스를 공개하며 아이폰, 아이패드, 맥에 강력한 AI 기능을 탑재해 AI 디바이스 시대를 개막하겠다고 선언했다. 2023년이 말과 글을 넘어 그림과 영상에 이르기까지 사람 수준으로 콘텐츠를 생성하는 초거대 AI 시대였다면, 2024년은 그런 AI가 우리가 사용하는 컴퓨팅 기기에 들어오는 온디바이스 AI 시대가 개막되며 AI가 인터넷과 소프트웨어에 이어 하드웨어까지 스며드는 AI 확장이 본격화되는 분위기다.

이렇게 하드웨어에 생성형 AI가 내재화되면 기기의 작동이 더 쉬워지고, 사용성이 더욱 강화된다. 생성형 AI의 기본적인 사용자 인터페이스는 대화다. 대화를 통해서 AI에 명령을 내릴 수 있어 화면을 보며 누르고 선택하며 작동시키지 않아도 필요로 하는 것을 글과 말로 요청해 결과를 얻을 수 있다. 사용성에 있어서는 생성형 AI의 기술적 특성을 이해해야 AI폰으로 얻을 수 있는 가치를 도출할 수 있다.

갤럭시 S24의 번역, 요약, 사진 생성 등의 핵심 AI 기능과 애플의 시리를 통한 AI 기능을 쓰는 과정에서 주목받을 것은 AI를 호출하는 대화창을 누가 지배하느냐다. 당연히 삼성이나 애플이 절대 우위에 있다. 폰 내의 AI 기술을 제공하고 기본적인 기능을 스마트폰 제조사가 제공하기에 AI를 호출할 때 당연히 빅스비나 시리가 그 시작점일 것이다. 각각의 개별 앱에서는 AI 기능을 사용하기 위한 대화창을 앱별로 따로 제공할 수 있겠지만, 스마트폰을 열고 바로 AI를 처음 호출할 때는 당연히 제조사의 AI를 호출하게 될 것이다. 단 삼성전자 갤럭시폰에서 검색창을 구글이 지배하는 것처럼, 삼성의 갤럭시 폰 내에 AI 호출이 빅스비가 아닌 구글의 제미나이가 될 수도 있다. 스마트폰 속의 모든 개별 앱에서 사용되는 AI 상위에 하나의 AI 에이전트가 있을 것이다. 그 AI 에이전트를 호출해 무엇이든 명령을 내리면 개별 앱의 AI 기능을 포괄해서 서비스를 제공하게 될 것이다. 일종의 '원 에이전트, 멀티 AI' 개념으로 스마트폰에서 가장 상위의 AI 에이전트가 2025년에 애플과 삼성전자, 구글 등에서 본격적으로 대두될 것이다.

❸ 엔비디아는 계속 승승장구할까?

2024년은 엔비디아의 한 해나 다름없었다. 그래픽 카드 칩셋이 변방의 기업을 전 세계 1위로(2023년 6월 18일에 시가총액 3조 3350억 달러 기록하며 나스닥 시가총액 1위를 달성) 만들며 세계시장에 우뚝 섰다. 엔비디아의 영업이익률은 2024년 1분기 기준으로 65%로 전 세계 그 어떤 제조업체도 보여주지 못한 놀라운 숫자다. 엔비디아의 성장 비결에는 단연코 GPU가 있다. 2023년 AI 열풍과 2024년 AI 산업의 성장 덕분이다. 엔비디아의 성장과 함께 수혜를 받은 기업으로는 GPU와 함께 패키징되어 서버를 만드는 슈퍼마이크로컴퓨터와 콴타컴퓨터 등이다. 물론 이들 서버를 이용해 데이터센터를 구축하는 기업들도 AI 성장과 함께 대호황기를 겪고 있다.

그렇다면 엔비디아는 2025년에도 계속 지속 성장할 수 있을까? 테슬라의 성장은 전기차 하나만이 아니라 그 전기차에 필요한 전기 에너지를 충전하고 태양광으로 전기를 생산하는 에너지 솔루션의 역할도 컸다. 게다가 테슬라가 투자하는 AI는 휴머노이드 로봇 옵티머스까지 이어지고 있어 다양한 산업으로의 확장 잠재력이 테슬라의 성장에 밑거름이 되고 있다. 물론 테슬라의 자율주행 기술을 기반으로 무인 택시 모빌리티 서비스 로보택시도 테슬라의 기업가치와 성장에 영향을 주고 있다. 엔비디아 역시 그렇게 평가해야 한다.

    엔비디아는 AI의 동력인 GPU를 만들어 판매하는 것만이 비즈니스의 끝이 아니다. 엔비디아는 옴니버스, 아이작 플랫폼 기반으로 공장의 산업용 로봇을 자동화하고 지능화하는 솔루션을 보유하고 있다. 또한 지멘스Siemens를 포함해 여러 전통기업과 각각의 산업의 디지털 트랜스포메이션을 도와주는 솔루션을 개발하고 있다. 이런 기술 솔루션은 엔비디아 성장의 마중물이다. 그런 만큼 엔비디아의 이 같은 행보를 함께 바라보며 성장을 전망해야 한다.

    그런 면에서 엔비디아는 2025년에도 성장할 것으로 전망한다. IT 분야 시장 조사 및 분석 기관 가트너가 2024년 AI를 하이프 사이클로 전망한 발표에 따르면 클라우드 AI 서비스는 이제 본격 성숙기로 진입할 전망이고, 파운데이션 모델과 엣지 AI, AI 엔지니어링, 생성형 AI는 실망의 시기에 접어들면서 거품이 빠지고 있다고 전망했다. 눈여겨봐야 하는 것은 기반모델과 AI 엔지니어링 등의 운영 기술들에 대한 투자와 관심이 꺾이는 시점이 도래했다는 점이다. 그런데 모든 기술은 이 과정을 거치며 거품이 빠지고 옥석이 가려진다. 이 시기를 극복한 기업은 본격 성장의 발판과 기회가 생긴다. 그리고 클라우드 AI는 이미 불편한 골짜기를 지나 성숙기에 접어들고 있다.

AI를 구동하기 위한 GPU에 대한 수요는 여전히 커질 것으로 전망한다. 다른 점은 그 GPU에 대한 가성비 즉 더 적은 비용으로 더 고성능을 요구하는 목소리가 커질 것이다. 그런데 그런 기술 고도화는 이미 이 시장을 압도적으로 견인하고 있는 1위 기업 엔비디아가 더 잘할 수밖에 없다. 그런 면에서 엔비디아의 독주는 2025년에도 계속될 것으로 보인다. 가성비 좋은 GPU에 대한 요구가 커지면서 영업이익률은 낮아질 수 있지만 시장 지배적 위치는 계속 유지될 것이다.

여기서 주목해야 할 점은 소버린 AI와 책임 있는 AI^{responsible} ^{AI}, AGI 등에 대한 관심이 커진다는 점이다. 덕분에 AI에 대한 다양한 국가적, 사회적 요구가 커질 것이고 이는 또 다른 기술 솔루션에 대한 기대 역시 커진다는 것을 의미한다. 2024년까지의 AI는 오픈AI의 독주 속에 그 뒤를 바짝 앤스로픽, 미스트랄 AI 등이 있었는데 그런 대부분의 AI는 엔비디아의 GPU를 기반으로 작동했다. 또한 메타나 마이크로소프트에서 AI를 구동하는 과정에도 엔비디아의 GPU가 필요했다. 반면 구글이나 애플은 AI를 구동하는 데 필요한 GPU를 자사의 AI 칩셋^{NPU}으로 충당한다. 그렇게 범용적인 고성능의 엔비디아 GPU가 아닌 특별한 용도의 AI 칩셋에 대한 요구가 앞으로 커지면서 그 자리를 다른 AI 칩셋 제조업체가 대신할 기회가 생길 것이라는 점이다.

이미 반엔비디아 목소리를 높이면서 구글과 마이크로소프트, 메타 그리고 인텔과 AMD 등이 뭉쳤고, 구글, 퀄컴, 삼성전자, ARM 등은 엔비디아의 AI 개발 소프트웨어 쿠다CUDA의 대항마를 개발하기 위해 기술 컨소시엄 UXL을 구축하기도 했다. 또한 오픈AI와 소프트뱅크 역시 자체 AI 반도체 공급망을 위한 노력을 꾀하고 있다. 엔비디아의 GPU를 벗어나기 위한 여러 빅테크 기업의 노력이 본격화되고 있다. 그럼에도 이미 열 발자국 앞서가고 있는 엔비디아의 GPU가 2025년에도 더 나은 가성비의 고성능 GPU로 시장을 장악하는 것이 달라지지는 않을 것이다.

하지만 주목해야 할 점은 구글이나 애플처럼 독자적인 AI 데이터센터 내 자체 AI 칩셋 기반으로 AI 서비스를 운영하는 기업의 서비스 장악력이 커지면, 다른 AI 서비스의 사용량에 영향을 줄 수 있다는 점이다. 여전히 AI 칩셋 시장의 1위를 고수할 수는 있지만 클라우드 기반의 범용적인 기반모델 사용량이 크게 확대되지 않아 시장 성장이 더딜 수도 있다.

또한 메타는 오픈소스로 AI 구동을 위한 LLM을 공개하고 있다.

그렇게 공개된 작은 LLM을 운영하는 데는 엔비디아의 고성능 GPU가 오버 스펙이다. 더 저렴하고 저성능의 AI 칩셋만으로도 이들 LLM을 구축, 운영할 수 있다. 그렇게 되면 시장이 파편화되면서 엔비디아의 GPU가 더 작은 기업에 판매되지 못할 수 있다. 그런 면에서 시장의 지배적 사업자는 유지할 수 있지만, 해당 시장의 성장이 멈추고 그 시장의 작은 수요들이 다른 AI 칩셋으로 충당되면서 엔비디아의 성장에 제동이 걸릴 수 있다. 그런 움직임이 2025년 하반기부터 보일 수 있으며, 엔비디아는 이를 위한 대안으로 다른 비즈니스 포트폴리오를 준비할 것이다.

❹ 삼성전자는 AI에 어떻게 대응하고 있나?

1990년대 PC와 PC통신 시장이 시작되면서 삼성전자는 모니터와 유니텔이라는 통신 서비스 그리고 컴퓨터에 탑재되는 메모리를 개발하여 성장했다. 덕분에 PC가 본격적으로 보급되며 인터넷 시대가 열린 2000년대는 메모리 반도체와 디스플레이로 크게 도약할 수 있었다. 또한 컴퓨터와 하드디스크, 프린터 등의 다양한 컴퓨터 부품으로 한층 더 성장했다. 덕분에 MP3 플레이어와 디지털카메라 등 다양한 디지털 기기를 연달아 출시할 수 있었다. 2010년대는 스마트폰 시장에 본격적으로 뛰어들면서 갤럭시를 세계적인 브랜드로 성공시켰고 삼성페이와 스마트홈 등으로 새로운 기술 도약을 꾀했다. 그리고 2020년대에는 빅스비 AI 투자와 디지털 헬스케어, 가정용 로봇 등에 기술 투자를 하고 있다. 그렇다면 2025년 삼성전자의 AI 대응은 어떤 전략일까?

삼성전자는 세계적인 IT 제조사라는 위상에 맞게 자체 LLM 가우스를 개발해 내부 업무 생산성을 높이는 솔루션에 도입해 사용 중이며, TV 등의 가전기기와 갤럭시 스마트폰 등에서도 활용하고 있다. 또한 8K OLED TV에는 NQ8 AI 3세대 프로세서를, 갤럭시 S24에는 AI 칩셋 엑시노스 2400 Exynos 2400을 탑재해 AI 기능을 작동한다(갤럭시 S24에는 퀄컴 스냅드래곤8 3세대를 탑재해 혼용해 쓰기도 함). 이렇게 TV나 스마트폰에 탑재된 AI 칩셋 덕에 AI가 빠른 성능으로 작동할 수 있다. 이때 기기에 자체 SLM을 탑재해야 하는데, 가우스가 쓰이는 것이다. 가우스가 100% 성능을 내기 어려울 경우 구글 제미나이 나노가 함께 탑재되어 작동되기도 한다.

또한 삼성전자는 네이버와 AI 칩셋 마하-1 MACH-1을 개발했는데, 이는 엣지 컴퓨터에 탑재돼 AI 추론 성능을 높인다. 즉 일반 컴퓨터가 아닌 서버에서 더 나은 AI 서비스 운영을 위해 최적화한 칩셋이다. 주로 스마트홈 등의 기기에서 AI 서비스를 운영하기 위한 엣지 컴퓨팅이나 자율주행 그리고 연구기관 등에서 AI를 활용할 때 이용하기 적합하다.

이렇게 삼성전자는 AI에 대해 크게 3가지로 대응하고 있다. 첫째, 삼성전자 내부의 목적으로 사용하기 위한 LLM 개발, 둘째, 삼성전자의 전자기기에 탑재되는 AI 칩셋, 셋째, AI 추론을 위한 서버용 AI 칩셋이다. 첫째와 둘째는 삼성전자의 기존 사업을 위한 것이며 셋째는 새로운 AI 추론 반도체 시장을 겨냥한 것이다.

하지만 2025년 본격적으로 고민해야 할 것은 빅스비의 진화다. 삼성전자의 가전기기와 갤럭시에 탑재된 빅스비에 생성형 AI 기술이 더해지면 기기의 사용 편의성은 더욱 높아질 것이다. 또한 스마트폰을 포함해 새로운 차세대 디바이스에서 빅스비의 역할은 더욱 커질 것이다. 그런 만큼 빅스비에 생성형 AI 기술을 더해 어떻게 삼성전자의 다양한 제품들의 성능과 기능을 한 단계 도약시킬 것인지가 앞으로의 중요한 숙제다.

특히 빅스비는 삼성전자의 기기를 넘어 삼성의 스마트홈 플랫폼인 스마트싱스를 통해 다른 전자기기와 연계해서 보다 지능적인 스마트홈 서비스를 구현할 수 있다. 그 과정에서 삼성이 개발한 가우스와 삼성의 AI 칩셋, 서버에서 사용하는 추론용 마하-1

은 빅스비의 성능을 더욱 높일 것이다. 물론 삼성의 이들 칩셋을 다른 기업에 판매할 수 있는 새로운 사업 기회도 기대된다. 삼성전자의 2025년 AI 전략에 있어 빅스비를 어떻게 한 단계 도약시킬 것인지 그 과정에 삼성의 AI 기술들을 어떻게 접목할 것인가 중요한 과제가 될 것이다.

❺ 메타의 AI 전략은 무엇일까?

메타의 마크 저커버그는 올들어 AI와 관련된 발언을 작년보다 더 자주, 많이, 여러 영역에서 하고 있다. 1월에 메타의 AI 리더십에 대한 기술적 투자를 위해 60만 개의 B100 GPU를 도입할 것이라고 밝혔고, 3월은 SXSW 콘퍼런스에 참여해 AI와 메타버스의 융합에 대한 비전을 제시했다. 4월에는 메타의 오픈소스 AI 전략을 강화하며 모두의 AI를 위한 중요성을 강조했다. 6월에는 아스펜 아이디어 페스티벌Aspen Ideas Festival에서 AI가 우리 사회와 개인에게 더 많은 혁신의 기회를 제공할 것이라고 밝히고, 7월 시그라프SIGGRAPH 2024에서 엔비디아의 젠슨 황과 함께 AI와 시뮬레이션의 미래에 대해 논의하며 메타의 LMM 기술의 발전에 대해 발표했다.

오픈AI와 구글, 마이크로소프트, 아마존 등이 LLM 개발과 사업에 열중하고, 삼성전자와 애플, LG전자가 자사의 제품에 사용할 독자적 LLM 개발에 공들이고 있는 와중에 메타는 무엇을 준비하는 것일까.

메타는 그 어떤 기업보다 LLM과 LMM 개발에 공들이고 있다. 게다가 AI 모델을 오픈소스로 공개하면서 독자적인 AI 리더십을 보이고 있다. 메타는 라마 LLM을 개발하고 무료로 공개해 개발자가 자신만의 용도에 맞게 수정할 수 있도록 제공한다. 라마는 GPT-4나 구글의 제미나이와 성능이 비슷한 수준이며, 무엇보다

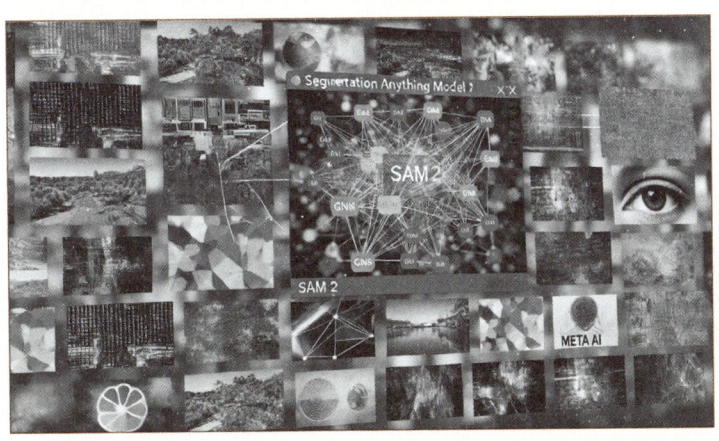

메타의 SAM2 (출처 : 메타)

저렴한 비용에 맞춤형으로 개별 운영할 수 있도록 공개한 것이 특징이다.

SAM LMM은 이미지와 비디오 내에서 객체를 분할해서 인식할 수 있는 AI다. SAM2로 업그레이드되면서 기본 모델보다 더 빠르고 정확하며 다양한 이미지와 비디오 포맷을 지원한다. 실시간 객체 분할 기능으로 카메라와 결합해 물리적 현실계 속의 여러 객체를 상세하게 인식할 수 있다.

이렇게 메타가 수조 원의 투자로 개발한 2가지 LLM, LMM을 다른 빅테크 기업처럼 외부에 판매하지 않고 공개하는 이유는 무엇일까? 차세대 AI 모델의 표준으로 자리 잡아 메타의 AI가 생태계의 중심에 서려는 계획이기 때문이다. 경쟁사처럼 AI를 사업화하는 것으로는 차별화가 쉽지 않고, 메타의 사업 모델과도 맞지 않는다. 메타는 페이스북, 인스타그램, 스레드 등과 같은 소셜 미디어 서비스로 성장한 회사다. 무료로 공개해 전 세계의 사용자를 확보하고, 그렇게 만든 생태계 기반으로 광고 등의 비즈니스 모델로 성과를 내고 있다. AI 역시 만인을 위한 기술로 공개하며 메타의 AI에 우호적인 개발자 커뮤니티를 확보하고, AI 리더십을 기반으로 AI 모델의 표준을 마련해 메타의 AI가 더 널리 광범위하게 사용되도록 하려는 것이다.

메타는 AI를 효율적으로 운영하려 자체 AI 칩셋 MTIA^{Meta Training and Inference Accelerator}를 개발했다. MTIA는 기존 GPU보다 메타의 AI 모델을 구동할 때 더 높은 효율성을 보장한다. 그런 만큼 메타의 AI 보급이 확대될수록 MTIA의 수요도 늘 것이다. 또한 메타의 서비스와 차세대 사업인 메타버스 등에도 메타의 AI가 사용되는데, 연동되는 외부의 서비스가 메타의 AI를 사용할 경우 호환성이 더욱 높아져 메타 AI 서비스의 성장을 견인할 것이다. 이것이 바로 메타가 얻게 되는 가치다.

메타의 서비스인 페이스북과 인스타그램, 왓츠앱 등에 라마 3.1을 활용해 구축한 AI 스튜디오를 통해 사용자가 자신만의 AI 캐릭터를 만들 수 있는 기능을 2024년 7월 30일에 발표했다. 사용자의 입맛대로 성격, 어조, 아바타를 설정할 수 있고, 메타의 서비스를 통해 다른 사람과 대화할 수 있다. 즉 메신저나 인스타그램 DM, 왓츠앱에서 이 AI 캐릭터가 나 대신 답변을 하고 스토리에 올라온 댓글에 답글을 달 수 있는 것이다.

AI 모델을 개발해 자사 서비스에 적용하고, 사용자가 AI와 대화를 나눌 수 있도록 하는 기술을 기업에도 제공하며, 기업이 홈페이지나 소셜 미디어 계정을 운영하는 일을 AI 캐릭터를 활용해 고객과 상호작용할 수 있도록 할 것이다. 그 기술의 원천이

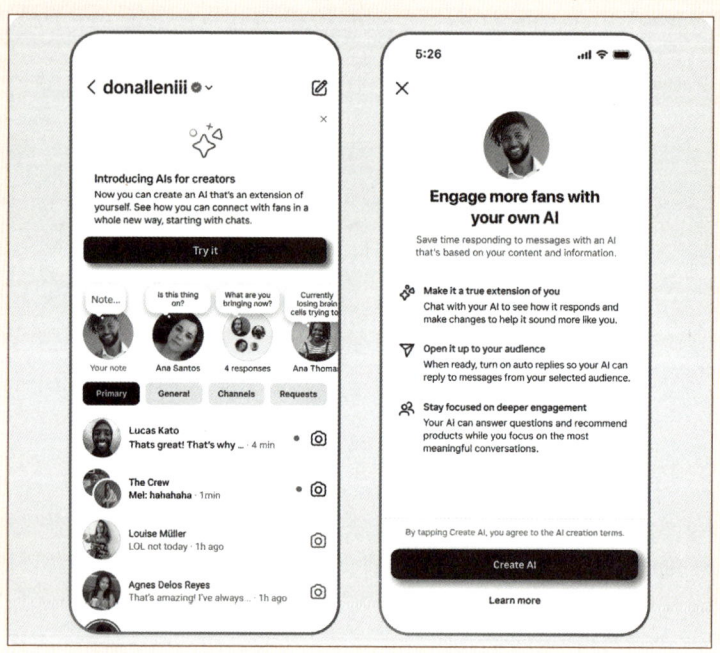

AI 스튜디오에서 AI 캐릭터를 생성하는 화면 (출처 : 메타)

메타가 공개하고 있는 AI 모델에서 비롯된 것이다.

 AI 모델을 기업에 판매하는 것이 아니라 모두에게 공개하며 AI 시장의 표준화를 꾀하는 것이 메타의 궁극적인 목적이다. 그 리더십으로 메타의 서비스와 AI 칩셋의 영향력은 더 커질 것이다. AI 모델 자체를 파는 것이 아니라 그 AI 모델로 얻은 리더십을 이

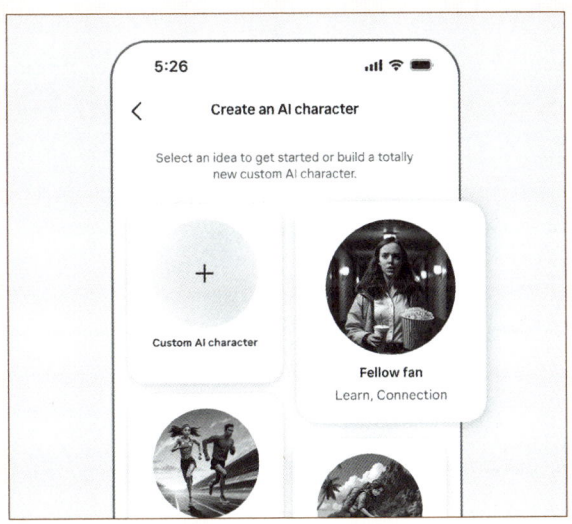

AI 스튜디오로 생성한 AI 캐릭터 (출처 : 메타)

용해 메타의 기존 서비스와 새로운 메타버스 그리고 AI 칩셋의 영향력을 확대해 AI 생태계의 먹이 사슬 정점에 서는 것을 목표로 하고 있다.

그만큼 2025년 AI 시장은 춘추전국 시대처럼 다양한 기업 간의 이합집산과 제휴, 인수 등이 활발하게 이루어질 것으로 전망한다. 그 과정에서 저마다의 강점을 무기로 시장 지배자가 되기 위한 치열한 경쟁이 있을 것이다. 2026년에는 시장의 강자가 어느 정도 정리되면서 성장기를 넘어 안정기로 접어들 것으로 예상한다. 그런 시장의 변화를 읽어가며 각 기업은 AI의 파고에 어떻게 대응할 것인지, 어떤 기업의 AI를 도입하고 활용할 것인지에 대한 전략 수립이 필요할 것이다.

❻ AI는 검색 서비스를 무너뜨릴까?

챗GPT와 미드저니, 감마 등의 다양한 생성형 AI 서비스가 나오면서 다양한 업무에 AI가 큰 도움을 주고 있는 것은 사실이다. 하지만 이들 생성형 AI 서비스가 얼마나 많은 사람에게 자주, 오래 사용되고 있는지 살펴보면, 거의 매일 사용하는 네이버나 다음 뉴스, 유튜브 수준에는 못 미친다. 소비자 데이터 플랫폼 오픈서베이의 2024년 2월 14~15일 1000여 명 대상의 서베이 자료에 따르면 검색 순위 1위는 네이버로 87%, 다음이 유튜브 79.9%였으며 챗GPT는 17.8%로 8위에 불과하다. 생성형 AI 서비스의 성능에 대한 기대와 대중의 관심에 비해 아직 실제 일상에서 널리 보급되지는 않았다.

이유는 챗GPT는 아직 검색을 대신해 사용하기에는 부족함이 많은 데다 무료 서비스로 사용할 때 속도가 느리며 최신 뉴스나 정보 검색은 제한적이기 때문이다. 또 대부분의 생성형 AI 서비스는 문서 생성이나 그림, 영상 등의 콘텐츠 작성 등의 특별한 업무를 할 때만 사용하기에 우리가 하루에도 여러 번 이용하는 검색, 뉴스처럼 자주 이용하지는 않는다. 그렇다면 앞으로도 그렇게 생성형 AI 서비스는 제한적으로만 사용될까?

퍼플렉시티 AI는 오픈AI 출신의 엔지니어들이 2022년 8월 설립한 스타트업으로 차세대 구글을 목표로 하고 있다. 2년도 채 되지 않는 이 스타트업은 거물급 IT 인사와 빅테크 기업의 투자를 받으면서 기업가치가 상승하고 있다. 지난 4월에는 6300만 달러의 자금을 조달하면서 기업가치 10억 달러 이상으로 평가받기도 했다. 2024년 초 실제 성과를 내면서 3개월 전 대비 기업가치가 2배나 상승했다. 퍼플렉시티가 갖는 강점은 매일 인터넷을 크롤링해 최신 정보를 제공하고, 실시간 정보를 기준으로 질문에 대한 답을 찾아주고 정리한다는 점이다. 챗GPT도 최신 정보를 검색해서 답변을 해주지만 그 정교함이 퍼플렉시티만큼 정교하지는 못하다.

사실 챗GPT는 검색 대용으로 사용하기에는 부족한 점이 많다. 생성형 AI는 기존의 정보를 조합해 새로운 콘텐츠를 생산하기에는 적합해도 팩트를 찾아 이를 요약, 정리하는 점은 약하다. 그런 면에서 퍼플렉시티는 최신 정보를 기준으로 검색해 답을

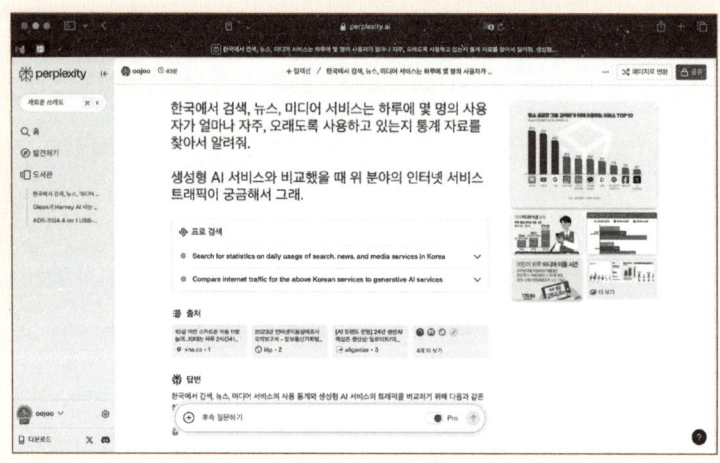

토탈 AI 검색 서비스를 제공하는 퍼플렉시티

주기 때문에 정답에 가까울 확률이 높다.

챗GPT는 검색을 대체하기 어렵지만 퍼플렉시티는 검색을 대신해 사용하기에 적합하다. 한마디로 퍼플렉시티를 사용하다 보면 구글이나 네이버 검색을 덜 사용하게 된다. 무엇보다 답변을 정리하면서 출처를 표기하고, 답변과 관련한 이미지나 유튜브 동영상 등을 검색한다. 기존 검색엔진을 사용할 때는 검색 결과물을 일일이 확인하고 추가로 유튜브 검색 등을 이용했는데 퍼플렉시티는 한 곳에서 이 모든 것을 확인할 수 있는 특징이 있다.

특히 자체 LLM을 기반으로 사용자의 프롬프트를 해석하고 추가해(프롬프트 증강이라고 함) 더 나은 결과물을 얻을 수 있게 한다. 그리고 RAG에 최신 정보들을 입력해 정확한 답을 얻을 수 있도록 해줄 뿐 아니라, 답을 정리하는 과정에 사용되는 LLM은 자체 모델 외에 오픈AI, 앤스로픽 등 다른 모델을 선택할 수 있다. 또한 이미지 생성 모델 역시 달리3, 스테이블 디퓨전, 플레이그라운드 등의 외부 모델을 선택하며 사용할 수 있다. 한마디로 퍼플렉시티 하나에서 대표적인 LLM을 바꿔가며 사용할 수 있다.

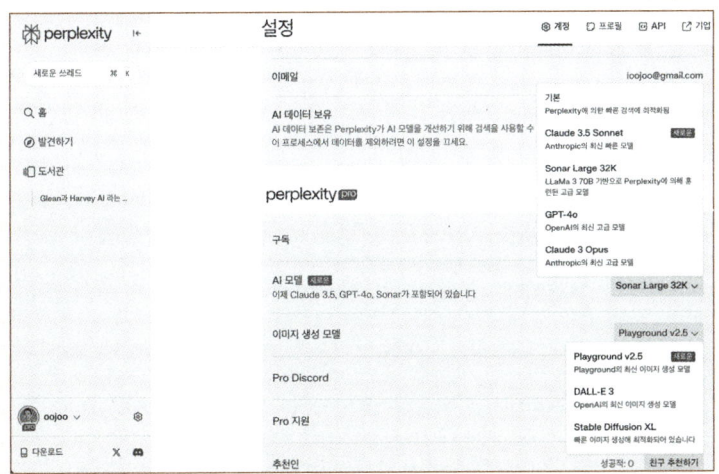

다양한 생성형 AI를 사용하는 퍼플렉시티

AI 기반의 검색 서비스는 점점 기존의 검색엔진을 대체할 만큼 새로운 사용자 경험과 가치를 제공한다. 구글이나 네이버가 이런 AI 기술을 활용해 검색 서비스를 개선하지 않으면 2000년대 초 야후와 라이코스, 알타비스타 그리고 한국의 엠파스, 심마니 등의 검색엔진이 시장 선점을 하고도 구글이나 네이버에 뒤처진 것처럼 역사의 뒤안길로 사라질 수 있다. 그런 이유로 네이버는 큐 기능을 통합 검색에 적용하고, 구글은 AI 오버뷰 기능을 검색에 적용해 기존 검색의 편의성을 높이고 있다.

오픈AI 역시 검색과 뉴스 등의 콘텐츠 기반의 서비스를 강화하는 데 주력하고 있다. 이를 위해 챗GPT가 주요 언론사의 콘텐츠를 학습하고 검색 품질을 높이는 데 활용하기 위한 전략적 제휴를 추진 중이다. 또한 AI 검색 스타트업 젠스파크Genspark도 퍼플렉시티처럼 타도 구글 검색을 외치며 새로운 AI 시대의 검색과 뉴스 탐색 서비스를 제공하고 있다. 젠스파크는 스파크페이지 기능으로 특정한 프롬프트 기반으로 페이지를 생성해서 관련된 뉴스와 정보들을 요약해서 보여줄 뿐 아니라 실시간으로 관련 정보를 스크래핑하고 업데이트한다. 한마디로 특정한 주제의 뉴스들을 계속 업데이트해서 관리하며 한 곳에서 계속해서 볼 수 있다. 그렇게 생성된 페이지는 공개도 가능하며, 향후에는 실시간으로 업데이트되는 해당 페이지 내용 기반으로 사용자와 AI

가 토론도 하게 될 것이다. 앞으로는 뉴스와 쇼핑 등을 하는 방법에서도 변화가 시작될 것이다.

퍼플렉시티도 사용자가 필요한 정보에 대한 결과물을 뉴스 등의 출처만 표기하는 것을 넘어 유튜브와 쇼핑 등의 다양한 카테고리로 확장하면서 퍼플렉시티가 AI 시대의 관문 역할을 해낼 것으로 기대한다. 이제 생성형 AI는 새로운 콘텐츠를 만드는 새로운 서비스 영역을 비롯해 기존의 검색, 뉴스, 미디어와 더 나아가 쇼핑을 포함해 다양한 카테고리로 침투해 새로운 인터넷 시장의 변화를 이끌 것이다.

❼ 오픈AI는 제2의 구글이 될까?

2025년은 오픈AI 설립 10년 차가 되는 해다. 오픈AI는 2015년 12월 11일에 설립해 2022년 11월 30일 챗GPT를 출시하며 2023년과 2024년을 화려하게 보냈다. 하지만 주목받은 만큼 돈은 벌지 못하고, 천문학적 비용 투자는 계속되고 있다. 게다가 구글과 메타, 앤스로픽과 미스트랄 AI 등 크고 작은 경쟁자가 금세 뒤를 쫓고 있다. 2025년 오픈AI는 여전히 AI의 중심에 서며 제2의 구글이 될 수 있을지 고민해 볼 때다.

구글이나 페이스북, 인스타그램 등의 특징은 그 서비스 영역이, 용도가 무엇이든 간에 많은 사람이 매일 들어와 오랜 시간 머문다는 점이다. 오픈AI의 챗GPT와 제2, 제3의 AI 서비스는 그런 결과를 가져올 수 있을까?

물론 필요충분조건을 모두 갖추고 있다. 구글이 지금의 자리에 오를 수 있었던 이유를 단 3가지로 압축하면 유용성, 기술력 그리고 아군으로 요약된다. 첫째, 구글은 검색이라는 서비스로 전 세계 최고의 사용자 수를 확보할 수 있었다. 그 검색은 쇼핑을 하고, 메일 서비스를 이용하고, 택시를 부르는 것보다 더 많은 사람이 자주 쓰는 서비스다. 검색 서비스가 주는 유용성이 그 어떤 카테고리의 서비스보다 크다. 둘째, 그런 검색 서비스를 그 어떤 경쟁자도 넘볼 수 없게 독보적인 기술로 차별화를 꾀했다. 마지막으로 구글 검색으로 사용자만 유용성을 느낀 것은 아니다. 검색 결과물에 노출된 사업자는 사용자의 방문을 기대할 수 있기에 구글 덕을 보게 된다. 바로 그런 아군들 덕분에 구글은 더 성장할 수 있다.

오픈AI는 그런 구글과 같은 성공 공식을 모두 갖추고 있다. 첫째는 유용성이다. 챗GPT는 검색 대신 사용할 수 있는 정보 탐색의 유용함이 있다. 또한 이미지를 생성하는 기능과 데이터 분석 및 각종 문서 요약에 이르는 다양한 작업을 할 수 있다. 그만큼 할 수 있는 것들이 많다. 둘째는 압도적 기술력이다. 이미 챗GPT에서 증명했듯 누구도 넘볼 수 없는 최고의 기술력을 보여주었다. LLM 기술뿐만 아니라 LMM, 그 외에도 다양한 AI의 전후방 기술을 선보이고 있다. 마지막은 아군이다. 챗GPT에는 이미 수백만 개의 GPTs가 있으며, 오픈AI가 선보인 AI 기술 덕분에 더 많은 AI 서비스에 도전하려는 스타트업이 오픈AI의 아군이 되고 있다. 그렇게 거대한 오픈AI가 AI 생태계를 만들고 있다.

2025년 오픈AI는 본격적으로 사용자가 다양한 용도로 챗GPT를 사용할 수 있게 충성도를 높이려 노력할 것이다. 이를 위해 더 다양한 용도의 AI 서비스를 챗GPT에 품을 것이다. 더 많은 아군이 챗GPT 안으로 들어와야 사용자가 더 자주, 오래 챗GPT를 실행한다. 그 과정에서 챗GPT 유료화 비즈니스 모델을 넘어 다양한 비즈니스 포트폴리오를 통해서 수익 모델을 증명한 것이다.

특히 오픈AI가 새로운 서비스 생태계를 만드는 과정에 필수적인 것은 새로운 디바이스의 출현이다. 지금의 웹이나 모바일 시장을 지배하고 있는 인터넷 빅테크 기업은 이미 그들만의 아성을 쌓았다. 그 아성을 깨뜨리는 것은 기존의 웹, 모바일 안에서는 한계가 있을 수밖에 없다. 그런 만큼 오픈AI가 제2의 구글로 우뚝 서려면 결국 새로운 디바이스로의 진출이 필수다. 오픈AI가 직접 정의해서 새롭게 만들든지 다른 기업이 만든 디바이스에 올라타든지 등의 시도가 2025년에 본격적으로 이루어질 것이다.

제2의 구글로 오픈AI가 존재감을 드러내기 위한 충분조건은 가지고 있지만, 더 많은 서비스를 챗GPT 안으로 품어야 하고 새로운 디바이스에 오픈AI의 AI 에이전트나 LLM를 탑재해 새로운 생태계를 만들어야 한다.

⑧ 한국의 토종기업은 AI 산업에서 살아남을까?

IT 산업에 종사한 지 약 30년 차다. 대부분 지근거리에서 수많은 인터넷 사업의 흥망성쇠와 부침을 봐왔다. 때로는 당사자로, 때로는 비평가이자 훈수 두는 자문가로 살펴보며 늘 의문이 들었다. '이 서비스는, 이 앱은, 이 사업은 글로벌 거대 기업이 한국 시장을 지배하게 될까?', '한국의 토종기업이 이 사업에 경쟁력을 가지고 수성할 수 있을까?'

한국의 이커머스는 아마존이 아닌 쿠팡이 지배적 사업자고,

검색은 전 세계 최고의 검색 강자인 구글보다 여전히 네이버가 잘하고 있다. 메신저는 카카오톡이, 간편결제는 네이버페이가, 내비게이션은 티맵이, 음악은 멜론이 지배하고 있다. 하지만 OTT는 넷플릭스가, 동영상은 유튜브가, SNS는 페이스북과 인스타그램이, 숏폼은 틱톡이 우세하다. 그렇게 한국의 IT 기업은 어떤 영역에서는 잘 해내고 있지만 일부 영역은 글로벌 기업이 한국을 넘어 전 세계를 지배하고 있기도 하다.

그렇다면 AI 산업은 어떨까? AI 시장에서 한국은 어떤 경쟁력이 있고, 어떤 기업이 수성할 수 있을까? 2025년 한국 AI 산업은 어떤 변화가 있을까? AI 산업에서 인프라 영역은 한국 기업이 선방할 가능성이 있다. 즉 AI를 구축하고 운영하기 위한 데이터센터와 이곳에 들어가는 각종 AI 관련 부품과 네트워크, 전력 등에서 한국 기업만의 역할이 있다. 한국은 IT 산업에서 제조와 통신 등의 기반 인프라 기술력이 높아 기회가 있다. 게다가 이 기술은 국가 규제로 한국 기업을 보호하고 있어 시장을 수성할 뿐 아니라 해외 시장으로 나갈 수도 있다.

하지만 LLM 원천 기술에 있어서는 그다지 낙관적이지는 않다. 국내의 주요 IT 기업도 LLM을 개발하고 있지만, 오픈AI 등과 비교할 때 그 수준이 미흡하다. 고도화된 초거대 LLM에 있어서는 경쟁력이 떨어진다. 하지만 LLM을 활용해 각 기업의 비즈니스 문제를 해결하고 새로운 사업 가치를 만드는 기술 솔루션 사업은 한국의 여러 IT 기업에 기회다. 클라우드 사업은 아마존, 마이크로소프트, 구글이 압도적 경쟁력으로 전 세계를 지배하고 있지만, 이들 클라우드를 기반으로 다양한 인터넷 솔루션을 만들어 사업을 운영하는 국내 IT 기업이 있는 것처럼 AI 산업에도 새로운 사업 기회가 있다. 또 AI 소버린 등으로 인해 국가와 주요 기업들이 독자적인 LLM 구축과 운영을 해야만 하기에 관련 시장이 크지는 않지만 그 기회는 여전히 있다.

마지막이 바로 AI 서비스다. 챗GPT와 클로드, 미드저니와 재스퍼, 캐릭터 AI 처럼 실제 AI 기반으로 개발된 서비스와 비교해 한국의 경쟁력은 어떨까? 한국의 대표적인 생성형 AI 서비스는 네이버의 하이퍼클로바X, SK텔레콤의 에이닷, 뤼튼 등이 있다. 미국의 대표적인 생성형 AI 서비스들과 비교하면 성능은 부족하지만, 다양한 시도가 이어지고 있다. 그렇다면 이 AI 서비스는 한국 시장을 수성할 수 있을까?

유튜브, 넷플릭스, SNS가 한국 시장을 장악할 수 있었던 이유는 서비스의 투자, 운영 비용이 웬만한 스타트업이 감당할 수 없을 만큼 많이 들기 때문이다. 게다가 규모의 경제로 인해 전 세계를 대상으로 해야 경제적 효용성이 높아지기에 글로벌로 서비스 규모를 키워야만 생존할 수 있다.

AI 서비스는 AI냐 아니냐가 중요한 것이 아니라 어떤 서비스 카테고리인지에 따라 다를 것이다. 신토불이 서비스로 시장에서 살아남으려면 해당 비즈니스 도메인에서 양질의 데이터와 이 데이터 기반으로 한 AI로 서비스를 더 고도화해 운영할 수 있어야 한다. 검색이나 문서 요약, 생성 그리고 이미지나 동영상 등의 생성형 AI 서비스는 로컬 기업이 영향력을 보여주기 어렵다. 절대 기술을 가진 기업이 글로벌을 지배할 가능성이 높다. 반면 공개되지 않은 특정한 영역에서 기업 고유의 데이터를 확보하고 이용해 AI로 서비스를 구축한다면 글로벌 기업의 진출에도 차별화된 경쟁을 꾀할 수 있다. 금융과 법률, 의료 같은 분야에서는 현지화된 전문 지식과 데이터가 중요한 역할을 한다. 지역의 고유한 규제, 관행, 문화적 특성이 강하게 작용하기에 로컬 기업이 경쟁력을 가질 수 있다.

예를 들어 한국의 금융 규제와 시스템에 특화된 AI 기반 핀테크 서비스는 글로벌 기업이 쉽게 접근하기 어려운 영역이다. 또한 한국의 교육 시스템과 입시 제도에 맞춘 AI 튜터링 서비스도 로컬 기업이 우위를 점할 수 있는 분야다. 법률 서비스도 한국의 법체계와 판례를 기반으로 한 AI 법률 자문 시스템은 해외 기업들이 쉽게 따라올 수 없는 영역이다. 의료 분야도 한국의 건강보험 체계와 의료 관행에 맞춘 AI 진단 보조 시스템이나 환자 관리 시스템은 로컬 기업이 강하다. 또한 한국어의 특성과 한국인의 언어 사용 패턴을 깊이 이해하는 AI 기반 언어 교육이나 번역 서비스도 로컬 기업이 경쟁력을 가질 수 있는 영역이다.

결론적으로 AI 시대에도 글로벌 기업에 의해 모든 서비스가 장악되는 것은 아니다. 특정 국가나 지역의 고유한 특성을 깊이 이해하고, 그에 맞는 데이터를 확보하여 AI 서비스를 개발하는 로컬 기업은 여전히 중요한 역할을 할 수 있다. 이는 단순히 기술의 문제가 아니라, 해당 분야에 대한 깊이 있는 이해와 현지화된 서비스 제공 능력의 차이다. 따라서 한국의 AI 기업은 글로벌 트렌드를 따라가되, 한국의 특수성을 살린 니치 마켓에서의 경쟁력 확보에 주목해야 한다.

9 AI는 우리 일자리를 빼앗을까?

AI의 놀라운 발전 속도로 이 기술에 대한 오해와 억측이 커지고 있다. 그중 AI로 인한 우리 일자리 문제에 대한 사회적 궁금증은 늘 단골 질문이다. 그 답을 말하면, 적어도 2025년에는 그런 걱정은 하지 않아도 된다. 물론 AI로 실제 프로그래머, 디자이너, 작가, 연구 리서처, 애널리스트 등 일부 영역에서 채용이 축소되는 일은 있을 것이다. 하지만 그 규모나 파급력이 사회적 문제를 야기할 만큼 크지는 않을 것으로 전망하고, 앞으로는 언제 일자리 문제가 사회적으로 대두될 것인지 지켜봐야 한다.

사실 이 질문은 개인의 일상에는 하등 도움이 안 된다. 마치 '우주에서 운석이 지구에 충돌해 지구 파괴가 되는 날이 언제일까?'라는 질문과 같다. 이는 천문학자가 각국의 정부 요청을 받아 먼 미래를 위해 연구할 문제이지 사회나 개인이 파고들어 고민할 필요는 없다. 답을 구할 시간에 AI를 적극 활용해 역량과 업무 능력을 키우는 것이 낫다.

그럼에도 이 질문에 대한 답을 찾자면 오픈AI가 발표한 다음 내용에서 힌트를 찾을 수 있다. 현재 LLM 시장에서 가장 앞선 기술적 진보를 추진하고 있는 오픈AI는 2024년 7월에 AGI로의 개발 과정을 5단계로 제시했고, 2024년은 2단계로 넘어가는 수준이며, 5단계까지 완성하려면 약 10년이 걸릴 것으로 전망했다.

1단계 : 인간과 대화를 통해 상호작용하는 수준의 챗봇
2단계 : 박사급 교육을 받은 인간 수준의 문제해결 능력을 보유한 추론가
3단계 : 인간을 대신해 며칠간 복잡한 작업을 수행할 수 있는 에이전트
4단계 : 새로운 혁신을 제시할 수 있는 능력을 보유한 혁신자
5단계 : 혼자서 조직 단위의 업무를 수행할 수 있는 조직

우리가 일자리 문제를 심각하게 받아들여야 하는 수준이 5단계다. 그 전 단계까지는 인간이 AI에 지시를 내리고 구동해 그 결과물을 수용한다. 기존에 우리가 하던 일에 도움을 받는 정도지만 5단계는 아예 대체될 수 있는 수준이다. 그것도 한두 명의 일자리가 아닌 조직, 부서 전체를 대행할 수 있을 정도니 매우 심각한 사회적 문제가 대두될 수 있다. 10년 정도로 예상하는데, 그 후에는 AI가 인류의 일자리를 위협해 사회적 문제를 야기할

수 있다는 것이다.

그렇다면 2025년의 우리는 무슨 고민을 해야 할까? 10년 후에 있을지도 모를 AI의 일자리 위협을 막기 위해 AI의 발전을 저지하는 데모와 규제 요구를 정부에 해야 하는 것일까? 사회단체는 기술 기업들이 AI가 일자리를 뺏지 못하도록 상한선을 그어서 AI의 사용성이나 적용 범위를 제재해야 하는 것일까?

지금 우리가 할 일은 AI를 역량 강화에 적극 활용해 더욱 성장하는 것이다. 그렇게 10년이 지나면 지금 전망한 AI의 5단계로 인한 조직을 대체할 수는 있지만, AI로 증강된 인간 개개인이 AI를 활용해 대체될 수 없는 일을 하고 있을 것이다. 그런 AI 시대를 제대로 준비하기 위해서는 정부, 사회, 기업의 지원과 투자 못지않게 개인의 AI 리터러시 함양도 중요하다. 제아무리 맛있는 음식도, 훌륭한 도구도 개인이 먹고, 사용하려 들지 않으면 무용지물이다. 아무리 좋은 기술도 개인이 이를 수용하려는 의지가 있어야 하고, 다음으로는 그 기술을 사용할 수 있는 지식이 있어야 한다.

학생이나 사회생활을 하는 직장인, 사업을 하는 경영자, 더 나아가 이 시대의 모든 크리에이터와 프리랜서는 디지털 시대의 도구인 AI를 이해하고 사용할 수 있는 지식이 필수다. 이것이 바로 AI 리터러시다. 석기시대, 청동기시대, 철기시대로 이어지면서 도구를 사용할 수 있는 인간이 생존하고 성장할 수 있었던 것처럼 지금은 AI를 사용할 수 있는 지식이 필요하다.

⑩ 기업은 AI를 어떻게 활용해야 할까?

2023년 챗GPT에 사람들은 놀랐고, 2024년은 사회가 놀랐다. 2025년은 기업이 이런 놀라움을 이해하고 어떻게 사업 혁신에 이 기술을 이용해야 할까에 대한 답을 내고 전략에 반영해야 한다. 즉 AIX를 통해 기업의 사업 혁신을 꾀해야 한다. 기업의 디지털 트랜스포메이션이 2015년경부터 글로벌로 시작되었고 국내에는 2020년부터 본격화되었다. 2025년은 디지털 트랜스포메이션의 연장선상에서 AIX가 본격적으로 대두될 것이다. 기업의 AIX는 어떤 전략하에 추진돼야 할지 고민해 보자.

AI를 활용해 기업이 사업 혁신을 꾀할 때 가장 먼저 고려할 사항이 있다. AI로 무엇을 할지 정하기 전에 회사의 가장 큰 비즈니스 문제나 해결하고 싶은 부분이 무엇인지부터 정해야 한다. 그 다음에 AI가 해당 문제를 어떻게 해결할 수 있을지 정해야 한다. 주객이 전도되지 않게 유의해야 한다. 'AI를 써야 하는데 어디에 적용해야 하지?'라고 시작할 것이 아니라, 비즈니스 문제가 무엇인지 파악하고, AI가 어떤 도움을 줄 수 있는지 정해야 한다. AI는 목적이 아니라 도구이자 수단일 뿐이다.

그런 면에서 회사의 비즈니스 문제는 다양하다. 사내 업무 생산성 제고가 절실할 수 있고, 공장의 수율을 높이거나 비용을 절감하는 것이 중요한 문제일 수 있다. 효율성이 오르지 않는 상품 마케팅 문제를 극복하는 것이 중요한 문제일 수 있고, 영업 역량을 고도화하는 것이 숙제일 수 있다. 원자재 공급 문제나 원재료의 비용 절감이 핵심 문제일 수도 있다. 상품을 혁신해 고객 가치를 높이는 것이 과제일 수도 있다. 이처럼 회사의 비즈니스 문제는 다양하다. AI가 어떤 도움을 줄 수 있을지를 고민하는 것이 순서다.

대부분 기업에서 생성형 AI의 사용처는 기업 내 일하는 문화와 업무 생산성 향상, 비효율 제거다. 30년 전 책상 위에는 계산기와 자, 연필, 지우개, 팩시밀리가 있었고, 20년 전의 책상에는 노트북과 프린터가, 10년 전부터는 스마트폰 하나면 어디서든 일할 수 있는 환경으로 바뀐 것은 업무 효율성 면에서 더 낫기 때문이다. 보고서 작성과 회의, 결재 등의 생산성을 높이기 위해 기술이 도입되었고 그 기술이 우리의 일하는 문화를 바꾸었다. 마찬가지로 AI 역시 우리의 보고서 작성과 회의록 정리, 업무 일지 관리, 프로세스 점검 등에 도움을 주며 생산성을 높이는 데 일조할 수 있다. 그런 영역에서 AI는 컴퓨터, 노트북, MS 오피스, 인트라넷 등이 보급된 것처럼 우리 업무 전반에 도입될 것이다.

그다음으로 고려할 수 있는 AI의 적용 영역은 고객 마케팅이나 고객 지원, 관리 등과 관련한 업무다. 일반적으로 기업에서 판매되는 상품, 서비스를 이용하는 고객은 기업이 개별 관리할 수 없을 만큼 방대하다. 그렇기에 고객에게 친절하고 개별 고객에게 최고의 서비스를 제공하기가 쉽지 않다. 국내 1위 통신사나 금융사에 고객 상담을 하려고 전화하면 즉시 연결되는 것이 아니라 최소 3분 이상은 대기해야 한다. 그만큼 개별 고객을 상대하기가 쉽지 않다. AI는 그런 영역에서 사람을 도와 개별 고객에게 더 나은 마케팅과 고객지원, 상담을 하도록 도울 수 있다.

또한 상품의 사용성과 편의성을 개선하는 데 쓰일 수도 있다. 고객이 상품을 소비할 때 AI의 도움을 받아 해당 상품을 사용하는 과정에 편익이 증대될 수 있다. 전자기기에 AI가 탑재되어 해당 기기의 사용성을 높일 뿐 아니라 성능이나 기능을 더욱 고도화하는 것도 가능하다. 또한 스마트폰을 이용해 해당 상품을 소비할 때 여러 추가적인 정보를 안내해 사용성을 개선할 수도 있다.

마지막으로 외부에는 보이지 않지만, AI의 참여로 제품을 제조, 생산, 유통하고, 새로운 상품을 기획, 개발하는 과정을 개선하는 것도 가능할 것이다. 공장에 AI를 탑재한 산업용 로봇을 통해 기존에는 하기 어렵던 생산 프로세스를 개선할 수 있고, 제품의 에러율을 줄이는 것도 가능해진다. AI가 유통 과정에서 더 나은 경로나 채널 관리에 대한 아이디어를 제시할 수도 있을 것이다. 상품을 디자인하고 신규 상품을 개발할 때도 AI가 인간이 생각할 수 없는 기발한 아이디어를 짧은 시간에 제시할 수도 있을 것이다.

2025년에는 기업의 사업 혁신을 꾀할 수 있는 다양한 도입 방안이 본격적으로 시도될 것이다. AIX 전략이 본격화되는 한 해를 기대해 본다. 특히 그 과정에서 기업의 BAA$^{\text{business AI agent}}$가 도입될 전망이다. PAA$^{\text{personal AI agent}}$가 개인의 편의를 돕는 것처럼 기업에서는 직무별 업무를 돕는 BAA가 본격 보급될 것이다. 그런 만큼 기업은 구성원의 업무 생산성을 증대하기 위한 구체적인 BAA 도입 방안을 마련해야 하고, 직원은 MS 오피스처럼 BAA를 활용할 수 있는 지식이 필요하다.

⑪ 내 일상은 AI로 인해 어떻게 바뀔까?

AI로 온전히 하루를 살면 어떤 편의와 유용함이 생길까? 이미 2022년부터 다양한 종류의 생성형 AI를 사용 중이지만 2025년에 한 단계 더 발전하는 AI를 이용할 경우 어떤 일상의 변화가 생기는지를 가상으로 꾸며본다.

아침에 AI 스피커에서 오전 9시 회의 스케줄을 알려주며 손목에 찬 스마트밴드를 통해 출근 시간에 맞추어 7시 30분에 알람이 울린다. 미리 알람을 설정하지 않았음에도 자동으로 오전에 참석해야 할 회의 스케줄을 체크해 가족들이 깨지 않게 손목의 스마트밴드로만 알람이 울린 것이다. 일어나 세수를 하면서 스마트폰 AI 에이전트를 호출해 8시 10분에서 20분 사이에 출발할 수 있도록 카카오T를 통해 가장 빨리 잡힐 수 있는 택시를 예약해 달라고 프롬프트를 전달했다. 택시 도착 5분 전에 스마트워치를 통해 택시 도착 정보가 떠서 바로 택시에 탔다. 에어팟을 꽂고 AI 에이전트를 호출해서 오늘 하루 스케줄을 시간, 회의 제목, 참석자 등을 요약해서 듣고, 간밤에 회사와 IT 산업의 주요 뉴스를 요약해 달라고 했다. 뉴스를 들으며 좀 더 자세하게 챙겨봐야 하는 주제는 회사 PC에 북마크를 요청했다. 회사에 도착하자마자 PC에 북마크된 뉴스를 보며 업무를 시작했다.

회사 도착 후 자리에 앉아 컴퓨터를 켜니, AI 에이전트가 앞서 스마트폰에서 들었던 뉴스 중 북마크한 페이지를 브라우저에 띄웠다는 메시지와 함께 간밤에 도착한 이메일을 중요도에 따라 발송자와 제목, 본문의 핵심 내용을 요약해 설명한다. 바로 답변을 보내야 하는 시급한 메일은 중요 메일함에 보관하고 그 외는 보관처리 해달라고 요청했다.

AI 에이전트를 통해 오늘 회의에 참고해야 할 보고서와 해당 회의와 관련된 참고 자료를 모두 띄우라고 요청하고 각 보고서의 핵심 내용이 무엇이고, 지난 회의의 회의록을 참고로 어떤 사항을 본 회의에서 중요하게 언급하고 질문해야 하는지 제시하라고 했다. 회의 별로 체크해야 할 사항을 확인 후 첨삭하고 보완해서 캘린더에 기록해 달라고 지시했다. 그리고 중요한 일정 중 하나인 사장님 보고를 대비해 AI가 질문하고 내가 답하는 방식으로 30분 동안 토의를 진행했다. AI 에이전트를 호출해 지난 1년간 사장님과 진행한 회의에서 주로 선정됐던 주제나 토론했던 사항을 꼽으라고 했고, 그렇게 토의한 내용을 AI에 점검하도록 했다. 데이터를 잘못 언급하거나 사실이 아닌 내용을 체크하고 더 나은 답변을 제언받았다.

11시 30분 미국 AI 스타트업에 근무하는 독일계 CTO와의 회의를 위해 온라인 회의 툴을 실행 후 AI 에이전트를 통해서 회의 내용을 실시간으로 통역하고, 프롬프트 창으로는 상대가 말한 내용을 한국어로 번역해 크로스체크했다. 약 40분간의 회의 내용은 A4 2쪽 분량의 회의록으로 요약하고, 회의 전문은 부록으로 정리해 사내 관련자들이 회람하도록 AI 에이전트에 지시했다. 그 과정에서 사내 관련 부서에 회람 시에 각 부서 담당자에게 본 회의 관련해서 별도로 참고하고 확인했으면 하는 사항을 제안해서 메일 내용을 작성하게 하고, 내게 최종 확인을 받고 메일을 발송하도록 했다.

오후 사장님 보고를 마무리한 후에, AI 에이전트와 미팅 스케줄을 정리하다가 내일 오후 미팅을 다음주 초로 미뤄야 하는 것을 알았다. AI 에이전트에 참석자와 상의해 다음주 월화 중에 미팅 일정을 다시 잡도록 했다. 만일 스케줄을 다시 잡기 어렵다면 비대면으로 잡도록 지시했다. 그리고 금요일 저녁 7시 식사는 회사 근처대신 강남역 부근에 조용한 룸이 있고, 한식, 일식, 중식 등 다양한 메뉴를 먹을 수 있는 식당으로 예약하고 참석자에게 안내하라고 AI 에이전트에 지시했다.

　퇴근 후 저녁 식사를 하며 6살 아이에게 들려줄 만한 포켓몬스터의 이브이 캐릭터의 능력과 특징을 살려 새로운 모험을 떠나는 동화를 AI 에이전트에 지어달라고 했다. 재미있는 동화를 잘 기억해 두었다가 잠자리에 들면서 아이에게 들려주려 한다. 아이와 함께 침대에 누워 포켓몬스터 동화 이야기를 나누면서 AI 스피커를 호출해 앞서 창작한 포켓몬 동화를 근사한 할아버지 목소리로 다시 한번 들려주되 아이가 좋은 꿈을 꾸기 좋을만한 목소리로 읊어 달라고 했다. 그리고 동화가 끝나면 자장가로 좋은 클래식 음악을 한 곡 들려달라고 했고, 아이가 잠이 들면 스마트밴드로 날 깨워달라고 했다.

　10시가 되어 아이가 잠에 들고 스마트밴드에서 알람이 울려 서재에 가서 PC를 켜고 글을 쓰기 시작한다. AI 에이전트를 호출해서 지금 내가 작성하고 있는 화면 속 글을 보면서 철자가 틀리거나 어법이 맞지 않는 경우 바로 지적해 달라고 했다. 글을 쓰면서 다음 단어가 떠오르지 않거나 다음 문장이 이어지지 않을 때는 어김없이 AI 에이전트를 호출해서 다음 원고 내용으로 적합한 문장을 이어서 추천해 달라고 하고, 지금 사용하는 것보다 더 나은 단어를 제안해 달라고 했다. 그렇게 AI와 이야기를 나누며 원고와 보고서를 작성한다.

2025년의 AI는 우리의 일상에 깊숙이 스며들어 우리의 삶을 더 효율적이고 편리하게 만들 것이다. 이 가상 시나리오처럼 2025년에는 실현하지 못하겠지만 AI가 어떻게 우리의 일과를 보조하고, 의사결정을 돕고, 창의적인 작업을 지원할 수 있는지를 전망할 수 있다. 미래의 일상은 더 많은 AI 기술이 우리의 삶에 통합되면서 더 혁신적이고 편리해질 것이다. 하지만 동시에 우리는 AI가 제공하는 편리함에만 의존하지 않고, 인간으로서의 창의성과 감성을 잃지 않도록 노력해야 한다. AI와 인간의 조화로운 공존이야말로 진정한 디지털 트랜스포메이션의 핵심이다.

AI를 우리의 삶을 편리하게 돕는 도구로 쓰는 동시에, 프라이버시, 데이터 보안, 인간 고유의 창의성과 감성을 지키는 것도 중요하다. 우리는 AI와 함께 발전하면서도, 인간만이 가질 수 있는 특별한 가치를 잊지 말아야 한다.

미래는 AI와 인간이 조화롭게 공존하는 세상이 될 것이다. 이 시나리오의 일상이 현실이 되기까지, 우리는 기술의 발전과 함께 윤리적, 사회적 문제를 해결해야 한다. AI는 우리 삶을 풍요롭게 만들 수 있지만, 그 방향을 결정하는 것은 결국 인간의 몫이다. 결국 AI가 변화시킬 미래의 일상은 AI를 어떻게 받아들이고 활용하느냐에 달려 있다. 우리는 AI를 통해 더 나은 삶을 추구하면서도, 인간다움을 잃지 않도록 항상 균형을 맞추어야 한다. AI와 함께하는 미래, 그것은 우리의 선택에 달려 있다.

특히 우리는 AI와 기술에 의존하는 것을 극히 경계해야 한다. 검색이나 유튜브를 통해 최신 정보와 지식을 습득하는 능력도 중요하지만, 툴에 함몰돼 일방적인 알고리즘에 지배당하는 것을 경계해야 한다. 알고리즘의 정보가 세상의 모든 것으로 생각해 확증편향에 빠질 우려가 있기 때문이다. 신문, 책 등의 매체나 토론, 토의 등 여러 방식을 통해 정보를 접해야 폭넓은 지혜가 쌓인다. 유튜브를 이용할 때 검색이나 추천을 통해 제공되는 제한된 정보를 넘어 숨겨진 지식과 자료를 찾을 수 있어야 한다.

AI에 의존하면 AI가 제공하는 답이 정답이라 생각해 우리 사고의 폭을 제한하고, 더 깊고 넓은 생각의 확장을 멈추게 할 수 있다. AI를 적재적소에 알맞게 활용하는 능력과 더불어 잠시 사용을 중단하더라도 오롯이 혼자서 정보와 지식을 탐구하는 AI 거리두기가 필요하다. 그렇게 AI를 수많은 정보 탐색과 지식 탐구의 수많은 것 중 하나 one of them로 생각해야지, 단 하나 only one로 생각해서는 안 된다.

⑫ 공기 같은 존재가 된 IT, 클라우드 마비가 가져올 사회 이슈는 무엇일까?

2024년 7월 19일 제주항공, 이스타항공 등의 발권 예약 시스템에 오류가 발생해 이틀간 항공기 지연과 결항이 잇따랐다. 실제 해당 기간 인천국제공항에서 68편, 다른 국내 공항에서 158편의 지연 운항과 총 10편의 결항이 발생했다. 이유는 19일 오후 3시 30분쯤 발생한 마이크로소프트의 클라우드 서비스 장애 때문이었다.

한국의 상황은 그나마 양호했다. 미국과 유럽, 아시아, 남미 등 전 세계의 항공사와 공항의 전산망 장애로 인해 항공편 11만 편 중 5000편이 취소됐다. 병원은 수술이 늦춰지고 은행에서는 입출금 단말기가 제대로 작동되지 않는 등 곳곳에서 업무 마비가 속출했다. 테슬라도 일부 설비에 오류가 발생해 공장 가동을 중단하기까지 했다.

IT 장애로 인한 사회적 문제는 이미 2022년 10월 15일 국내 카카오 서비스의 장애로 확인한 적이 있다. 당시 카카오 서비스가 하루 이틀 중단되면서 카카오T를 사용해 주차한 차량이 주차장에서 나오지 못하고, 대여한 자전거와 킥보드를 반납할 수 없는 상황이 발생했다. 일반 사용자는 물론 카카오T 택시 기사와 대리기사도 콜을 받지 못해 손해를 봤고, 카카오톡 비즈 채널로 서비스를 제공하던 매장도 예약, 결제 등의 기본적인 영업을 할 수 없었다.

두 사건의 원인과 피해 규모는 다르지만, 시사하는 바는 같다. 우리 일상과 산업에 인터넷이 물과 공기 같은 존재가 되면서 인터넷 장애의 사회적 파급력과 사회적으로 감당해야 할 비용도 커지고 있다는 것이다. 20년 전 컴퓨터에 인터넷이 연결되지 않아 발생하던 불편과 지금 스마트폰과 인터넷 불통으로 인한 고통은 비교할 수 없다. 택시 호출과 음식 배달은 물론 결제도 메신저도 사용할 수 없다. 인터넷이 개인에게 주는 편의처럼 클라우드는 기업에 효율성을 극대화해 준다.

클라우드는 2000년대 초반 본격 등장한 이후 그 어떤 IT 산업 영역보다 거침없이 성장했다. 주요 시장 조사 기관에 따라 다르지만 2000년부터 매년 20% 이상 성장한 클라우드 시장은 2023년 약 858조 원 규모에 도달한 것으로 추정하고 있으며, 2024년은 생성형 AI 덕분에 더 크게 성장할 것으로 예측한다. 클라우드를 사용하려는 기업이 더 많아지고, 더 많은 영역이 의존하고 있기에 지속적으로 성장하는 것이다.

그와 동시에 위험성도 커지고 있다. 기업의 생산 제조와 기획, 마케팅을 넘어 사업 운영 과정 단계가 클라우드화되면서 효율성은 높아지지만, 오류가 생기면 이로 인한 부작용 역시 커진다. MS 오피스에 에러가 발생하면 문서 작성과 확인이 불편한 정도지만 자동차 운행이나 약품 제조 공정, 주식 거래 등의 운영과 관련된 클라우드에서 발생한 문제는 사회 안전과 경제에 심각한 타격을 줄 수 있다. 게다가 클라우드 에러로 인한 여파가 어디까지 미칠 것인지 예측이 어렵다는 것도 심각한 위협이다.

클라우드 에러의 원인은 해킹이나 마이크로소프트의 문제가 아닌 크라우드스트라이크CrowdStrike의 팔콘Falcon 보안 솔루션을 업데이트하는 과정에서 컴퓨터에 설치된 윈도우 운영체제와 충돌이 발생한 탓이다. 이 보안 솔루션이 마이크로소프트 애저에서 작동하다 보니 클라우드 오류라는 잘못된 정보로 혼란이 가중됐다. 문제의 원인은 클라우드 그 자체가 아니었지만, 앞으로 산업의 클라우드화로 인한 부작용에 대해 돌아보고 대비하는 계기가 되는 기회가 됐다. AI 시대에는 더욱 클라우드의 역할은 중요해지고 AI로 작동되는 공장, 기계, 소프트웨어, 서비스 등이 늘 것이기에 클라우드와 AI가 멈추는 순간 우리 사회와 우리 일상도 멈출 수 있다.

게다가 AI는 엄청난 전력을 소비한다. 클라우드 작동을 위한 데이터센터는 20MW(초당 약 20메가와트)의 전력이 필요한데, 이는 63빌딩의 전력 공급량과 맞먹는다. 그런데 AI를 가동하기 위한 데이터센터는 그의 10배로 200MW나 필요하다. AI 데이터센터가 점차 늘어나면 그 지역의 전력 공급에 문제가 생길 수도 있다. 한국에서 국가 차원으로 사용하는 전력 사용량은 약 556TWh(시간당 556테라와트)인데, AI 데이터센터는 시간으로 환산하면 약 1TWh가 필요하다. 만일 AI 데이터센터가 50개면 전력 사용량만 해도 국가 전체의 약 10%나 된다. 그만큼 AI와 클라우드의 가동에는 전기도 막대하게 소비되고, 전기 공급 이슈가 생기면 데이터센터의 가동이 멈추고 국가 산업과 사회 기간망도 멈출 수 있다.

그럼에도 클라우드화와 AI의 확산은 피할 수 없는 기술 진화의 당연한 과정인 만큼 부작용을 최소화하기 위한 기술적 대안(망 분리, 이중화, 재해 복구 솔루션 등)과 피해 보상에 대한 합리적 체계(클라우드 사업자와의 책임 소재에 대한 균형 있는 규제, 보험 등)에 대한 사회적 합의가 필요하다. 또한 전기 에너지를 줄이기 위한 기술적 노력도 병행해야 한다. 클라우드가 아닌 온디바이스 AI의 사용을 통해 불필요한 소모를 최소화하는 노력도 함께 이루어져야 할 것이다.

2025 IT 인사이트 찾아보기

메타버스에 진심인 메타 • 22

삼성전자와 애플의 AI 스마트폰 전쟁 • 30

나를 기록한다! 윈도우 11 '리콜' • 34

AI 디바이스의 한계, 이대로 끝인가? • 39

온디바이스 AI의 정의와 장점 • 59

'엔비디아 주축군' vs. '반엔비디아 연합군' • 64

노코드와 로코드를 주목하라 • 71

합성 데이터의 이용 • 76

자동화에서 초지능화로의 디지털 트랜스포메이션 • 81

감정, 감성을 가질 수 없는 AI • 94

다양한 동영상 생성 서비스 • 97

애플의 3가지 AI와 AI Apple Intelligence 전략 • 111

음성 다음의 인터페이스 • 115

LAM을 장악한 기업은 어디일까? • 119

메타의 AI 전략 • 128

삼성전자의 AI 전략 • 136

AI로 구현되는 스마트홈 • 148

복잡한 데이터도 해석한다, LLM의 강력한 힘 • 152

세 번째 세계는 AI 기반의 혼합계 • 171

AI 독립운동을 위한 'AI 소버린' • 176

AI로 돈 버는 곳은 인프라 기업뿐 • 181

AI 플랫폼을 지배할 기업 • 188

양자 컴퓨터가 가져올 위협 • 202

디지털 트랜스포메이션에 대한 반성과 각성 • 209

AI로 커지는 솔루션의 기회 • 214

15년 주기의 인터넷 서비스 지형 변화 • 234

AI는 전기 먹는 하마인가? • 241

AI는 과업 중심, 사람은 자기완결적 • 261

IT 트렌드 2025

제1판 1쇄 발행 2024년 10월 8일
제1판 3쇄 발행 2024년 10월 30일

지은이	김지현
펴낸이	나영광
책임편집	김영미
편집	정고은, 오수진
영업기획	박미애
디자인	강수진

펴낸곳	크레타
출판등록	제2020-000064호
주소	경기도 고양시 덕양구 청초로 66 덕은리버워크 B동 1405호
전자우편	creta0521@naver.com
전화	02-338-1849
팩스	02-6280-1849
포스트	post.naver.com/creta0521
인스타그램	@creta0521

ISBN 979-11-92742-34-2 03320

책값은 뒤표지에 있습니다.
잘못 만들어진 책은 구입하신 서점에서 바꿔드립니다.